Kohlhammer

Kompass Recht

herausgegeben von Dieter Krimphove

BGB I: Vertragsrecht

Schuldrecht, Allgemeiner und Besonderer Teil

von

Dr. Michael Beurskens, LL.M.
Heinrich-Heine-Universität Düsseldorf

2., neu bearbeitete und aktualisierte Auflage

Verlag W. Kohlhammer

Inhalt der beiliegenden CD-ROM:

- Gesetzestexte
- Gerichtsentscheidungen
- Statische und interaktive Fälle
- Hörfassung des Buchinhalts in MP3 (DAISY)
- Multiple-Choice-Test
- Übersichten

Die in dem Werk verwendeten Symbole bedeuten:

= Prüfungstipps für Studenten

= Tipps für Praktiker

§ = Gesetzestext

= Weiterführender bzw. ergänzender Text auf der CD-ROM

Der Text sämtlicher im Buchtext zitierter Paragraphen des Bürgerlichen Gesetzbuches (BGB) ist auf der beiliegenden CD-ROM enthalten.

2. Auflage 2014

Gesamtherstellung: W. Kohlhammer GmbH, Stuttgart

Print:
ISBN: 978-3-17-025268-4

Vorwort zur zweiten Auflage

Knapp vier Jahre nach Erscheinen der Erstauflage liegt nunmehr eine grundlegend überarbeitete zweite Auflage des „Kompass Recht BGB I – Vertragsrecht“ vor. Bei der Neubearbeitung waren nicht nur die zwischenzeitlich veröffentlichten Gerichtsentscheidungen und Aufsätze zu berücksichtigen, sondern auch umfangreiche Änderungen insbesondere durch das Gesetz zur Umsetzung der Verbraucherrechterichtlinie und zur Änderung des Gesetzes zur Regelung der Wohnungsvermittlung vom 20. September 2013. Inhaltlich ist zudem mit dem ebenfalls in zweiter Auflage „Kompass Recht BGB II – Sachenrecht“ eine wichtige Ergänzung erschienen, auf die wiederholt Bezug genommen wird. Beide Werke bilden in ihrer Gesamtheit eine umfassende Darstellung der Kerninhalte des deutschen Zivilrechts, bei dem das Gesamtsystem im Mittelpunkt der Darstellung steht.

Gleich geblieben ist vor allem das Ziel, eine verständliche Darstellung des geltenden Zivilrechts auf knappem Raum zu bieten. Statt dem Aufbau des Gesetzes folgt das Buch der Prüfungsfolge in der Klausur ohne sich im Detail in Einzelfragen zu verlieren. Wie schon in der Vorauflage wird das Buch durch umfangreiche Materialien ergänzt. So finden sich 20 komplett neue Fälle und mehrere neue Übersichten nicht im Fließtext sondern müssen selbst ausgedruckt werden. Neu sind zudem rund 100 kapitelbezogene Multiple-Choice-Fragen.

Im Laufe der vergangenen Jahre haben mich zahlreiche Verbesserungsvorschläge per Email und Facebook erreicht, die ich gerne aufgenommen habe. Gerade der Dialog mit den Lesern gewährleistet eine hohe Qualität; Sie erreichen mich jederzeit unter michael@beurskens-online.de oder über Facebook unter http://facebook.com/michael.beurskens.

Bei der Überarbeitung haben mich Dominik Pietzarka, Henning Röser und Vivien Eggert sehr unterstützt.

Viel Freude beim Lesen und Erfolg beim Lernen!

Michael Beurskens, im Frühjahr 2014

Vorwort zur ersten Auflage

Dieses Werk soll nicht nur den Einstieg in das juristische Studium im ersten Semester erleichtern, sondern vor allem auch denjenigen helfen, die Vertragsrecht als Nebenfach hören oder entsprechende Kenntnisse für Schule oder Beruf erwerben müssen. Und natürlich soll es auch interessierten Bürgern die Gelegenheit geben, sich praktisch hilfreiche Kenntnisse über die aus Verträgen entstehenden Rechte und Pflichten zu verschaffen.

Die Literatur zum Recht der Verträge (unten S. XIV) ist vielseitig und umfangreich. Wieso also noch ein weiteres Buch? Die großen und kleinen juristischen Lehrbücher sind für Studierende der Rechtswissenschaft letztlich unverzichtbar – aber überfordern gerade Anfänger und fachfremde Leser. Andererseits erörtern „Kurzleitfäden" für die Praxis meist nur Einzelfragen ohne systematischen Gesamtzusammenhang. Die vorliegende Darstellung geht einen Mittelweg: Sie folgt dem juristischen Anspruchsdenken und gliedert sich konsequent in drei Denkschritte – die Entstehung des Anspruchs, den Untergang von Ansprüchen und Hindernisse bei dessen Durchsetzung. Dabei werden stets die praktisch und prüfungstechnisch wichtigen Fragen an der richtigen Stelle im Gesamtzusammenhang verdeutlicht.

Natürlich ist es nicht möglich, auf 150 Seiten den Inhalt von drei (oder mehr) vollwertigen Lehrbüchern zu vereinigen, die schon einzeln meist mehr als den doppelten Umfang aufweisen. Daher musste an vielen Stellen auf eine Darstellung der Details und insbesondere eine ausführliche Diskussion von Meinungsstreitigkeiten verzichtet werden. Dies kommt aber andererseits auch dem Verständnis zugute: Im Ernstfall werden so die Schwierigkeiten eines Sachverhalts, die Abweichung vom Normalfall, deutlich – was ein sehr viel klareres Argumentieren erlaubt als das schlichte „Herunterbeten" auswendig gelernter Meinungsstreitigkeiten.

Ein echtes Highlight ist die beiliegende CD-ROM. Diese enthält nicht nur eine umfangreiche Sammlung an einschlägiger Rechtsprechung, sondern darüber hinaus zahlreiche Probefälle mit ausformulierten Lösungen, Multiple-Choice-Fragen und kompakte Übersichten zum Ausdrucken. Daneben enthält die CD auch den gesamten Text dieses Buches als Audio-Fassung. Die Lücke, welche durch das Weglassen von Meinungsstreitigkeiten im Text entsteht, soll hierdurch geschlossen werden – ein wahrhaft interaktives und multimediales Lernerlebnis.

Ich danke Frau Désirée Roskothen, meinem Vater, Heinz-Peter Beurskens, und Frau Silvia Falagán, die mein Manuskript durch zahlreiche Verbesserungsvorschlägen unterstützt haben. Sämtliche verbleibende Fehler und Ungenauigkeiten fallen allein in meine Verantwortung.

Viel Freude beim Lesen und Erfolg beim Lernen!

Michael Beurskens, im Frühsommer 2009

Inhaltsverzeichnis

Seite

Vorwort zur zweiten Auflage V
Vorwort zur ersten Auflage VII
Abkürzungsverzeichnis XIII
Literaturverzeichnis XIV

1. Kapitel **Grundlagen** 1
I. Grundbegriffe 1
II. Vertragsfreiheit; Handelsrecht und Verbraucherschutz 6

2. Kapitel **Die Entstehung von Ansprüchen aus Verträgen** 9
I. Der Anspruch auf die Leistung 10
1. Der Abschluss von Verträgen 10
a) Die Beteiligten 10
aa) Berechtigter und Verpflichteter, Gegenseitigkeit 10
bb) Stellvertretung (§§ 164 ff. BGB) und Botenschaft 12
cc) Berechtigung oder Verpflichtung mehrerer 16
(1) Mehrere Schuldner 16
(2) Mehrere Gläubiger 17
(3) Gesellschaften, Ehe 18
dd) Verpflichtung und Berechtigung Unbeteiligter 19
(1) Verträge zugunsten Dritter; keine Verträge „zu Lasten" Dritter 19
(2) Vertrag/Schuldverhältnis mit Schutzwirkung für Dritte. 19
(3) Drittschadensliquidation 20
(4) Weitere Fälle (Sachwalterhaftung, Garantie, Bürgschaft, Schuldbeitritt) 22
ee) Übertragung von Rechten und Pflichten; Schuldbeitritt. 22
b) Die erforderlichen Erklärungen 24
aa) Das Angebot („Antrag", § 145 BGB) 24
(1) Handlungswille und Rechtsbindungswille 25
(2) Geschäftswille: Anfechtung wegen Irrtümern, Täuschung und Drohung 27
(3) Abgabe 34

(4) Zugang ... 36
(5) Widerruf der Willenserklärung ... 37
(6) Unbeachtlichkeit widersprüchlichen Verhaltens ... 37
bb) Die Annahme (§§ 146 f. BGB) ... 38
(1) Änderung, Verspätung und Ablehnung ... 38
(2) Nicht: Schweigen ... 39
(3) Missverständnisse und Lücken ... 39
cc) Geschäftsfähigkeit (§§ 104 ff. BGB) ... 40
(1) Kinder und Jugendliche ... 40
(2) Geisteskranke u.a. ... 42
c) Entstehungshindernisse ... 42
aa) Bedingung (§ 158) und Befristung (§ 163) ... 42
bb) Gesetzesverstoß (§ 134 BGB) und Sittenwidrigkeit (§ 138 BGB) ... 43
cc) Formvorschriften ... 45
2. Der Inhalt von Verträgen ... 47
a) Vertragsfreiheit – Auslegung des Vertrages ... 47
b) Allgemeine Geschäftsbedingungen (AGB) ... 50
c) Gesetzliche Regeln ... 51
aa) Allgemeine Lückenschließung ... 51
(1) Wer (Leistender)? ... 52
(2) Wann (Leistungszeit)? ... 52
(3) Wo (Leistungsort)? ... 52
(4) Was? ... 53
(5) Wie? ... 54
(6) An wen (Leistungsempfänger)? ... 55
bb) Typische Verträge (Auswahl) ... 55
(1) Dauerhafte Verschaffung von Sachen oder Rechten ... 55
(2) Überlassung von Sachen oder Rechten für eine bestimmte Zeit ... 62
(3) Tätigkeiten und Tätigkeitserfolge ... 69
(4) (Pauschal-)Reisevertrag ... 74
(5) Kreditgeschäfte (Darlehen, Finanzierungshilfen) ... 75
(6) Verträge über Ansprüche ... 77
(7) Franchising ... 79
II. Ansprüche bei „Störungen“ ... 80
1. Annahmeverzug als „unechte“ Leistungsstörung ... 82
a) Voraussetzungen ... 83

b) Rechtsfolgen ... 84
2. Verspätete Leistung („Verzug") ... 85
a) Voraussetzungen ... 85
b) Rechtsfolgen ... 86
3. Nichtleistung ... 87
a) „Fixgeschäfte" ... 87
b) Angemessene Frist, Erfüllungsverweigerung, Abwägung ... 89
c) Schadensersatz „statt der Leistung", „statt der ganzen Leistung", Aufwendungsersatz und Rücktritt ... 89
4. Unmögliche bzw. unzumutbare Pflichten ... 91
5. Nicht vertragsgemäße/Nicht wie geschuldete Leistung ... 92
a) Kauf- und Werkvertrag ... 92
aa) Ausgangspunkt „Gefahrübergang" ... 92
bb) Sach- oder Rechtsmangel (§§ 437, 433 Abs. 1 Satz 2 BGB/ §§ 633 Abs. 1, 634 BGB) ... 93
cc) Die Rechte des Käufers bzw. Werkbestellers ... 97
dd) Ausnahmen und Ausschluss ... 99
b) Mietvertrag ... 100
c) Reisevertrag ... 101
d) Arbeits- und Dienstvertrag ... 103
6. Verletzung sonstiger Rechte, Rechtsgüter und Interessen ... 104

3. Kapitel **Der Untergang von Ansprüchen aus Verträgen** ... 106
I. Erfüllung ... 106
II. Untergang von Leistung und Gegenleistung ... 108
1. Untergang der Leistungspflicht (§ 275 BGB) ... 108
2. Untergang der Gegenleistung (§ 326 BGB) ... 109
III. Aufrechnung ... 111
IV. Widerruf, Rücktritt und Kündigung ... 113
1. Rücktrittsgrund, Widerrufsgrund und Kündigungsgrund ... 113
a) Vertragliche Rücktrittsrechte ... 113
b) Gesetzliche Rücktrittsrechte ... 114
c) Gesetzliche Widerrufsrechte ... 115
d) Ordentliche Kündigung ... 116
e) Außerordentliche Kündigung („aus wichtigem Grund") ... 118
2. Rücktritts-/Widerrufs-/Kündigungserklärung ... 119
3. Ausschlussgründe ... 120
4. Folgen von Rücktritt, Widerruf und Kündigung ... 121
a) Rücktritt als Ausgangsfall ... 121
b) Widerruf ... 124

c) Kündigung 126
V. Sonstige Erlöschensgründe 126
1. Hinterlegung (§ 362 BGB) 126
2. Selbsthilfeverkauf (§ 383 BGB) 127
3. Erlass (§ 397 BGB), negatives Schuldanerkenntnis 127

4. Kapitel **Hindernisse für die Durchsetzung von Ansprüchen aus Verträgen** 128
I. Gegenseitigkeit (§§ 320 f. BGB) und Zurückbehaltungsrechte (§§ 273 f. BGB) 128
II. Verjährung (§§ 194 ff. BGB) 129
III. Missbrauchseinrede (§§ 226, 242 BGB) 133

Stichwortverzeichnis 136

Abkürzungsverzeichnis

Abs.	Absatz
AG	Aktiengesellschaft, Amtsgericht
AGB	Allgemeine Geschäftsbedingungen
Alt.	Alternative
Art.	Artikel
BGB	Bürgerliches Gesetzbuch
BGH	Bundesgerichtshof
BVerfG	Bundesverfassungsgericht
bzw.	beziehungsweise
c.i.c.	culpa in contrahendo (vorvertragliches Schuldverhältnis)
d.h.	das heißt
e.V.	Eingetragener Verein
EG	Europäische Gemeinschaft
EU	Europäische Union
f., ff.	folgende
Fn.	Fußnote
GG	Grundgesetz
GmbH	Gesellschaft mit beschränkter Haftung
h.M.	herrschende Meinung
Hs.	Halbsatz
i.S.d.	im Sinne des
i.V.m.	in Verbindung mit
insb.	insbesondere
LG	Landgericht
n.F.	neue Fassung
OHG	Offene Handelsgesellschaft
OLG	Oberlandesgericht
Rn.	Randnummer
Rspr.	Rechtsprechung
s.	siehe
S.	Seite
sog.	sogenannt(e,en)
str.	streitig
u.	und
u.a.	unter anderem
u.U.	unter Umständen
v.	von/vom
Var.	Variante
vgl.	vergleiche
z.B.	zum Beispiel
ZPO	Zivilprozessordnung

Paragraphen ohne Gesetzesangabe sind solche des BGB.

Literaturverzeichnis

Balzer, Peter/*Kröll,* Stefan/*Scholl,* Bernd, Die Schuldrechtsklausur, 3. Aufl., Berlin 2011.
Bartels, Klaus, Klausurentraining Zivilrecht, 1. Aufl., Baden-Baden 2012.
Bergmans, Bernhard, Schuldrecht Bd. 1: Allgemeine und vertragsrechtliche Grundlagen, 2. Aufl., Berlin 2012.
Bönninghaus, Achim, BGB Allgemeiner Teil I: Willenserklärung, Vertragsschluss und Grundlagen der zivilrechtlichen Fallbearbeitung, 2. Aufl., Heidelberg 2011.
Bönninghaus, Achim, BGB Allgemeiner Teil II: Allgemeine Wirksamkeitsvoraussetzungen von Rechtsgeschäften, 2. Aufl., Heidelberg 2011.
Bönninghaus, Achim, Schuldrecht Allgemeiner Teil I: Schuldverhältnis: Beteiligte, Inhalt, Erlöschen, Einreden: Erfüllung und Leistungsverweigerung, 2. Aufl., Heidelberg 2011.
Bönninghaus, Achim, Schuldrecht Allgemeiner Teil II: Pflichtverletzung, 2. Aufl., Heidelberg 2011.
Bönninghaus, Achim, Schuldrecht Besonderer Teil I: Kauf-, Werk-, Reisevertrag und Schenkung, 2. Aufl., Heidelberg 2012.
Bönninghaus, Achim, Schuldrecht Besonderer Teil II: Gebrauchsüberlassungsverträge, 2. Aufl., Heidelberg 2012.
Bönninghaus, Achim, Schuldrecht Besonderer Teil III: Dienstvertrag, Geschäftsbesorgung, Geschäftsführung ohne Auftrag, 1. Aufl., Heidelberg 2011.
Brehm, Wolfgang, Allgemeiner Teil des BGB, 6. Aufl., Stuttgart 2008.
Brömmelmeyer, Christoph, Schuldrecht Allgemeiner Teil, 1. Aufl., München 2014.
Brox, Hans/*Walker,* Wolf-Dietrich, Allgemeiner Teil des BGB, 37. Aufl., München 2013.
Brox, Hans/*Walker,* Wolf-Dietrich, Allgemeines Schuldrecht, 37. Aufl., München 2013.
Brox, Hans/*Walker,* Wolf-Dietrich, Besonderes Schuldrecht, 37. Aufl., München 2013.
Canaris, Claus-Wilhelm/*Grigoleit,* Hans Christoph, Lehrbuch des Schuldrechts Band I/1 Allgemeiner Teil, 15. Aufl., München 2013.
Däubler, Wolfgang, BGB kompakt, 3. Aufl., München 2008.
Eckert, Jörn, Schuldrecht Besonderer Teil, 2. Aufl., München 2004.
Emmerich, Volker, BGB-Schuldrecht – Besonderer Teil, 13. Aufl., Heidelberg 2012.
Esser, Josef/*Weyers,* Hans-Leo, Schuldrecht Bd. II – Besonderer Teil/Teilband 1, Verträge, 8. Aufl., Heidelberg 1998.
Falk, Ulrich/*Schneider,* Birgit, Klausurenkurs im Bürgerlichen Recht II, 1. Aufl., Heidelberg 2012.
Fezer, Karl-Heinz, Klausurenkurs zum BGB: Allgemeiner Teil, 9. Aufl., München 2013.
Fezer, Karl-Heinz, Klausurenkurs zum Schuldrecht: Allgemeiner Teil, 8. Aufl., München 2013.
Fezer, Karl-Heinz, Klausurenkurs zum Schuldrecht: Besonderer Teil, 9. Aufl., München 2014.
Fikentscher, Wolfgang/*Heinemann,* Andreas, Schuldrecht, 10. Aufl., Berlin 2006.
Fischer, Christian, Schuldrecht BT/1: Vertragliche Schuldverhältnisse, 1. Aufl., München 2014.
Flume, Werner, Allgemeiner Teil des Bürgerlichen Rechts – Bd. 2: Das Rechtsgeschäft, 4. Aufl., Berlin 1992.
Förster, Christian, Schuldrecht Allgemeiner Teil, 2. Aufl., Heidelberg 2013.

Förster, Christian, Schuldrecht Besonderer Teil, 1. Aufl., Heidelberg 2012.
Fritzsche, Jörg, Fälle zum Schuldrecht I: Vertragliche Schuldverhältnisse, 5. Aufl., München 2013.
Gottwald, Peter, Examens-Repetitorium BGB Allgemeiner Teil, 3. Aufl., Heidelberg 2013.
Greiner, Stefan, Schuldrecht Besonderer Teil: Vertragliche Schuldverhältnisse, 1. Aufl., Berlin 2011.
Grigoleit, Hans Christoph/*Herresthal*, Carsten, BGB Allgemeiner Teil, 2. Aufl., München 2010.
Grigoleit, Hans Christoph/*Herresthal*, Carsten, Schuldrecht I – Schuldrecht AT - Kaufrecht, 1. Aufl., München 2014.
Grunewald, Barbara, Bürgerliches Recht, 8. Aufl., München 2009.
Gursky, Karl-Heinz, Schuldrecht Besonderer Teil, 5. Aufl., Heidelberg 2005.
Hahn, Erik/*Kern*, Bernd-Rüdiger/*Hauptmann*, Peter-Helge, Schuldrecht AT – leicht gemacht, 1. Aufl., Berlin 2011.
Harke, Jan Dirk, Besonderes Schuldrecht, 1. Aufl., Berlin 2011.
Hirsch, Christoph, Allgemeines Schuldrecht, 6. Aufl., Köln 2008.
Hirsch, Christoph, Besonderes Schuldrecht, 1. Aufl., Köln 2007.
Hirsch, Christoph, Schuldrecht Allgemeiner Teil, 8. Aufl., Baden-Baden 2013.
Hirsch, Christoph, Schuldrecht Besonderer Teil, 3. Aufl., Baden-Baden 2014.
Huber, Peter/*Bach*, Ivo, Examens-Repetitorium Besonderes Schuldrecht 1, 4. Aufl., Heidelberg 2013.
Hübner, Heinz, Allgemeiner Teil des Bürgerlichen Gesetzbuches, 2. Aufl., Berlin 1996.
Hütte, Felix/*Hütte*, Marlena, Schuldrecht Allgemeiner Teil, 8. Aufl., Grasberg 2013.
Joussen, Jacob, Schuldrecht I: Allgemeiner Teil, 2. Aufl., Stuttgart 2013.
Klees, Andreas/*Keisenberg*, Johanna, Klausurtraining Zivilrecht, 1. Aufl., Baden-Baden 2013.
Köhler, Helmut, BGB Allgemeiner Teil, 37. Aufl., München 2013.
Köhler, Helmut/*Lorenz*, Stephan, Prüfe Dein Wissen Schuldrecht I – Allgemeiner Teil, 21. Aufl., München 2010.
Köhler, Helmut/*Lorenz*, Stephan, Prüfe Dein Wissen Schuldrecht II – Besonderer Teil, 19. Aufl., München 2011.
Kornblum, Udo/*Stürner*, Michael, Fälle zum Allgemeinen Schuldrecht, 7. Aufl., München 2011.
Lange, Knut Werner, Schuldrecht AT, 3. Aufl., München 2012.
Larenz, Karl, Lehrbuch des Schuldrechts, Bd. I – Allgemeiner Teil, 14. Aufl., München 1987.
Larenz, Karl, Lehrbuch des Schuldrechts, Bd. II – Besonderer Teil Halbbd. 1, 13. Aufl., München 1986.
Larenz, Karl/*Wolf*, Manfred – Allgemeiner Teil des Bürgerlichen Rechts, 10. Aufl., München 2012.
Leenen, Detlef, BGB Allgemeiner Teil: Rechtsgeschäftslehre, 1. Aufl., Berlin 2011.
Leipold, Dieter, BGB I, Einführung und Allgemeiner Teil, 7. Aufl., Tübingen 2013.
Leonhard, Franz/*Binding*, Karl, Allgemeines Schuldrecht des BGB, 1. Aufl., Berlin 2013.
Leonhard, Franz/*Binding*, Karl, Besonderes Schuldrecht des BGB, 1. Aufl., Berlin 2013.
Löhnig, Martin, Schuldrecht II: Besonderer Teil 1: Vertragliche Schuldverhältnisse, 1. Aufl., Stuttgart 2009.
Looschelders, Dirk, Schuldrecht – Allgemeiner Teil, 11. Aufl., München 2013.
Looschelders, Dirk, Schuldrecht – Besonderer Teil, 8. Aufl., München 2013.
Löwisch, Manfred/*Neumann*, Daniela, Allgemeiner Teil des BGB, 7. Aufl., München 2004.

Marburger, Peter/*Sutschet*, Holger, 20 Probleme aus dem Schuldrecht Allgemeiner Teil, 8. Aufl., München 2013.
Medicus, Dieter, Allgemeiner Teil des BGB, 10. Aufl., Heidelberg 2010.
Medicus, Dieter, Bürgerliches Recht, 24. Aufl., München 2013.
Medicus, Dieter, Grundwissen zum Bürgerlichen Recht, 9. Aufl., München 2011.
Medicus, Dieter/*Lorenz*, Stephan, Schuldrecht I: Allgemeiner Teil, 20. Aufl., München 2012.
Medicus, Dieter/*Lorenz*, Stephan, Schuldrecht II: Besonderer Teil, 16. Aufl., München 2012.
Musielak, Hans-Joachim, Grundkurs BGB, 13. Aufl., München 2013.
Oechsler, Jürgen, Vertragliche Schuldverhältnisse, 1. Aufl., München 2013.
Oetker, Hartmut/*Maultzsch*, Felix, Vertragliche Schuldverhältnisse, 4. Aufl., Berlin 2013.
Olzen, Dirk/*Wank*, Rolf, Zivilrechtliche Klausurenlehre mit Fallrepetitorium, 7. Aufl., München 2012.
Pawlowski, Hans-Martin, Allgemeiner Teil des BGB, 7. Aufl., Heidelberg 2003.
Petersen, Jens, Examens-Repetitorium Allgemeines Schuldrecht, 6. Aufl., Heidelberg 2013.
Raab, Thomas, Fallrepetitorium Vertragliches Schuldrecht, 1. Aufl., Berlin 2014.
Rüthers, Bernd/*Stadler*, Astrid, Allgemeiner Teil des BGB, 17. Aufl., München 2011.
Schack, Haimo, BGB Allgemeiner Teil, 14. Aufl., Heidelberg 2013.
Schellhammer, Kurt, Schuldrecht nach Anspruchsgrundlagen samt BGB – Allgemeiner Teil, 8. Aufl., Heidelberg 2011.
Schlechtriem, Peter/*Schmidt-Kessel*, Martin, Schuldrecht – Allgemeiner Teil, 6. Aufl., Tübingen 2005.
Schlechtriem, Peter/*Schmidt-Kessel*, Martin, Schuldrecht – Besonderer Teil, 7. Aufl., Tübingen 2014.
Schmidt, Eike, Das Schuldverhältnis, 1. Aufl., Heidelberg 2004.
Schwab, Dieter/*Löhnig*, Martin, Einführung in das Zivilrecht, 19. Aufl., Heidelberg 2012.
Schwabe, Winfried, Lernen mit Fällen: Schuldrecht II, 6. Aufl., Stuttgart 2013.
Schwabe, Winfried/*Kleinhenz*, Holger, Lernen mit Fällen: Schuldrecht I, 8. Aufl., Stuttgart 2013.
Sieger, Sven, Schuldrecht – Besonderer Teil Vertragliche Schuldverhältnisse, 1. Aufl., Stuttgart 2005.
Teichmann, Arndt, Vertragliches Schuldrecht, 4. Aufl., München 2008.
Tonner, Klaus, Schuldrecht: Vertragliche Schuldverhältnisse, 3. Aufl., München 2013.
Wasserl, Uwe/*Farrenkopf*, Ulrike, Zivilrecht BGB: Allgemeiner Teil – Schuldrecht/Sachenrecht, 11. Aufl., Pegnitz 2013.
Webel, Karsten, Zivilrecht Band 1: Allgemeiner Teil. Schuldrecht, 1. Aufl., Herne 2011.
Weiler, Frank, Schuldrecht Allgemeiner Teil, 1. Aufl., Baden-Baden 2013.
Wenzel, Henning/*Wilken*, Christiane, Schuldrecht Besonderer Teil I: Vertragliche Schuldverhältnisse, 6. Aufl., Grasberg 2009.
Westermann, Harm Peter/*Bydlinski*, Peter/*Weber*, Ralph, BGB-Schuldrecht – Allgemeiner Teil, 8. Aufl., Heidelberg 2014.
Wieling, Hans Josef/*Finkenauer*, Thomas, Fälle zum Besonderen Schuldrecht, 7. Aufl., München 2012.
Wörlen, Rainer/*Metzler-Müller*, Karin, Schuldrecht AT, 11. Aufl., München 2013.
Wörlen, Rainer/*Metzler-Müller*, Karin, Schuldrecht BT, 11. Aufl., München 2013.
Zerres, Thomas, Bürgerliches Recht, 7. Aufl., Heidelberg 2013.

1. Kapitel **Grundlagen**

I. Grundbegriffe

Den wenigsten Menschen ist bewusst, dass sie **jeden Tag** eine Vielzahl von Verträgen schließen. Solche Verträgen bedürfen nämlich grundsätzlich keiner Form: ein bloßer Handschlag genügt, soweit die Vereinbarung ernst gemeint ist, insbesondere bei späterer Weigerung durch gerichtlichen Zwang durchsetzbar sein soll. Ein Vertrag in rechtlicher Hinsicht liegt bereits vor, sobald (mindestens) zwei Personen sich darüber einig sind, dass mindestens eine Person etwas Bestimmtes tun, dulden oder unterlassen soll bzw. die Zuordnung einer Sache oder eines Rechts wechseln soll. 1

Beispiel: 2
Wer einen fabrikneuen PKW kauft, schließt bis zum Fahrtantritt insgesamt drei Verträge:

Zunächst (Vertrag Nummer 1) werden sich Verkäufer und Käufer einig, dass Ersterer („später") den Preis zahlen soll, während Letzterer (ebenfalls „später") den PKW übergeben sowie dem Kunden das Eigentum daran verschaffen soll, d. h. es „übereignen" (zu Unterschieden vgl. Sachenrecht, Rn. 81). Dies erfolgt praktisch in der Regel, indem beide Parteien auf einem Formular unterzeichnen, wäre aber auch formlos (insbesondere mündlich) möglich. Es handelt sich dabei nicht um zwei völlig separate, unabhängige Pflichten begründende Verträge – sondern um ein einheitliches Geschäft, bei dem *für* den PKW gezahlt und umgekehrt der PKW nur *für* Geld übergeben werden soll (dies nennt man auch „**Gegenseitigkeit**" bzw. „**Synallagma**"). Aber mit der Verpflichtung, etwas zu tun, ist es nicht getan – denn beide Beteiligte müssen ihren Pflichten nachkommen:

Der Verkäufer übergibt dazu, nachdem ihm der PKW geliefert wurde, das Fahrzeug mit den dazugehörigen Schlüsseln und einigt sich mit dem Käufer darüber, dass das Auto ab sofort diesem gehören soll (Vertrag Nummer 2). Schließlich übergibt der Käufer dem Verkäufer den Kaufpreis in bar und erklärt in Bezug darauf, dass die Geldscheine nunmehr in das Eigentum des

Verkäufers übergehen sollen (Vertrag Nummer 3). Anders als die bloße Verpflichtung (Vertrag Nummer 1) erfolgt die Übertragung von Eigentum stets durch zwei unabhängige, nicht miteinander verknüpfte Geschäfte.
Schon bei Rückgabe von Wechselgeld muss aber ein weiterer Vertrag des Inhalts geschlossen werden, dass das Wechselgeld vom Vermögen des Verkäufers in dasjenige des Käufers übergehen soll; bei einer Überweisung ist sogar ein Vertrag (ein „Zahlungsauftrag", § 675f Abs. 3 S. 2 BGB) des Käufers gegenüber seiner Bank erforderlich. Man sieht: Schon bei einfachen Lebenssachverhalten ist eine Vielzahl von Verträgen erforderlich.

3 Das Beispiel zeigt eine Reihe von wichtigen allgemeinen Grundlagen der deutschen Rechtsordnung (in anderen Ländern gelten diese nicht zwingend!):

4 • Verträge bedürfen **keiner Form** – sie können sogar „ohne Worte" („*konkludent*") allein durch ein bestimmtes Verhalten beider Beteiligter geschlossen werden (wie etwa die Verträge über den Eigentumsübergang an PKW und Geld). Während man beim Kauf teurer Kraftfahrzeuge zur Beweissicherung in der Praxis schriftliche Verträge einsetzt (aber dies nicht etwa aufgrund einer gesetzlichen Vorgabe *muss*), wäre es für einen Brötchenkauf widersinnig, Schriftstücke zu erstellen: In der Bäckerei erklärt der Kunde seinen Wunsch mündlich, die Annahme durch den Bäcker erfolgt durch schlichtes Verhalten (er packt die Brötchen ein und erklärt dadurch die Annahme genauso wie durch ein ausgesprochenes „Ja"). Vergleichbar sind etwa Handzeichen bei einer Auktion oder das Abstellen von Lebensmitteln auf die Kasse im Supermarkt. Ausnahmen gibt es aus zwei Gründen: Einerseits soll eine der beiden Parteien besonders vor den Gefahren einer Erklärung gewarnt werden („Warnfunktion"), etwa beim Schenkungsversprechen, das nach § 518 BGB notariell zu beurkunden ist, oder bei der Bürgschaft, die nach § 766 BGB schriftlich übernommen werden muss. Andererseits sollen besonders wichtige Erklärungen, etwa die Kündigung eines Wohnraummiet- (§ 568 BGB) oder Arbeitsvertrages (§ 623 BGB) zum Nachweis dokumentiert werden („Beweisfunktion"). Beide Zwecke können auch gleichzeitig vorliegen, etwa bei der notariellen Beurkundung eines Grundstückskaufvertrages (§ 311b Abs. 1 S. 1 BGB). Erfüllt ein Vertrag eine gesetzlich vorgeschriebene Form nicht, ist er nach § 125 S. 1 BGB nichtig (d. h. er entfaltet keine Wirkungen), näher Rn. 170. Auch hiervon gibt es aber Abweichungen: So gilt ein mündlich geschlossener Wohnraummietvertrag als auf unbestimmte Zeit geschlossen (§ 550 S. 1 BGB), bei einem bereits ausgezahlten Darlehen eines Unternehmers an einen Verbraucher führt das Fehlen der Schriftform dazu, dass der Zinssatz auf 4 % p.a. sinkt (§ 494 Abs. 2 i. V. m § 246 BGB).

- Verträge erfordern immer mindestens **zwei Beteiligte**, die sich über ihre Rechte und Pflichten (jedenfalls im Kern, unten Rn. 146 zum Dissens) einig sind. Soweit das Ergebnis von einem Beteiligten nicht gewollt ist, scheidet ein Vertrag aus. Selbst bei einer Schenkung oder der schlichten Eigentumsverschaffung wird verlangt, dass derjenige, der etwas erhält, „zustimmt". Das kann ausdrücklich erfolgen (etwa durch ein geäußertes „Ja"), aber auch durch ein bestimmtes Verhalten (die Annahme des Bargeldes bzw. des PKWs im obigen Beispiel). Andererseits kann man Verträge auch mit mehr als zwei Personen abschließen. Dies ist insbesondere bei Gesellschaften der Fall: Große Vereine haben oft hunderte von Mitgliedern. Nach § 56 BGB soll die Eintragung eines Vereins, durch welche dieser zum „e.V." wird, dazu Gesellschaftsrecht Rn. 36) nur erfolgen, wenn dieser mindestens sieben Mitglieder hat. Etwas irreführend ist vor diesem Hintergrund allerdings, dass es auch Kapitalgesellschaften mit nur einem Gesellschafter gibt (sog. „Einpersonengesellschaften") und man auch bei diesen von einem „Gesellschaftsvertrag" spricht. Dabei handelt es sich nicht um „Verträge" im Sinne dieses Buchs, sondern vielmehr um Satzungen, die nur bedingt den allgemeinen Regeln unterworfen sind (dazu Gesellschaftsrecht Rn. 52 ff.). **5**
- In Deutschland (!) wird immer zwischen der Verpflichtung zu einem Tun, Dulden oder Unterlassen (sog. „**Anspruch**", § 194 BGB, etwa zur Bezahlung oder zur Übergabe eines Brötchens) und der Erfüllung dieser Pflicht unterschieden. **6**
  - Im obigen Beispiel wurde etwa durch Vertrag 1 die Pflicht zur Verschaffung von Eigentum und Besitz am PKW (sog. „**Verpflichtungsgeschäft**") begründet. Solche Geschäfte, wie etwa der „Kaufvertrag", sind vor allem im 2. Buch des Bürgerlichen Gesetzbuchs (BGB), dem „Schuldrecht" (etwa in § 433 BGB) geregelt. Diesbezüglich gilt grundsätzlich Vertragsfreiheit – d. h., man kann (innerhalb sehr weit gefasster Grenzen) vereinbaren, was man will. Insbesondere ist es rechtlich zulässig, sich zu einer Leistung zu verpflichten, die man gar nicht erfüllen kann (so kann ich etwa das Auto meines Nachbarn verkaufen oder gar eine Reise zum Sirius), wie § 311a Abs. 1 BGB ausdrücklich klarstellt. **7**
  - Die Verträge 2 und 3 (d. h. die Verschaffung von Eigentum und Besitz an dem PKW bzw. am Bargeld) sind anders strukturiert (sog. „**Erfüllungsgeschäfte**" bzw. „**Verfügungsgeschäfte**"). Derartige Verträge sind gesetzlich **8**

sehr viel strenger typisiert – es muss eindeutig sein, wem eine Sache oder ein Recht gehört. Völlig freie Vereinbarungen würden insoweit letztlich ins Chaos führen. Regelungen für derartige Verträge finden sich vor allem im 3. Buch des BGB, dem „Sachenrecht". Beim Kauf beweglicher Sachen (wie im „PKW"-Fall) erfolgt die Erfüllung zum Beispiel durch „Übergabe" (§ 854 BGB) und „Übereignung" (§ 929 BGB), näher Sachenrecht Rn. 139 ff.

9 – Diese streng durchgehaltene und oft künstlich wirkende Unterscheidung nennt man „Trennungsprinzip" – d. h. auch bei Alltagsgeschäften liegen wie oben geschildert mehrere (oft drei) separate Verträge vor.

10 **Beispiel:**
Wenn ich also etwa einen Kugelschreiber vom Schreibtisch meines Kollegen verkaufe (d.h. einem Dritten verspreche, dass dieser Eigentum und Besitz daran erlangen soll, § 433 Abs. 1 S. 1 BGB), ist dieses Verpflichtungsgeschäft unproblematisch wirksam – allerdings kann ich den Vertrag nur wirksam erfüllen, wenn ich entweder selbst Eigentum am Kugelschreiber erwerbe (indem ich ihn mir von meinem Kollegen nach § 929 S. 1 BGB übereignen lasse) oder aber indem ich ausnahmsweise auch über fremde Sachen wirksam verfügen kann, nämlich insbesondere, wenn der Erwerber denkt, ich sei Eigentümer und ich den Besitz am Kugelschreiber mit Willen meines Kollegen erlangt habe, etwa indem er mir ihn geliehen hat (sog. **gutgläubiger Erwerb**, dazu Sachenrecht Rn. 171 ff.)

11 – Es gibt aber noch eine andere, noch verwirrendere Folge dieser Trennung der Geschäfte: Die Wirksamkeit eines Geschäftes lässt die des jeweils anderen unberührt (sog. „**Abstraktionsprinzip**").

12 **Beispiel:**
Ich verleihe mein Fahrrad an einen 17-Jährigen (Vertrag Nr. 0: § 598 BGB) und übergebe ihm dieses (dies ist kein Vertrag, sondern nur eine tatsächliche Handlung – er soll gerade nicht Eigentümer werden). Dieser schließt mit einem Unbekannten, der ihn für den Eigentümer hält, einen Kaufvertrag (Vertrag Nr. 1: § 433 BGB). Sodann übereignet er ihm das Fahrrad (Vertrag Nr. 2; § 929 S. 1 BGB), übergibt es ihm und erhält den Kaufpreis (Vertrag Nr. 3: § 929 S. 1 BGB).

Verträge von unter 18-Jährigen sind nur wirksam, wenn sie lediglich rechtlich vorteilhaft sind oder die Eltern zugestimmt haben (§ 107 BGB, näher Rn. 150). Da ein wirksamer Vertrag die Pflicht zur Übereignung des Fahrrads begründet hätte, wäre er nicht **lediglich** rechtlich vorteilhaft gewesen (denn trotz eines finanziellen Gewinns würde der 17-jährige sein Fahrrad verlieren bzw. hätte er es zunächst erwerben müssen). Das schuldrechtliche Geschäft ist also eindeutig unwirksam. Anders ist es aber überraschenderweise bei der Erfüllung (Geschäft Nr. 2 und Geschäft Nr. 3): Durch die Zahlung (Geschäft Nr. 3) erlangt der 17-Jährige Geld – dies ist lediglich vorteilhaft, denn eine Pflicht, die dadurch erlöschen könnte, bestand gerade nicht. Durch die Weggabe meines Fahrrades und Übertragung des Eigentums daran (Geschäft Nr. 2) entsteht ihm ebenfalls kein Nachteil – denn er verliert nichts (sondern nur ich). Beide Geschäfte sind daher zunächst wirksam (!) – ich verliere mein Fahrrad, der gutgläubige Käufer sein Geld. Dabei kann es natürlich nicht auf Dauer bleiben: Nach § 812 Abs. 1 Satz 1, 1. Var. BGB werden die Geschäfte letztlich doch zurück abgewickelt. Aber: Bis zur „Rückabwicklung" verändern sich die Eigentumsverhältnisse. Unbeteiligte können daher, so sie etwas zahlen, endgültig und unwiderruflich Eigentümer werden (Sachenrecht Rn. 164).

Dieses Buch behandelt nur die Verpflichtungsgeschäfte, die Erfüllungsge- **13**
schäfte werden im Parallelwerk zum Sachenrecht dargestellt. Da der Vertragsschluss sowohl für das Verpflichtungs- als auch für das Erfüllungsgeschäft einheitlich geregelt wurde, finden sich die entsprechenden Regelungen im 1. Buch des BGB – dem „Allgemeinen Teil" – und werden ebenfalls in diesem Buch erörtert.

Es ist eine Todsünde, Verpflichtungs- und Erfüllungsgeschäft miteinander zu vermischen! Man darf daher auf keinen Fall schreiben: *„K könnte durch den Kaufvertrag Eigentum am Brötchen erlangt haben."*

Schließlich sei an dieser Stelle noch darauf hingewiesen, dass Verträge nicht **14**
nur zwischen normalen Bürgern existieren, sondern auch zwischen Staat und Bürger (entweder als normale Verträge im Rahmen der Bedarfsdeckung oder als sog. **„öffentlich-rechtlicher Vertrag"** im Sinne von §§ 54 ff. VwVfG, soweit Inhalte aus dem Bereich hoheitlicher Tätigkeit geregelt werden) – und sogar zwischen zwei Staaten (sog. **„völkerrechtlicher Vertrag"** bzw. **„Staatsvertrag"**,

Art. 59 Abs. 1 S. 2 GG – etwa zwischen der Bundesrepublik Deutschland und den Vereinigten Staaten von Amerika). Darüber hinaus ist die Eingehung der Ehe ein Vertrag („**Ehevertrag**“, §§ 1310, 1408 BGB). Man kann sogar statt eines Testaments seinen Nachlass auch durch „**Erbvertrag**“ regeln (§§ 2274 ff. BGB). Im Gesellschaftsrecht spricht man von „Satzungen“ etwa bei AGs, GmbHs und Vereinen („**Gesellschaftsverträge**“, Gesellschaftsrecht Rn. 52 ff.). Die Vereinbarungen zur Gewinnabführung bzw. Kontrolle im Rahmen eines Konzerns bezeichnet man als „**Unternehmensverträge**“ (§§ 291 f. AktG).

II. Vertragsfreiheit; Handelsrecht und Verbraucherschutz

15 Verträge sind in einer freien Marktwirtschaft von zentraler Bedeutung: Die freiwillige Einigung zweier Personen ist generell der beste Weg, um Konflikte zu vermeiden und eine gerechte (da einvernehmliche) Zuordnung von Rechten und Pflichten zu erreichen. Soweit ein Vertrag besteht, gilt dieser grundsätzlich als „Einwilligung“ bzw. „Einverständnis“ und schließt eine strafrechtliche Verfolgung, aber auch gesetzliche Schadensersatz- und Unterlassungsansprüche aus.

16 Verträge sind der wichtigste Fall „**rechtsgeschäftlicher Schuldverhältnisse**“ (vgl. § 311 Abs. 1 BGB), d. h. freiwilliger menschlicher (Willens-)Erklärungen, durch die eine rechtliche Folge ausgelöst werden soll. Abzugrenzen sind „**gesetzliche Schuldverhältnisse**“, die nicht durch rechtserhebliche Erklärungen, sondern durch bestimmte Ereignisse bzw. Handlungen, etwa einen Verkehrsunfall oder das Löschen eines Brandes, entstehen. Gibt es einen Vertrag, schließt dieser (soweit man sich im Rahmen der Vereinbarung bewegt) solche „gesetzliche Schuldverhältnisse“ regelmäßig aus. Das heißt, man kann nicht mehr Schadensersatz wegen Verletzung absolut geschützter Rechte (§ 823 Abs. 1 BGB) verlangen – in der vertraglichen Einigung liegt eine Einwilligung, welche die Verletzung rechtfertigt. Auch eine Herausgabe der aufgrund des Vertrages erhaltenen Gegenstände (§ 812 BGB) scheidet aus – denn der Vertrag bildet den „rechtlichen Grund“ für ihr Behalten. Die „Geschäftsführung ohne Auftrag“ (§ 677 BGB) schließlich betrifft ausdrücklich nur Konstellationen, in denen der Handelnde „ohne Auftrag oder sonstige Berechtigung“ tätig wurde, schließt also die durch das Erfordernis einer Willensübereinstimmung (Rn. 5, 84) entstehende Lücke..

17 Daran wird deutlich, dass der **freie Wille** des Betroffenen grundsätzlich Vorrang gegenüber den allgemeinen Regelungen der Gesetze hat. Insoweit gilt „**Vertragsfreiheit**", d. h., man kann grundsätzlich alles vertraglich vereinbaren.

18 Absolute Beschränkungen durch das Gesetz zugunsten höherrangiger Rechtsgüter, etwa der Menschenwürde (Art. 1 Abs. 1 GG), sind die Ausnahme. So kann das Opfer in bestimmte Straftaten nicht einwilligen, so dass etwa die „Tötung auf Verlangen" strafbar ist, § 216 StGB. Auch eine „sittenwidrige" Körperverletzung, § 228 StGB, kann nicht durch Einwilligung gerechtfertigt werden.

19 Das Gesetz sieht viele Regelungen vor, die bloß lückenfüllend als Lösungs*varianten* dienen. Sie greifen nur ein, wenn die Beteiligten über einen bestimmten Umstand keine Einigung erzielt haben (etwa weil sie gar nicht darüber nachdachten. Man bezeichnet solche Regelungen als **dispositives Recht**. Nur ausnahmsweise geht der Gesetzgeber aber davon aus, dass eine Partei einen zu geringen Einfluss in den Vertragsverhandlungen hat oder unzureichend informiert ist und deshalb eine gerechte Einigung ausscheidet. Um eine daraus resultierende Benachteiligung zu vermeiden, werden Regelungen als **zwingend** ausgestaltet. Nach dem Schutzniveau kann man wie folgt differenzieren:

„Profis": **Kaufleute** ⇒ HGB | „Amateure": **Verbraucher** ⇒ Sonderregelungen

↓ ↓

Normalbürger ⇒ Vereinbarung/BGB (alle Vorschriften)

- 20 Für „**Kaufleute**" trifft das Handelsgesetzbuch (HGB) Sonderregelungen, um einen schnellen und unkomplizierten Geschäftsverkehr zu gewährleisten. Als „Profis" bedürfen Kaufleute grundsätzlich nur eines geringen gesetzlichen Schutzes: Sie können etwa eine Bürgschaft mündlich übernehmen (§ 350 HGB; Nicht-Kaufleute müssen die Übernahme schriftlich erklären, § 766 BGB). Sie müssen gekaufte Waren unverzüglich auf Fehlerhaftigkeit prüfen und etwaige Mängel ohne schuldhaftes Zögern rügen (§ 377 HGB). Zu den „Kaufleuten" zählt jeder, der ein Handelsgewerbe betreibt (§ 1 HGB), also nach Art und Umfang einen kaufmännisch eingerichteten Gewerbebetrieb (insbesondere kaufmännische Buchführung, §§ 238 ff. HGB) benötigt bzw. im Handelsregister eingetragen ist (§ 2 HGB). Interessanterweise sind (aus historischen Gründen) die so genannten „freien Berufe" (vgl. § 1 Abs. 2 PartGG), namentlich Architekten, Anwälte, Ärzte, etc., von der Anwendbarkeit dieser Vorschriften generell ausgenommen. Bei Geschäften von GmbHs und Aktiengesellschaften gelten hingegen **immer** (unabhängig von der Größe oder Tätigkeitsfeld) die Modifikationen durch das Handelsrecht (§ 6

Abs. 1 HGB, § 13 Abs. 3 GmbHG, § 3 Abs. 1 AktG) – und damit (über diesen Umweg) auch für Rechtsanwälte, die als GmbH bzw. AG organisiert sind (zu den Handelsgesellschaften Gesellschaftsrecht Rn. 25).

21 • Das andere Extrem sind Marktteilnehmer, die sich mangels Kenntnis bzw. wirtschaftlicher Macht regelmäßig nicht gegenüber den „Profis" durchsetzen können – die **„Verbraucher"** im Sinne des Zivilrechts (§ 13 BGB). Das Gesetz meint damit Personen, die bei einem Geschäft nicht im Rahmen einer beruflichen Tätigkeit handeln. Soweit solche „Privatleute" mit Personen Verträge schließen, für die das jeweilige Geschäft zum Beruf gehört („Unternehmer"), gelten besondere Schutzvorschriften. So müssen beispielsweise zusätzliche Informationen erteilt werden (z. B. § 312d BGB i. V. m. InformationsVO) oder es werden Regelungen für zwingend erklärt (z. B. § 475 BGB für den Kaufvertrag).

Ein und dieselbe Person kann gleichzeitig „Kaufmann" und „Verbraucher" sein. So ist der Betreiber eines im Handelsregister eingetragenen Computerladens beim Kauf und Verkauf von PCs für sein Geschäft „Kaufmann", beim Kauf eines Computerspiels, das er auf seinem Privat-PC für sich selbst nutzen will, hingegen Verbraucher. In der Klausur ist daher genau zu prüfen, ob das Geschäft im Zusammenhang mit dem Erwerbsgeschäft erfolgt oder aber zum reinen „Privatvergnügen".

Ähnlich wie Verbraucher sind auch Mieter von Wohnraum (§§ 549 ff. BGB) und Arbeitnehmer (vgl. etwa § 622 BGB, das Kündigungsschutzgesetz, etc.) besonders geschützt.

22 • Soweit eine Person weder Kaufmann noch Verbraucher ist, oder sich keine diesbezüglichen Sondervorschriften finden und keine Vereinbarung getroffen wurde, gelten die **Regelungen des Bürgerlichen Gesetzbuches**. Für viele Verträge finden sich im „Besonderen Schuldrecht" (Abschnitt 8 des 2. Buches des BGB) konkrete Musterregelungen. Da aber (wie oben dargestellt) Vertragsfreiheit gilt, kann es sein, dass sich dort keine Regelung findet. Dann gelten die allgemeinen Vorschriften für alle Verträge (und sogar zu anderen Schuldverhältnissen) im „Allgemeinen Schuldrecht", dem 1.–7. Abschnitt des 2. Buches des BGB. Auch hier gibt es zwingende Schutzvorschriften, etwa bei Allgemeinen Geschäftsbedingungen (§§ 305 ff. BGB).

→ Multiple-Choice-Test 1
Übersichten 1, 2

2. Kapitel **Die Entstehung von Ansprüchen aus Verträgen**

23 Grundsätzlich geht es im Vertragsrecht (wie allgemein im Zivilrecht) immer um „**Ansprüche**", d. h. das Recht von einem anderen ein Tun, Dulden oder Unterlassen zu verlangen (§ 194 BGB). Man unterscheidet insoweit „Primäransprüche" und „Sekundäransprüche".

- 24 **Primäransprüche** (Rn. 26 ff.) sind Ansprüche auf eine „Leistung" (§ 241 Abs. 1 BGB), die sich unmittelbar aus der vertraglichen Vereinbarung ergeben. Die Leistung kann dabei jedes Tun, Dulden oder Unterlassen sein, etwa die Zahlung des Kaufpreises und Abnahme der Ware (§ 433 Abs. 2 BGB) oder Übergabe und Übereignung der gekauften Sache (§ 433 Abs. 1 S. 1 BGB).
- 25 **Sekundäransprüche** (Rn. 322 ff.) entstehen, wenn Pflichten aus dem Vertrag verletzt werden – etwa die Sache nicht geliefert wird, oder aber dem Käufer bei der Lieferung ein Arm gebrochen wird. Dann kann Schadensersatz verlangt werden (§§ 280 ff., 249 ff. BGB) oder es ist möglich, vom Vertrag zurückzutreten und die bereits erbrachte Leistung (zum Beispiel den gezahlten Kaufpreis) zurückzufordern (§§ 323 ff., 346 ff. BGB). Solange der Primäranspruch auf die Leistung besteht, scheiden Sekundäransprüche in Bezug auf denselben Gegenstand aus (daher ordnet § 281 BGB eine Fristsetzung zur Erfüllung an, bevor Schadensersatz verlangt werden kann, ebenso § 323 BGB für den Rücktritt), allerdings kann neben der Leistung durchaus Schadensersatz für Verluste verlangt werden, die gar nicht vom Vertrag betroffen waren. Zudem sind Leistungen oftmals teilbar: Es ist also möglich, ein gekauftes Auto zu behalten und nur Ersatz bestimmter Reparaturkosten zu verlangen

Im Folgenden werden zunächst die Primäransprüche dargestellt; erst danach sollen die Folgen von Pflichtverletzungen behandelt werden.

→ Übersicht 3

I. Der Anspruch auf die Leistung

26 Der Primäranspruch ist der Anspruch auf die „Leistung" (oben Rn. 24). Diese **„Leistung"** (§ 241 Abs. 1 BGB) ist ein zentraler Begriff im Schuldrecht. Damit ist schlicht dasjenige gemeint, was aufgrund des Vertrages zu tun, dulden oder unterlassen ist – und was notfalls gerichtlich eingeklagt und vollstreckt werden kann: Im Kaufvertrag muss der Käufer den Kaufpreis zahlen (§ 433 Abs. 2 BGB), der Verkäufer die Ware liefern (§ 433 Abs. 1 S. 1 BGB). Oft trifft die an einem Vertrag beteiligten Personen aber nicht nur eine solche Pflicht, sondern ein ganzes Pflichtenbündel: Der Verkäufer muss nicht nur irgendein Auto liefern, sondern ein mangelfreies (§ 433 Abs. 1 Satz 2 BGB), der Käufer muss nicht nur zahlen, sondern die Kaufsache auch abnehmen (§ 433 Abs. 2 BGB). Jede einzelne dieser Pflichten ist unabhängig von den anderen einklagbar und kann (im Einzelfall) durch Schadensersatz „statt der Leistung" (§ 280 Abs. 3, §§ 281, 282, 283 BGB) ersetzt werden.

27 Damit derartige Leistungspflichten entstehen, muss überhaupt ein Vertrag wirksam geschlossen worden sein (Rn. 28 ff.). Der Inhalt der Pflichten (Rn. 176 ff.) ergibt sich dann entweder aus der Vereinbarung selbst oder aber (hilfsweise) aus dem Gesetz.

28 **1. Der Abschluss von Verträgen.** Alle vertraglichen Ansprüche (auch Sekundäransprüche, unten Rn. 322 ff.) setzen einen wirksamen Vertrag zwischen den Beteiligten voraus. Zu klären ist dabei zunächst, wer durch einen solchen Vertrag berechtigt oder verpflichtet wird (Rn. 29 ff.). Dann sind die Voraussetzungen des Vertragsschlusses näher zu betrachten (Rn. 84 ff.). Schließlich ordnet das Gesetz in besonderen (seltenen) Fällen die Unwirksamkeit des Vertrages trotz scheinbarer Einigung an (Rn. 154 ff.).

29 **a) Die Beteiligten. – aa) Berechtigter und Verpflichteter, Gegenseitigkeit.** Am Abschluss eines Vertrages sind stets mindestens zwei Personen beteiligt (siehe Rn. 5). Es können auch drei und mehr Personen involviert sein, jedoch kann ein Vertrag nie von einem Einzelnen mit sich selbst geschlossen werden.

☞ Allerdings gibt es durchaus auch einseitige Verpflichtungserklärungen, zum Beispiel die so genannte „Auslobung“ (§§ 657 ff. BGB). Dabei handelt es sich um die „öffentliche Bekanntmachung einer Belohnung“, etwa das „Angebot“ von Finderlohn für das Auffinden eines entlaufenen Hundes. Hierbei bedarf es keiner „Annahme“ durch den Finder, der Anspruch entsteht bereits unmittelbar durch die Übergabe des Hundes. Diese Fälle sind aber praktisch sehr selten und können hier ausgeklammert bleiben.

Jemand, der etwas von einem anderen verlangen kann, wird als „**Gläubiger**“ **30** bezeichnet; derjenige, der spiegelbildlich zum Tun, Dulden oder Unterlassen verpflichtet ist, heißt „**Schuldner**“. In einem Vertrag können beide Beteiligte zur Leistung verpflichtet sein, aber auch nur einer. Daher ist zu unterscheiden:

- Bei einem „**einseitig verpflichtenden Vertrag** muss nur eine Person leisten, **31** die andere hingegen erhält nur die Leistung (z. B. Schenkung, § 516 ff. BGB: Nur der Schenker verspricht etwas, den Beschenkten treffen keine Pflichten).
- Bei einem „**unvollkommen zweiseitigen Vertrag**“, muss jede Partei etwas **32** tun, die Leistungen sind jedoch nicht voneinander abhängig. Bei der Leihe muss der Entleiher beispielsweise die Sache zurückgeben (§ 604 BGB), ebenso wie derjenige, der eine Sache für jemanden unentgeltlich verwahrt (§ 696 BGB). Dennoch besteht keine „Gegenseitigkeit“ in dem Sinne, dass die eine Leistung nur wegen der anderen erfolgt.
- Im Alltag am Bedeutendsten sind die „**gegenseitigen“ Verträge**. Dabei leistet **33** jede Partei, **damit** auch die andere leistet („*do ut des*“): Der Käufer zahlt, damit er die Ware bekommt; der Verkäufer liefert, damit er sein Geld bekommt (§§ 433 ff. BGB). Nichts anderes gilt etwa bei Mietverträgen (§§ 535 ff. BGB), Pauschalreisen (§§ 651a ff. BGB) oder Arbeitsverträgen (§§ 611 ff. BGB).

Es ist wichtig, dass die Eigenschaft als „Gläubiger“ und „Schuldner“ in diesen **34** Fällen je nach Anspruch verschieden sein kann (Es ist also **falsch** zu fragen, wer beim Kaufvertrag der Schuldner ist!):

- Der Käufer ist **Gläubiger** der Lieferungspflicht (sowie des Anspruchs auf **35** Mangelfreiheit), die der Verkäufer **schuldet** (§ 433 Abs. 1 S. 1 BGB).
- Umgekehrt ist er aber **Schuldner** der Abnahmepflicht (und der Zahlungs- **36** pflicht), in Bezug auf welche der Verkäufer wiederum **Gläubiger** ist (§ 433 Abs. 2 BGB).

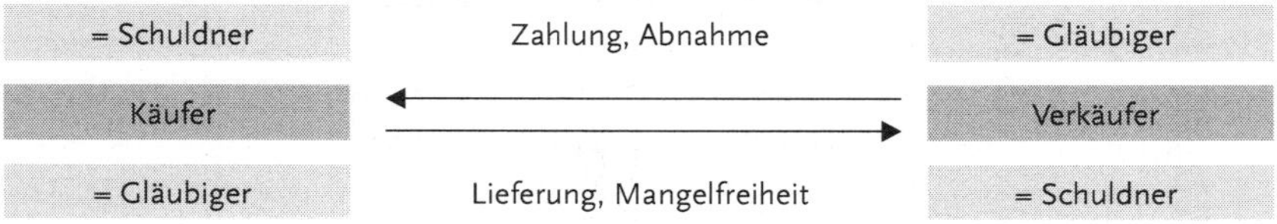

37 Dies führt zu der kuriosen Situation, dass ein Käufer, der die ordnungsgemäß angebotene Ware aufgrund eigener Fahrlässigkeit nicht annimmt, sowohl im Annahmeverzug = Gläubigerverzug ist (§§ 293 ff. BGB, näher Rn. 327 ff.) als sich auch im Schuldnerverzug (§§ 280 Abs. 2, 286, 287 BGB, näher Rn. 338 ff.) befindet.

38 **bb) Stellvertretung (§§ 164 ff. BGB) und Botenschaft.** Idealerweise sind beim Abschluss eines Vertrages stets die Personen unmittelbar beteiligt, die hinterher auch berechtigt und verpflichtet werden sollen. Das muss allerdings nicht immer der Fall sein und ist es auch in der modernen, arbeitsteiligen Wirtschaft vielfach nicht. Wer etwa im Supermarkt an der Kasse bezahlt, schließt keinen Vertrag mit der Kassiererin (die vor ihm sitzt), sondern vielmehr mit dem Supermarktbetreiber (regelmäßig einer AG oder GmbH).

39 Das BGB stellt an eine wirksame Stellvertretung nur drei Voraussetzungen, die man § 164 Abs. 1 BGB entnehmen kann:

40 • Es muss eine **eigene Erklärung** der aktiv auftretenden Person vorliegen – d. h., diese muss einen gewissen Entscheidungsspielraum haben. Soweit dieser fehlt, wird lediglich die fremde Entscheidung übermittelt und es liegt keine Stellvertretung, sondern „Botenschaft“ vor. Übermittelt der Bote die Nachricht versehentlich falsch, bindet sie denjenigen, der ihn geschickt hat; er kann die Wirkung jedoch durch „Anfechtung“ nach §§ 142 Abs. 1, 120 BGB beseitigen (näher Rn. 96 ff.). Wenn der Bote allerdings absichtlich eine ihm nicht mitgeteilte Erklärung übermittelt oder gar ohne jeden Anlass als „Scheinbote“ auftritt, wird der vermeintliche Hintermann nicht gebunden. Vielmehr haftet der „Bote ohne Botenmacht“ wie ein „Vertreter ohne Vertretungsmacht“ (dazu Rn. 46 ff.) persönlich.

41 • Es muss ausdrücklich erklärt werden, dass die Erklärung **für einen anderen** gelten soll („in fremdem Namen“), sofern sich diese Fremdbezogenheit nicht ohnehin schon aus den Umständen ergibt (§ 164 Abs. 1 S. 2 BGB). Gleichgestellt ist das Handeln „unter fremdem Namen“ – d. h., der Vertreter tritt auf, als sei er selbst eine andere Person (soweit es dem Geschäftspartner überhaupt auf dessen Identität ankommt). Der Vertreter kann also auch mit

dem Namen des Vertretenen unterzeichnen. Die Offenlegung des Handelns für einen anderen (sog. „**Offenkundigkeitsprinzip**") ist entbehrlich, wenn die Identität des Berechtigten bzw. Verpflichteten dem anderen letztlich gleichgültig ist („Geschäft für den, den es angeht") – was insbesondere der Fall ist, wenn beide Parteien ihre Leistungen unmittelbar vollständig erbringen („Bargeschäfte des täglichen Lebens" – etwa beim Zeitungs- oder Brötchenkauf). Wird das Handeln für einen anderen nicht offen gelegt, muss grundsätzlich der Vertreter selbst (und nicht der Vertretene) den Vertrag erfüllen. Er wird aber auch seinerseits berechtigt, die Leistung des Geschäftspartners zu erhalten. Eine Anfechtung durch den Vertreter wegen dieses „Missverständnisses" ist nach § 164 Abs. 2 BGB ausgeschlossen.

In der Praxis erlebt man oft „mittelbare" bzw. „verdeckte" Stellvertretung. Dabei wird zwar der „Vertreter", der unter eigenem Namen handelt, gegenüber dem Vertragspartner berechtigt und verpflichtet. Im Innenverhältnis soll aber ein (geheim gehaltener) Hintermann die Vor- und Nachteile des Geschäfts genießen. Dies ist etwa der Fall beim handelsrechtlichen Kommissionsgeschäft (§§ 383 ff. HGB). Da es sich um keine echte Vertretung handelt, kann dem Vertragspartner diese Vereinbarung grundsätzlich egal sein – er muss sich nur um den Vertreter kümmern. Folgen hat die Vereinbarung insbesondere im Rahmen von Schadensersatzansprüchen (unten Rn. 74).

- Schließlich muss **Vertretungsmacht** vorliegen. Insoweit ist die rechtsgeschäftlich erteilte „Vollmacht" (§ 167 BGB) von der gesetzlichen Vertretungsmacht zu unterscheiden: **42**
  - Eine **Vollmacht** kann entweder ausdrücklich durch Erklärung gegenüber dem Vertragspartner erteilt werden (sog. „Außenvollmacht", § 167 Abs. 1, 2. Var. BGB: „Meine Angestellte X wird morgen mit Ihnen die Vertragsbedingungen klären und den Vertrag abschließen"), oder durch Erklärung gegenüber dem Vertreter (sog. „Innenvollmacht", § 167 Abs. 1, 1. Var. BGB: „Kaufen Sie für mich eine Vase bei Y"). Kaufleute können „Prokuristen" benennen, die dadurch (bis auf Grundstücksgeschäfte, § 49 Abs. 2 HGB) den Kaufmann grundsätzlich unbeschränkbar vertreten. Soweit keine ausdrückliche Vertretungsmacht erteilt wurde, hilft unter Umständen auch § 56 HGB – danach sind Lager- und Ladenangestellte zu den dort „typischen" Verkäufen bzw. Empfangnahmen befugt. Kurios ist allerdings, dass die Vollmacht gerade nicht durch Vertrag erteilt wird: Es handelt sich um eine einseitige Erklärung, der Vertreter muss die Vollmacht **43**

nicht annehmen. Bei der Außenvollmacht muss die Erklärung noch nicht einmal dem Vertreter zugehen, sondern erfolgt nur gegenüber dem Geschäftsherrn. Man kann sich also nicht dagegen wehren, dass man bevollmächtigt wird (bei der Prokura wird allerdings eine jederzeitige Niederlegung durch den Prokuristen zugelassen, weil mit dieser die Nennung im Handelsregister, § 53 Abs. 1 HGB, und der Ausschluss von der Mitwirkung im Betriebsrat, § 5 Abs. 3 Nr. 2 BetrVG, verbunden sind).

44 – **Gesetzliche Vertretungsmacht** haben etwa Eltern für ihre Kinder, § 1629 BGB. Vergleichbar ist auch die **organschaftliche Vertretungsmacht** der Geschäftsführer für ihre GmbH, § 35 Abs. 1 GmbHG oder die Vorstandsmitglieder für ihren Verein (§ 26 BGB). Diese Form der Vertretungsmacht kann nicht durch Vereinbarung ausgeschlossen oder beschränkt werden.

45 Fehlt die Vertretungsmacht, weil der Vertretene weder dem Vertreter noch dem Vertragspartner gegenüber eine Vollmacht erteilt hat, kommt ausnahmsweise eine so genannte „**Duldungsvollmacht**" in Betracht: Diese liegt vor, wenn der Vertragspartner aufgrund des Auftretens des scheinbaren Vertreters darauf vertraute, dass dieser für einen bestimmten Vertretenen handelt **und** der Vertretene dies zum Zeitpunkt des Auftretens wusste, d.h. das Auftreten „duldet". Noch weitergehend wird eine „**Anscheinsvollmacht**" angenommen, wenn der Vertreter bereits häufiger aufgetreten ist und der (scheinbar) Vertretene dies bei pflichtgemäßer Sorgfalt hätte erkennen und verhindern müssen. Es gilt dann der „Anschein der Serie".

46 **Fehlt** es auch an einer solchen **Duldungs- oder Anscheinsvollmacht**, hat der Vertretene noch die Möglichkeit das Geschäft zu **genehmigen** (§ 177 Abs. 1 BGB). Wird er vom Vertragspartner zu einer Stellungnahme aufgefordert, hat er zwei Wochen Zeit, die Genehmigung zu erteilen – sonst gilt sie automatisch als verweigert (§ 177 Abs. 2 BGB). Erfolgt keine Genehmigung, so haftet nach § 179 der Vertreter ohne Vertretungsmacht. Dabei ist zu unterscheiden: Wusste dieser nicht, dass er keine Vertretungsmacht hatte, muss er den Geschäftspartner nur so stellen, wie dieser gestanden hätte, wenn er von dem Geschäft nie gehört hätte (sog. „negatives Interesse", § 179 Abs. 2 BGB). Wusste er hingegen vom Fehlen der Vertretungsmacht, so muss er sogar für die Erfüllung bzw. für Schadensersatz anstelle der nun nicht mehr erzielbaren Leistung einstehen (§ 179 Abs. 1 BGB). Wenn allerdings der Geschäftspartner vom Fehlen der Vertretungsmacht Kenntnis hatte oder dies hätte wissen müssen, scheiden alle Ansprüche aus (§ 179 Abs. 3 BGB).

Anders als die gesetzliche Vertretungsmacht kann eine **Vollmacht widerrufen werden.** Hierbei sind folgende Fälle zu unterscheiden: **47**

- Soweit die Vollmacht schriftlich (in einer „Vollmachtsurkunde") erteilt wurde, bleibt die Vollmacht bis zur Rückgabe der Vollmachtsurkunde (worauf ein Anspruch besteht, § 175 BGB) oder der gerichtlichen Kraftloserklärung (§ 176 BGB – praktisch sehr schwierig) bestehen (§ 172 Abs. 2 BGB).
- Dies gilt entsprechend, wenn die Vollmacht vom Vertretenen (nicht vom Vertreter!) dem Geschäftspartner gegenüber (d. h. als Außenvollmacht) erteilt wurde (§ 170 BGB) oder aber eine Innenvollmacht (d. h. eine vom Vertretenen gegenüber dem Vertreter erteilte Vollmacht) ausdrücklich dem Geschäftspartner gegenüber offengelegt wurde (§ 171 BGB).

In den genannten Fällen kann der Geschäftspartner auf die Wirksamkeit der Vollmacht trotz eines etwaigen Widerrufs vertrauen und das Geschäft ist wirksam – wenn er nicht ausnahmsweise wusste bzw. hätte wissen müssen, dass die Vollmacht erloschen ist (§ 173 BGB).

Die Erteilung einer Vollmacht unterliegt zwei grundsätzlichen Beschränkungen: **48**

- Nach § 181 BGB sind so genannte **In-Sich-Geschäfte** („**Selbstkontrahierung**") grundsätzlich unzulässig. Gemeint ist der Fall, dass der Vertreter mit sich selbst einen Vertrag für einen anderen abschließt – also etwa eine Vase für seinen Freund (auf dessen Kosten) von sich selbst erwirbt. Um Interessenkollisionen zu vermeiden ist eine Vertretung insoweit ausgeschlossen. Auch wenn dies im Gesetz nicht ausdrücklich geregelt ist, gilt nichts anderes für die Doppelvertretung: Niemand soll gleichzeitig die Interessen von zwei Personen in einem Geschäft vertreten (etwa den Käufer und Verkäufer gleichzeitig). **49**
- Soweit eine der Parteien keinerlei Pflichten eingeht („lediglich rechtlich vorteilhaft", vgl. § 107 BGB) und keinen Nachteil erleidet (etwa bei einer Schenkung), fehlt es jedoch an der Interessenkollision und eine Vertretung ist trotz der insoweit zu weit gehenden Regelung des § 181 BGB zulässig (sog. „teleologische Reduktion").

- Von einer „**Kollusion**" spricht man, wenn der Vertreter und der Geschäftspartner gezielt zum Nachteil des Vertretenen handeln. Selbst wenn dies objektiv im Rahmen der Vertretungsmacht liegt, entfällt hier die Vertretungswirkung, soweit dem Geschäftspartner die bewusste Schädigung bekannt ist. Obwohl es keine ausdrückliche Regelung dieses Problems gibt, entfaltet diese bewusste Schädigung nach dem Gedanken des § 826 BGB keine Wirkung zu Lasten des schutzbedürftigen Vertretenen. Die Verpflichtung soll **50** nach der überwiegenden Auffassung bereits dann entfallen, wenn die bewusste Schädigung durch den Vertreter für den Geschäftspartner bei Anwendung der im Verkehr erforderlichen Sorgfalt erkennbar wäre („**Missbrauch der Vertretungsmacht**“).

51 **Beispiel:**
Verpflichtet etwa der Geschäftsführer einer GmbH (§ 164 BGB i. V. m. § 35 GmbHG) die Gesellschaft zum Kauf eines Autos für 50.000 € bei seinem Bruder, ist dieses Geschäft selbst dann wirksam, wenn solche Geschäfte laut Gesellschaftsvertrag explizit verboten sind (§ 37 Abs. 2 GmbHG). Wusste der Bruder allerdings von dieser Beschränkung der Vertretungsmacht, kann er sich nicht auf den Vertrag berufen (hierzu werden die Sittlichkeitspflichten §§ 138, 216, 242, 826 BGB herangezogen) und von der GmbH nicht Zahlung und Abnahme verlangen.

→ Übersicht 4
Fälle 1–4
Entscheidungen 1–3

52 **cc) Berechtigung oder Verpflichtung mehrerer.** In den meisten Fällen sind bei einem Vertrag nur zwei Personen beteiligt. Dies muss aber nicht so sein – es können sich durchaus auch mehrere zu einer Leistung verpflichten oder eine Leistung fordern dürfen. Regelungen hierzu finden sich in §§ 421 ff. BGB. Danach ist zu unterscheiden:

(1) Mehrere Schuldner

53 • Soweit nichts anderes vereinbart ist, handelt es sich bei einer vertraglichen Verpflichtung mehrerer (z. B. gemeinsame Taxifahrt) um eine so genannte „**Gesamtschuld**“ (§§ 421, 427 BGB). Danach kann die Leistung (etwa Zahlung des Fahrpreises) von jedem, der sich verpflichtet hat, in vollem Umfang (also nicht bloß anteilig) verlangt werden. Leistet einer der Schuldner, erlischt die Pflicht aller (§ 422 BGB). Derjenige, der tatsächlich die Leistung erbringt, kann aber von den anderen Verpflichteten einen Ausgleich verlangen (§ 426 Abs. 1 BGB), wobei die konkrete Verteilung mangels einer vorrangigen Vereinbarung (oder einer spezielleren Regelung) nach Köpfen erfolgt. Darüber hinaus geht der Anspruch (mit allen daran geknüpften Sicherheiten, z. B. Hypothek, Bürgschaft oder Pfandrecht) auf den Leistenden über. Schließlich bestimmt das Gesetz noch, dass bestimmte Ausschlussgründe (§ 422 Abs. 1 BGB: Erfüllung, Aufrechnung) für alle Verpflichteten gelten, während an-

dere nur für denjenigen gelten, auf den sie individuell zutreffen (§ 425 BGB). Nach § 423 BGB ist bei einem Erlass (oder ähnlichen Vereinbarungen) zu prüfen, ob der Gläubiger alle oder nur einen bestimmten Schuldner von der Leistungspflicht befreien wollte.

- Der Gegenbegriff zur Gesamtschuld ist die „**Teilschuld**“ (§ 420 BGB). Dabei **54**
muss jeder Verpflichtete nur seinen Anteil erbringen – ein Innenausgleich ist dabei naturgemäß entbehrlich (typischerweise beim gemeinsamen Trinken in einer Gaststätte). Jeder Schuldner muss seine Leistung unabhängig von den anderen Schuldnern erbringen; ein Rücktritt oder eine Kündigung können aber nur von allen gemeinsam erklärt werden. Praktisch ist die Teilschuld die Ausnahme, da aufgrund der Vermutung des § 427 BGB im Zweifel eine Gesamtschuld anzunehmen ist.

- Schließlich gibt es als dritte, gesetzlich ungeregelte Form die „**gemeinschaft-** **55**
liche Schuld“. Dabei kann und muss die Schuld von allen Schuldnern gemeinsam erbracht werden. So müssen bei einer Band alle Musiker zusammen spielen – es bringt für die Zuhörer keinen Vorteil, „einen für alle“ spielen zu lassen (was bei der Gesamtschuld erforderlich wäre), aber auch eine Teilschuld, bei der jeder ganz unabhängig von den anderen spielen muss, stiftet wenig Sinn.

→ Übersicht 5

(2) Mehrere Gläubiger

- Sind mehrere Gläubiger berechtigt, sind diese regelmäßig „**Mitgläubiger**“ **56**
(der ebenfalls ungeregelte Parallelfall zur „gemeinschaftlichen Schuld“, Rn. 55). Das bedeutet, dass an alle Gläubiger gemeinsam zu leisten ist. Jede Einzelne kann also nur Leistung an alle gemeinsam verlangen. Selbst wenn einer der Gläubiger mit dem Schuldner einen Erlassvertrag (§ 397 BGB) schließt, bleibt der Anspruch der anderen Gläubiger hiervon unberührt.

- Entsprechend zur Gesamtschuld auf Seiten der Verpflichteten gibt es aber **57**
auch die „**Gesamtgläubigerschaft**“ unter den Berechtigten (§ 428 BGB). Das bedeutet, dass die Leistung nicht anteilig an einzelne Personen erbracht werden muss, sondern jeder Gläubiger die volle Leistung fordern kann und der Schuldner an jeden beliebigen in voller Höhe befreiend leisten darf. Wer im Innenverhältnis welchen Anteil erhält, ist der Vereinbarung unter den Gläubigern überlassen, im Zweifel sind die Anteile gleich groß. Anders als die Gesamtschuld ist die Gesamtgläubigerschaft eine seltene Ausnahme.

58 • Schließlich kennt das Gesetz auch „**Teilgläubiger**" (§ 420 BGB). Dabei hat jeder einen eigenen Anspruch auf seinen Teil – im Zweifel sollen diese Teile gleich groß sein. Rücktritt etc. können nur einheitlich ausgeübt werden. Der Schuldner muss selbst herausfinden, an wen er wie viel leisten muss. Anders als bei der Gesamtgläubigerschaft führt eine Zuvielzahlung an einen Gläubiger nicht zum Erlöschen der Verbindlichkeit gegenüber den anderen Gläubigern. Praktisch tritt Teilgläubigerschaft jedoch selten auf.

→ Übersicht 6

59 **(3) Gesellschaften, Ehe.** Keine Fälle „gemeinsamer Berechtigung oder Verpflichtung" sind nach heutigem Verständnis **Gesellschaften**: Bei AG, GmbH und Verein werden nicht die Aktionäre, Gesellschafter oder Mitglieder zur Leistung verpflichtet oder erwerben Ansprüche auf Erfüllung der Verträge an sich selbst; es handelt sich um „juristische Personen" (Gesellschaftsrecht Rn. 23). Aber auch bei den Personengesellschaften, der Offenen Handelsgesellschaft („OHG"), der Kommanditgesellschaft (KG) oder der Gesellschaft bürgerlichen Rechts („GbR"/„BGB-Gesellschaft") wird zunächst nur die Gesellschaft berechtigt und verpflichtet (§ 124 HGB, Gesellschaftsrecht Rn. 193). Allerdings haften die Gesellschafter für die Schulden der Gesellschaft („akzessorisch") mit (§ 128 HGB) – soweit sie zahlen (Gesellschaftsrecht Rn. 202), haben sie grundsätzlich einen Erstattungsanspruch gegen die Gesellschaft (§ 110 HGB; § 426 BGB). Anders ist die Lage aber bei der **Erbengemeinschaft** – diese gilt nicht als „rechtsfähig", so dass grundsätzlich alle Erben gemeinsam berechtigt und verpflichtet werden.

60 Die **Ehe** begründet regelmäßig keine Verpflichtung beider Ehegatten. Wer also die Ehe „nur" vor dem Standesamt schließt, lebt in „Zugewinngemeinschaft" (§ 1363 BGB), einem besonderen Fall der „Gütertrennung". Zwar kann ausnahmsweise durch notarielle Vereinbarung eine „Gütergemeinschaft" (§§ 1415 ff. BGB) geschaffen werden. Ohne solche Vereinbarung entsteht jedoch kein gemeinschaftliches Vermögen. Erst nach der Scheidung (oder bei Tod) erfolgt ein „Zugewinnausgleich". Hiervon gibt es nur einige kleinere Ausnahmen (Verfügungen über das Vermögen im Ganzen, Verfügungen über Haushaltsgegenstände), die hier aber nicht im Einzelnen erörtert werden können. Möglich ist es aber (sogar bei ausdrücklich vereinbarter Gütertrennung), dass ein Ehegatte den anderen durch ein Geschäft **zur Deckung des Lebensbedarfs** (und auch nur insoweit!) mitberechtigt und mitverpflichtet (§ 1357 BGB – dies begründet regelmäßig **Gesamtgläubigerschaft**).

dd) Verpflichtung und Berechtigung Unbeteiligter. Grundsätzlich werden 61
durch einen Vertrag nur diejenigen berechtigt und verpflichtet, die am Vertragsschluss beteiligt sind. Eine erste Ausnahme hiervon wurde bereits dargestellt – die Stellvertretung (sei es von Kindern durch ihre Eltern, sei es von Gesellschaften durch ihre Geschäftsführer, Vorstände, etc., sei es von einem beliebigen anderen aufgrund einer Vollmacht). Daneben gibt es aber auch eine (begrenzte) Zahl von Fällen, in denen Dritte durch einen Vertrag berechtigt werden können, ohne dass sie beim Vertragsschluss vertreten wurden.

(1) Verträge zugunsten Dritter; keine Verträge „zu Lasten" Dritter. Manchmal 62
möchte jemand eine Leistung nicht für sich, sondern unmittelbar zugunsten eines anderen erlangen– etwa der Großvater, der ein Sparbuch für seinen Enkel anlegt. In diesem Fall wird der Vertrag ausschließlich zwischen dem Großvater und der Sparkasse geschlossen, die Auszahlung soll aber nur an den Enkel erfolgen (der beim Vertragsschluss nicht dabei sein muss). Man spricht in diesen Fällen von einem „**echten Vertrag zugunsten Dritter**" (§ 328 BGB). Dieser ist zu unterscheiden vom „unechten Vertrag zugunsten Dritter", bei dem zwar die Leistung an den Enkel (auch) zum Erlöschen der Verpflichtung führt, aber der Enkel selber die Leistung nicht verlangen kann.

Wichtig ist, dass es keinen „**Vertrag zu Lasten Dritter**" gibt. Wer jemanden ver- 63
pflichten will, der nicht am Vertragsschluss beteiligt ist, muss als dessen Vertreter handeln (oben Rn. 38 ff.) oder zumindest zu dieser Handlung ermächtigt sein (§ 185 BGB). Eine „überraschende" Verpflichtung durch einen Unbekannten gibt es hingegen nicht.

→ Entscheidung 4

(2) Vertrag/Schuldverhältnis mit Schutzwirkung für Dritte. Kein Leistungs- 64
recht sondern nur ein Recht auf „Rücksichtsnahme" (§ 241 Abs. 2 BGB) erhält ein Unbeteiligter beim „**Vertrag mit Schutzwirkung für Dritte**" (§ 311 Abs. 3 Satz 1 BGB). Er kann also verlangen, dass schädigende Handlungen unterlassen werden und er vor Gefahren aus der Sphäre des Geschäftspartners wie der Gläubiger geschützt wird. Dies kann wie das Leistungsrecht beim Vertrag zugunsten Dritter ausdrücklich vereinbart werden, was aber praktisch nur selten der Fall ist. Regelmäßig entsteht die Schutzpflicht vielmehr automatisch. Hierzu müssen vier Voraussetzungen kumulativ vorliegen:

- Der Geschädigte muss wie der eigentliche Gläubiger mit der Leistung in 65
  Berührung kommen („**Leistungsnähe**"). Dies ist meistens unproblematisch – gemeint ist etwa, dass das Kind genau wie seine Eltern, die als Mieter Ver-

tragspartei sind, das Treppenhaus nutzt, um zur gemieteten Wohnung zu gelangen. Etwas anderes gilt, wenn z. B. die Frau, die ihren Mann zum Arzt begleitet, sich auf der dortigen Damentoilette an einer achtlos weggeworfenen Spritze verletzt und mit einer gefährlichen Krankheit infiziert – sie kommt nicht wie der Mann mit den Räumen des Arztes in Berührung und hat daher keinen Anspruch auf Schadensersatz.

66 • Der Geschädigte muss in einem besonderen Näheverhältnis zum Gläubiger stehen („**Gläubigernähe**"). Dies ist insbesondere bei einem familienähnlichen „Wohl- und Weheverhältnis", etwa Eltern gegenüber Kindern der Fall. Es genügt nach neuerer Rechtsprechung aber jedes „berechtigte Schutzinteresse" des Gläubigers – was deutlich weiter in seinen Schranken, aber auch sehr unbestimmt ist.

67 • Die Beziehung zwischen dem vertraglichen Gläubiger und dem letztlich zu Schützenden sowie die Leistungsnähe des Geschädigten muss auch für den Vertragsschuldner erkennbar sein („**Erkennbarkeit**"). Hierdurch wird der Schuldner vor einem unüberschaubaren Kreis von Berechtigten geschützt.

68 • Schließlich darf der Geschädigte keine eigenen vertraglichen Ansprüche (gegen Schuldner oder Gläubiger) haben („**Schutzbedürftigkeit**"), der Vertrag mit Schutzwirkung für Dritte ist also „subsidiär" (nachrangig).

69 Sind diese Voraussetzungen oder eine entsprechende Vereinbarung gegeben, muss der Schuldner den Schaden des Dritten genauso ersetzen, wie dem Gläubiger („Der Anspruch wandert zum Schaden").

70 **Beispiel:**
Der Vermieter hat das Treppenhaus in seinem Mehrfamilienhaus seit Jahrzehnten nicht gewartet. Ein Mieter bewohnt in diesem Haus mit seiner Familie eine Wohnung. Die Tochter dieses Mieters bricht eines Tages durch eine Treppenstufe und muss im Krankenhaus behandelt werden. Für diese Kosten muss der Vermieter aufkommen – obwohl er mit der Tochter keinen Vertrag hat.

→ Übersicht 7
Entscheidungen 5, 6

71 **(3) Drittschadensliquidation.** Eine eher seltene Konstellation kann auftreten, wenn zwar eine Pflicht gegenüber dem Vertragspartner verletzt wird, dieser aber deshalb keinen Schaden davon trägt, weil letztlich das Vermögen eines anderen betroffen ist.

Beispiel: 72
Wenn mir mein Nachbar seinen Hund (der als Sache gilt, § 90a BGB) während seines Urlaubs zur Aufbewahrung überlässt und mein Hausangestellter diesem fahrlässig ungenießbares Essen gibt, an dem der Hund stirbt, erleide ich keinen Schaden. Es ist nämlich nicht mein Hund. Nun könnte man denken, mein Schaden läge darin, dass ich den Hund ja nicht (lebendig) zurückgeben könne und daher Schadensersatz für diesen zu leisten habe (§§ 280 Abs. 1, Abs. 3, 283, 249, 251 BGB). Jedoch ist bei Einlagerung von Gegenständen ohne Entgelt („unentgeltliche Verwahrung", § 699 BGB) die Haftung des „Lagerhalters" auf Vorsatz beschränkt.

Selbstverständlich kann es nicht bei diesem Ergebnis bleiben. Wäre mein eigener Hund betroffen, würde der Angestellte mir haften – eine Privilegierung allein durch den zufälligen Umstand, dass das Tier nicht mir gehört, wäre evident unbillig.

Wenn 73
- eine Person einen Anspruch, aber keinen Schaden hat, während
- ein anderer den Schaden trägt, aber keinen Anspruch hat und
- diese Verschiebung nur auf Zufall beruht,

wird der **Anspruchsinhaber** so behandelt, als hätte **er** den Schaden erlitten – er kann den fremden Schaden geltend machen („**Drittschadensliquidation**"). Dabei „wandert der Schaden zum Anspruch", also genau umgekehrt, wie beim oben dargestellten Vertrag mit Schutzwirkung für Dritte. Derjenige, der den Schaden erlitten hat, kann regelmäßig Herausgabe des als Ersatz Geleisteten bzw. Abtretung des Anspruchs verlangen (insbesondere nach § 285 BGB, wenn seine Leistung unmöglich geworden ist, unten Rn. 370). Neben dem Fall der unentgeltlichen Verwahrung sollte man noch zwei Fälle im Auge behalten:

- Wer für einen anderen etwas in eigenem Namen erwirbt (sog. „**mittelbare** 74 **Stellvertretung**" – die aber, wie oben Rn 41 dargestellt, gerade keine „Vertretung" ist), kann etwaige Ersatzansprüche auch im eigenen Namen geltend machen, obwohl der Hintermann letztlich alle Verluste ausgleicht.
- Wer einem anderen (etwa aufgrund eines Kaufvertrages) Eigentum verschaf- 75 fen muss, kann ausnahmsweise schon vor der tatsächlichen Übergabe an den Empfänger von seiner Pflicht frei werden, obwohl der Empfänger weiter zur Zahlung verpflichtet bleibt. Das ist der Fall, soweit entweder zwei Privatpersonen oder zwei Unternehmer einen Kaufvertrag miteinander schließen, bei dem die Sache verschickt werden soll (§ 447 BGB). Wenn hingegen ein

Verbraucher von einem Unternehmer kauft, besteht eine Zahlungspflicht erst bei Übergabe (§ 474 Abs. 4 BGB), wenn nicht der Käufer die Versendung unabhängig von jedem Einfluss des Verkäufers veranlasst. Wenn derjenige, der die Sache transportiert, ein Kaufmann im Sinne von §§ 1–6 HGB ist, haftet dieser dem Empfänger unmittelbar nach § 425, 421 Abs. 1 Satz 1 HGB, so dass eine Drittschadensliquidation ausscheidet. Andere Transportpersonen, etwa Freunde oder Bekannte, würden hingegen nicht haften: Der Empfänger hätte keinen Vertrag (und damit keinen Anspruch), der Absender bekäme den Kaufpreis (und hätte daher keinen Schaden). Daher soll auch in diesem Fall der Verkäufer als Auftraggeber der Transportperson den Schaden des Empfängers gegen den nicht kaufmännischen Transporteur als eigenen Anspruch geltend machen dürfen (bzw. diesen an den Empfänger abtreten).

→ Entscheidung 7

76 **(4) Weitere Fälle (Sachwalterhaftung, Garantie, Bürgschaft, Schuldbeitritt).** Nur kurz erwähnt sei an dieser Stelle, dass bei einem Vertragsschluss beteiligte Personen, die nicht selbst Partei werden sollen, also der Vertreter, etwaige Berater, etc., ebenfalls auf Schadensersatz haften können (sog. „**Sachwalterhaftung**“, §§ 280 Abs. 1, 311 Abs. 3 Satz 1 BGB). Dies ist der Fall, wenn sie entweder besonderes persönliches Vertrauen in Anspruch nahmen (§ 311 Abs. 3 Satz 2 BGB) oder aber ein erhebliches wirtschaftliches Eigeninteresse am Vertrag haben. Allerdings werden sie dadurch nicht Vertragspartner, sondern haften nur auf Schadensersatz, durch den der Gläubiger so gestellt wird, als wäre der Vertrag nie zustande gekommen (sogenanntes *„negatives Interesse“*). Praktische Bedeutung hat dies insbesondere bei der Insolvenzverschleppungshaftung von GmbH-Geschäftsführern.

77 Ein Dritter, der am Vertrag selbst nicht beteiligt ist, kann sich verpflichten für die Leistung durch den Schuldner einzustehen (Rn. 318). Dies kann durch eine Bürgschaft (§ 765 BGB), eine Garantieoder einen Schuldbeitritt (Rn. 81) erfolgen. Im zuletzt genannten Fall wird der Dritte gleichrangig neben dem Schuldner (also zusätzlich!) zur Leistung verpflichtet, also zu einem weiteren Schuldner.

78 **ee) Übertragung von Rechten und Pflichten; Schuldbeitritt.** Es muss nicht immer so sein, dass Gläubiger und Schuldner nach dem ursprünglichen Vertragsschluss dieselben bleiben. Vielmehr kann der Gläubiger seinen Anspruch übertragen; während der Schuldner zur Übertragung der Zustimmung des Gläubigers bedarf.

Die Übertragung von Ansprüchen durch den Gläubiger nennt man „**Abtretung**" (§ 398 BGB). Grundsätzlich sind alle Forderungen abtretbar (so dass etwa ein Inkasso-Unternehmen Ansprüche in eigenem Namen geltend machen kann), sofern nicht ein Abtretungsverbot ausdrücklich vereinbart wurde (§ 399 BGB). § 405 BGB schließt bei Vorlage einer Abtretungsurkunde allerdings die Berufung auf ein Abtretungsverbot aus; außerdem wird der Einwand des Scheingeschäfts im Sinne von § 117 Abs. 1 BGB, Rn. 187, ausgeschlossen. Unter Kaufleuten entfaltet ein solches Abtretungsverbot generell keine Wirkung (§ 354a HGB). Mit der Abtretung gehen auch damit verknüpfte („akzessorische") Sicherungsrechte über (§ 401 BGB), also Hypotheken, Bürgschaften und Pfandrechte. Für Abtretungen gilt das „**Prioritätsprinzip**": Wurde eine Forderung einmal abgetreten, gehört sie nicht mehr dem früheren Gläubiger. Wenn er sie also (scheinbar) noch einmal abtritt, wird der neue Abtretungsempfänger nicht zum Gläubiger des Schuldners, da ihm der Altgläubiger nichts mehr übertragen kann. Ein gutgläubiger Erwerb (Sachenrecht Rn. 166 ff.) ist ausgeschlossen. Möglich ist jedoch eine teilweise Abtretung, durch die ein ursprünglich einheitlicher Anspruch auf mehrere Gläubiger verteilt wird. **79**

Die Abtretung muss nicht gegenüber dem Schuldner offengelegt werden, allerdings kann dieser (soweit er davon nichts weiß) noch mit **befreiender Wirkung** an den alten Gläubiger leisten (§ 407 BGB). Wurde ihm umgekehrt die Abtretung angezeigt oder eine Abtretungsurkunde vorgelegt, darf er nur noch an den neuen Gläubiger leisten (§ 408 BGB) – selbst wenn die Abtretung sich im Nachhinein als unwirksam herausstellt. Insoweit ist die Lage ähnlich wie bei der kundgegebenen Vollmacht bzw. bei Vorlage einer Vollmachtsurkunde (§§ 171 ff. BGB, siehe Rn. 47). **80**

Soweit ein Dritter **zusätzlich** neben dem bisherigen Schuldner haften will, spricht man von einem „Schuldbeitritt". Da sich hierdurch die Lage für den Gläubiger nur verbessert, sind die (im BGB nicht geregelten) Anforderungen gering: Erforderlich ist (1) ein Vertrag des neu hinzutretenden Schuldners mit dem Gläubiger (wie bei der Bürgschaft, § 765 BGB, unten Rn. 313) bzw. ein Vertrag zwischen altem und neuem Schuldner (als Vertrag zugunsten Dritter, § 328 BGB, oben Rn. 62) und (2) muss die Hauptschuld wirklich bestehen (siehe Rn. 318). Ein Dritter kann auch ohne einen solchen Schuldbeitritt fremde Verträge wenn der Gläubiger seine Leistung nicht ablehnt und zwar sogar wenn der Schuldner widerspricht (§ 267 BGB, Rn. 427). Sehr viel schwieriger ist es, wenn der Schuldner seine Pflichten auf einen anderen übertragen will („**Schuldübernahme**"): Der Gläubiger hat regelmäßig ein Interesse daran, dass nicht der von ihm gewählte Vertragspartner überraschend durch eine ihm **81** unbekannte (möglicherweise zahlungsunfähige) Person ersetzt wird. Daher erfordert eine befreiende Schuldübernahme einen Vertrag zwischen dem Gläubiger und dem Dritten (§ 414 BGB) oder einen Vertrag zwischen dem alten und dem neuen Schuldner, zu dem der Gläubiger zustimmt (§ 415 BGB).

82 Insbesondere bei gegenseitigen Verträgen kommt eine **„Vertragsübernahme"** in Betracht, bei der Abtretung (§ 398 BGB) und Schuldübernahme (§ 415 BGB) derart gekoppelt sind, dass eine andere Person vollständig in die Stellung des ursprünglich am Vertrag Beteiligten eintritt. Diese ist im Gesetz nicht geregelt und erfordert eine Vereinbarung zwischen allen Beteiligten. Nur ausnahmsweise wird sie vom Gesetz angeordnet, etwa bei Übertragung von Betrieben hinsichtlich der Arbeitsverhältnisse (§ 613a BGB) oder bei Übertragung von Grundstücken hinsichtlich der Mietverträge (§ 566 BGB). Keine Vertragsübernahme, aber eine Vermutung zugunsten von Schuldnern und Gläubigern greift bei Fortführung einer Firma durch einen Nachfolger (§ 25 HGB).

83 Schließlich gibt es noch Fälle der sogenannten **„Universalsukzession"** (Gesamtrechtsnachfolge), d. h. Situationen, in denen das gesamte Vermögen einer Person (einschließlich *aller* vertraglichen Ansprüche und Pflichten) auf jemand anderes übergeht. Dies ist namentlich der Fall beim Tod – denn durch diesen treten die Erben in die Stellung des Verstorbenen ein (§ 2103 BGB). Daneben ist an die Umwandlung von Gesellschaften nach dem Umwandlungsgesetz zu denken (Gesellschaftsrecht Rn. 401 ff.).

→ Entscheidung 8

84 **b) Die erforderlichen Erklärungen.** Allein die Existenz von einem potenziellen Gläubiger und einem potenziellen Schuldner genügt natürlich nicht – die beiden müssen in Kontakt zueinander treten. Juristisch wird insoweit stets von zwei separaten Erklärungen ausgegangen, egal ob im Einzelfall die Einigung „gleichzeitig" oder erst durch lange Verhandlungen (bei denen derjenige, der das verbindliche „Angebot" gemacht hat, kaum bestimmbar ist) erzielt wird. Man bezeichnet die Erklärung desjenigen, der zuerst handelt als „Angebot" oder „Antrag" (§ 145 BGB, Rn. 85 ff.), die Erklärung desjenigen, der dieses akzeptiert, als „Annahme" (s. Rn. 138 ff.). Praktisch lässt sich dies oft nicht ganz genau festmachen, was aber unproblematisch ist, soweit nur die Willensübereinstimmung vorliegt.

85 **aa) Das Angebot („Antrag", § 145 BGB).** Einer der beiden Beteiligten macht nach dem Leitbild des BGB dem anderen einen „Antrag" (§ 145 BGB). Dieser muss die wesentlichen Vertragsbestandteile (Parteien, Leistung und etwaige

Gegenleistung; sog. *„essentialia negotii“*) so konkret benennen, dass der andere durch schlichtes „Ja“ den Vertrag schließen kann. Das BGB behandelt das Angebot sehr streng – es kann nur zurückgenommen werden, bis es dem anderen zugegangen ist (dazu Rn. 129 ff.), danach ist es verbindlich. In anderen Ländern kann hingegen bis zur tatsächlichen Erfüllung der Pflichten die Rücknahme erklärt werden. Das ist gerade bei mündlichen Angeboten zu beachten – die Erklärung lässt sich regelmäßig nicht rückgängig machen.

→ Übersicht 8
Entscheidung 9

(1) Handlungswille und Rechtsbindungswille. Ein Angebot muss (wie bereits **86**
in Rn. 4 angedeutet) nicht schriftlich, ja noch nicht einmal in Worten erfolgen; es kann durchaus auch in einem eindeutigenVerhalten liegen. Für den „äußeren Tatbestand“ (bzw. „objektiven Tatbestand“) einer sogenannte „**Willenserklärung**“ (insbesondere also für Angebot und Annahme) ist nur erforderlich, dass ein Dritter aus dem Verhalten eine rechtlich verbindliche Erklärung entnehmen kann.

Beispiel: **87**
Das Einfahren in ein Parkhaus signalisiert ebenso wie das Einsteigen in einen Zug den Willen, einen Vertrag abzuschließen. Ein schlichtes Zuwinken zur Begrüßung, die Mitnahme eines Freundes zur Universität oder das Gießen der Blumen des Nachbarn soll aber keine gerichtlich einklagbaren Ansprüche auf Schadensersatz oder Erfüllung begründen. Hier fehlt schon der objektive Tatbestand.

Allerdings soll nicht jede scheinbar rechtsverbindliche Handlung rechtliche **88**
Folgen haben. Daher werden über den äußeren Eindruck hinaus bestimmte Voraussetzungen an das Vorstellungsbild des Erklärenden gestellt („innerer Tatbestand“ bzw. „**subjektiver Tatbestand**“). Im Einzelnen unterscheidet man drei Stufen:

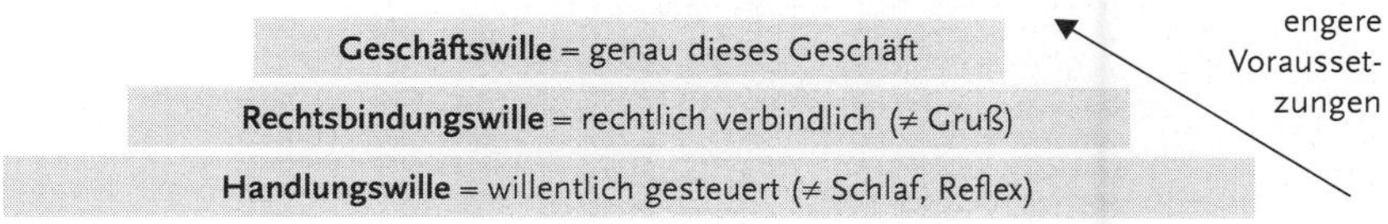

Der **Handlungswille** ist regelmäßig unproblematisch. Dabei geht es allein da- **89**
rum, dass Verhaltensweisen, die nicht bewusst steuerbar sind, (Schlafwandeln,

Reflexe, etc.) keinerlei Bedeutung im Hinblick auf Verträge haben sollen. Wird also bei der Unterschrift die Hand von einem Dritten geführt, liegt keine Willenserklärung vor.

90 Sehr viel schwieriger ist der sogenannte „**Rechtsbindungswille**" (auch: „**Erklärungsbewusstsein**"). Dabei geht es um die Unterscheidung von „normalen" Äußerungen von solchen, die rechtliche Folgen nach sich ziehen (sollen).

91 **Beispiel:**
Wer jemandem zuwinkt, möchte regelmäßig ebenfalls nicht, dass dieser darin ein Angebot zum Abschluss eines Vertrages erblickt.

92 Die Problematik liegt nun darin, dass es gerade in diesem Punkt oft zu Missverständnissen kommen kann.

93 **Beispiel:**
In diesem Zusammenhang wird stets der „Trierer Weinversteigerungsfall" zitiert. Dies ist kein realer Fall, sondern ein fiktives Beispiel aus einem Lehrbuch von Isay, einem Rechtsreferendar, im Jahr 1899. Dabei winkt ein Besucher auf einer Weinversteigerung einem Bekannten zu, um ihn zu grüßen. Der Versteigerer sieht dieses Winken und erteilt dem Besucher den Zuschlag für ein (sehr teures) Fass Wein, das dieser unter keinen Umständen kaufen wollte.

94 Eine gesetzliche Regelung zum Erklärungsbewusstsein fehlt. Es erscheint ungerecht, dem Empfänger das Risiko aufzubürden, dass der Handelnde seine Erklärung gar nicht ernst meinte. Dementsprechend bestimmt das Gesetz etwa, dass eine Scherzerklärung nur dann rechtlich irrelevant ist, wenn der Empfänger den Scherz erkennen konnte (§ 118 BGB). Aber es ginge auch zu weit, den Irrtum des Handelnden ganz zu ignorieren (wie beim „geheimen Vorbehalt" nach § 116 BGB), da man ihm sonst einen unerwünschten Vertrag aufzwängen würde, den er eventuell gar nicht erfüllen kann. Die Lösung liegt in der Mitte: Soweit der Schein der Erklärung dem Erklärenden „zurechenbar" ist (d. h., wenn er hätte wissen müssen, dass sein Handeln als rechtsverbindliche Erklärung aufgefasst wird), muss der Erklärende sich so behandeln lassen, als habe er eine Erklärung abgegeben. Allerdings fehlt es auch am Geschäftswillen (dazu sogleich), so dass der Erklärende seine Erklärung wirksam anfechten kann. Ist der Anschein der Verbindlichkeit jedoch für den Erklärenden nicht erkennbar (sie ihm also nicht zurechenbar), fehlt es schon deshalb (auch ohne Anfechtung) an einer wirksamen Willenserklärung.

Am Rechtsbindungswillen und an einem zurechenbaren Rechtsschein fehlt es regelmäßig bei Schaufensterauslagen sowie Offerten in Katalogen und im Internet. Es ist einhellige Auffassung, dass dadurch kein verbindliches, unwiderrufliches Angebot gemacht werden soll. Vielmehr sollen nur die Kunden aufgefordert werden, ihrerseits derartige Angebote zu machen, die der Verkäufer nach seiner Wahl annehmen oder ablehnen kann (sog. „**invitatio ad offerendum**"). Praktisch sprechen dafür zwei Gründe: Einerseits wird oft nicht die notwendige Warenmenge vorhanden sein, um jede denkbare Nachfrage zu befriedigen. Andererseits möchte der Verkäufer möglicherweise im Einzelfall entscheiden, ob er diesem konkreten Kunden das konkrete Produkt verkaufen will (etwa einem Konkurrenten Ware zum Sonderpreis). Ob man dies schon am objektiven Tatbestand der Willenserklärung oder erst auf der subjektiven Ebene festmacht, ist dabei letztlich Geschmackssache. **95**

→ Übersicht 9
Fälle 5–8a
Entscheidungen 10–13

(2) Geschäftswille: Anfechtung wegen Irrtümern, Täuschung und Drohung. Soweit wie in der Praxis regelmäßig der (zumindest fiktiven) Rechtsbindungswille bejaht werden kann, ist schließlich als letzte Hürde zu klären, ob der Erklärende wirklich das konkrete Geschäft eingehen wollte (sog. „**Geschäftswille**"). So ist es möglich, dass er meinte, die angebotene Ware wegen eines Zahlendrehers für einen höheren Preis angeboten zu haben oder gar vermieten statt verkaufen wollte. In all diesen Fällen geht das BGB davon aus, dass der Erklärungsempfänger schutzwürdig ist. Er wird so behandelt, als sei die Erklärung so gemeint, wie sie verstanden wurde (vgl. § 157 BGB). **96**

Nun ist aber der Erklärende nicht schutzlos gestellt: Er kann die Wirkungen seiner missverstandenen Handlung mit Rückwirkung („*ex tunc*") beseitigen. Er wird behandelt, als hätte er die entsprechende Erklärung nie abgegeben. Man spricht von „**Anfechtung**" (§ 142 BGB). Die Rückwirkung der Anfechtungserklärung ist bei Dauerschuldverhältnissen, deren Durchführung bereits begonnen hat schwierig (d. h. nicht nur finanziell), namentlich bei Arbeitsverträgen und Gesellschaftsverträgen. Dort spricht man von „fehlerhaften" Gesellschaften bzw. „fehlerhaften" Arbeitsverhältnissen. Diese werden trotz Anfechtungserklärung als wirksam behandelt, eine Unwirksamkeit kommt nur mit Wirkung für die Zukunft („*ex nunc*") in Betracht (als „Kündigung", unten Rn. 475 ff.). **97**

Es ist im Zivilrecht nur möglich, **Willenserklärungen**, d. h. bei einem Vertrag das Angebot oder die Annahme, anzufechten, nicht hingegen den Vertrag insgesamt. Das Gesetz ist insoweit unklar: § 142 BGB spricht von „Rechtsgeschäft“, §§ 119, 120, 123 BGB von „Willenserklärung“. Mit der wirksamen Anfechtung entfällt nur *diese Erklärung* – es fehlt dann aber auch eine der Voraussetzungen des Vertrages (der zwei übereinstimmende Willenserklärungen erfordert), sodass auch der Vertrag mit Rückwirkung wegfällt. Die Rückwirkung der Anfechtung bewirkt, dass die Parteien so gestellt sind, als wäre nie ein Vertrag zwischen ihnen zustande gekommen. Die gewährten Leistungen sind nach § 812 Abs. 1 Satz 1, 1. Var. BGB („Leistung ohne jemals vorhandenen Rechtsgrund“ = *condictio indebiti*) und nicht nach § 812 Abs. 1 Satz 2, 1. Var. BGB („Leistung aufgrund eines nachträglich weggefallenen Rechtsgrunds“ = *condictio ob causam finitam*) zurück zu gewähren.

98 Da die Anfechtung in erheblichem Maß die Verbindlichkeit von Verträgen einschränkt, ist sie an enge Voraussetzungen gebunden:

1. Anfechtbares Rechtsgeschäft = **Willenserklärung** (§§ 119, 120, 123 BGB, ErbR)

2. Anfechtungs**erklärung** (§ 143 BGB = einseitige empfangsbedürftige Willenserklärung)

3. Anfechtungs**grund**

Versprecher	Ausdruck	Eigenschaft	Übermittlung	Täuschung
§ 119 Abs. 1 1. Var. BGB	§ 119 Abs. 1 2. Var. BGB	§ 119 Abs. 2 BGB	§ 120 BGB	§ 123 BGB

4. Anfechtungs**frist**

5. **Kein Ausschluss**

→ Übersicht 10

99 **(a) Erklärungsirrtum und Inhaltsirrtum.** Ein sogenannter „**Erklärungsirrtum**“ liegt vor, wenn sich der Erklärende versprochen oder verschrieben hat. Er hat also nicht das erklärt, was er wollte – aber nicht, weil er einen falschen Ausdruck verwandte oder seine Erklärung aus seiner Sicht falsch verstanden wurde, sondern weil er einen **Fehler bei der Äußerung** gemacht hat. Will also jemand für 90 € verkaufen, vertippt sich aber und schreibt stattdessen 60 €, kommt ein Vertrag über 60 € zustande. Der Verkäufer kann aber die Anfechtung erklären und dadurch den Vertrag rückwirkend wieder aufheben.

Bei einem „**Inhaltsirrtum**“ wird genau das erklärt, was der Erklärende auch 100
sagen wollte, es liegt **kein** Versprechen bzw. Verschreiben vor. Stattdessen meint der Erklärende, dass das, was er sagt, eine andere Bedeutung hat, als der Empfänger dieser berechtigterweise annehmen durfte. Bestellt etwa jemand „10 Gros Toilettenpapier“, sind dies nicht etwa „10 große Packungen Toilettenpapier“, sondern 1.440 Packungen (1 Gros sind 12 Dutzend!). Der Irrtum über die Bedeutung berechtigt ebenso wie der Irrtum bei der Äußerung zur rückwirkenden Beseitigung durch Anfechtung, versäumt der Erklärende die Frist („unverzüglich“, unten Rn. 113) ist der Vertrag verbindlich.

→ Fall 9
Entscheidungen 14, 15

(b) Motivirrtum und Eigenschaftsirrtum. Es gibt Konstellationen, in denen 101
genau das erklärt wird, was gemeint ist und auch das inhaltliche Verständnis des Empfängers korrekt ist, aber der Vertrag dennoch nur wegen eines Irrtums geschlossen wurde.

Beispiele: 102
- Eine Mutter kauft einen Ehering für ihre Tochter, in der Annahme, dass diese ihren langjährigen Lebensgefährten heiraten würde. Tatsächlich haben die beiden sich aber bereits vor dem Kauf zerstritten.
- Ein Kaufhausdetektiv bietet dem ertappten Dieb an, keine Strafanzeige zu erstatten, wenn dieser Waren im Wert von 5.000 € kauft. Obwohl der Dieb darauf eingeht, erstattet der Detektiv Anzeige.

In diesen Fällen (sog. „**Motivirrtum**“) ist nach dem Willen des Gesetzgebers eine 103
Anfechtung ausgeschlossen. Eine Ausnahme gilt insoweit allein im Erbrecht (§ 2078 Abs. 2 BGB). Dahinter steht die Überlegung, dass die Motivation für einen Vertrag oft sehr vielschichtig und für den Empfänger nicht erkennbar ist. Eine gerichtliche Überprüfung wäre daher praktisch kaum möglich. Dementsprechend sind auch sogenannte „**Kalkulationsirrtümer**“ unbeachtlich.

Beispiel: 104
Der Handwerker verlangt für eine Fahrradreparatur „pauschal“ 100 €, ohne die einzelnen Posten offenzulegen. Dabei hatte er allerdings den Preis von zwei eingebauten Ersatzteilen falsch addiert, in Wirklichkeit wären es 115 € gewesen („**verdeckter Kalkulationsirrtum**“). Eine Anfechtung (und eine Nachforderung) scheidet aus, da der Kunde nicht wissen konnte, wie der Handwerker zu seinem Preis gelangt ist – es handelt sich um einen „Motiv-

irrtum" bei der Willensbildung. Man geht sogar noch weiter: Auch wenn die Berechnung offengelegt ist („**offener Kalkulationsirrtum**"), scheidet eine Abwälzung des Kalkulationsrisikos auf den Empfänger grundsätzlich aus. Nur wenn der Rechenfehler evident, wird die Gesamtsumme als „Fehlbezeichnung" gesehen und der tatsächlich gemeinte Betrag vereinbart.

Von der Unbeachtlichkeit von Irrtümern in der „Willensbildung" gibt es aber eine wichtige Ausnahme: Irrt sich der Vertragspartner über „**verkehrswesentliche Eigenschaften**" einer Person oder einer Sache, ist ihm die Anfechtung nach § 119 Abs. 2 BGB möglich. „Eigenschaften" sind alle der Sache unmittelbar anhaftenden, wertbildenden Merkmale (Größe, Gebraucht-/Neuware, Original oder Fälschung...). Nicht gemeint ist der Preis – denn dieser wird erst durch den Markt anhand der Eigenschaften gebildet. Eine Eigenschaft ist „verkehrswesentlich" wenn ein vorgestellter „objektiver Dritter" (vom Gericht fingiert) einen Vertragsschluss von ihrem Vorhandensein oder Fehlen abhängig machen würde.

105 **Beispiele:**

- Verkehrswesentliche Eigenschaften **einer Person** sind etwa deren Bildung, das Fehlen/Vorhandensein von Vorstrafen, die Bekanntheit, etc.
- Verkehrswesentliche Eigenschaften **einer Sache** sind etwa ihr Alter, das Fehlen/Vorhandensein von Beschädigungen, der Grad der Vorbenutzung (z. B. bei Gebrauchtwagen), etc.

106 Wie bei Erklärungs- und Inhaltsirrtum kommt zunächst ein wirksamer Vertrag zustande, der durch Anfechtung innerhalb der gesetzlichen Frist mit Rückwirkung beseitigt werden kann.

→ Fälle 10–12

107 **(c) Übermittlungsfehler (§ 120 BGB).** Eine Anfechtung ist darüber hinaus möglich, wenn eine Erklärung durch einen Boten oder Einrichtung (technischer oder organisatorischer Art, d. h. sowohl „Briefpost" als auch E-Mail u. a.) fehlerhaft übermittelt wird. Auch insoweit kommt zunächst der Vertrag zustande, er kann jedoch mit Rückwirkung durch Anfechtungserklärung (innerhalb der gesetzlichen Frist, § 122 BGB) beseitigt werden.

Beispiel: 108
- Ein Kunstsammler schickt einen Boten zu einer Galerie, um ihm ein dort ausgestelltes Bild zu einem festen Preis zu kaufen. Der Bote (er hat keine Entscheidungsfreiheit und ist daher nicht Stellvertreter, s. o. Rn. 40) erwirbt ein gleichnamiges Bild eines anderen Künstlers zum gleichen Preis.
- Aufgrund eines technischen Fehlers geht die Hälfte einer E-Mail vor dem Eintreffen auf dem Mailserver des Verkäufers verloren. Aus dem Satz „Die von Ihnen offerierten 100 Dosen Tomaten möchte ich nicht kaufen. Ihr UN" wird „Die von Ihnen offerierten 100 Dosen Tomaten möchte ich". Selbst wenn der Punkt, die Grußformel und das Kürzel fehlen, kann der Empfänger annehmen, dass sein Angebot angenommen wurde.

Gibt der Bote absichtlich eine Erklärung ab, die von derjenigen abweicht, die er 109 übermitteln soll, bedarf es keiner Anfechtung. Vielmehr ist ein solches Verhalten dem Auftraggeber nicht zurechenbar, der „Bote ohne Botenmacht" haftet analog § 179 BGB, wenn der Auftraggeber die Erklärung nicht analog § 177 BGB genehmigt (oben Rn. 41).

→ Fall 13

(d) Arglistige Täuschung oder Drohung (§ 123 BGB). Schließlich ist eine An- 110 fechtung möglich bei arglistiger Täuschung oder widerrechtlicher Drohung (§ 123 BGB). Dabei kommt es nicht darauf an, ob der Gegenstand der Täuschung oder die Drohung „verkehrswesentlich" war. Es genügt vielmehr, dass der zur Erklärung Veranlasste seine Erklärung ohne die Täuschung oder Drohung nicht abgegeben hätte (sog. *„conditio sine qua non"*-Formel). Die Täuschung muss auch keine „Eigenschaft" betreffen, es genügt auch eine Irreführung über Motive (etwa, dass ein Geldbetrag „einem guten Zweck" zugeführt wird). „**Arglist**" im Sinne von § 123 BGB liegt bereits vor, wenn Kenntnis von der Unwahrheit und der Entscheidungserheblichkeit vorliegt. Dabei reicht auch eine schlichte **Behauptung ins Blaue hinein**, wenn in Wirklichkeit keine Kenntnis vorlag. Ein böser Wille ist nicht erforderlich. Arglistig handelt auch, wer vorgibt, der goldene Ring sei nur vergoldet, weil er dem Käufer etwas Gutes tun will. Unter „**Drohung**" versteht man das Inaussichtststellen eines künftigen Übels, auf das der Drohende einen Einfluss zu haben vorgibt („**vis compulsiva**"), nicht hingegen physischen Zwang („**vis absoluta**", dann fehlt es am Handlungswillen, oben Rn. 89).

Besonders schwierig sind Konstellationen, in denen nicht derjenige, demge- 111 genüber die Erklärung (soweit sie denn empfangsbedürftig ist!) erfolgen muss, die Täuschung verübt, sondern **jemand anderes** (ein „Dritter"). Insoweit ist zwischen zwei Unterfällen zu unterscheiden: Wenn der Täuschende irgendwie „aus dem Lager" des anderen stammt (namentlich: Verwandte, Angestellte), muss sich dieser die Täuschung wie eine eigene zurechnen lassen. § 123 Abs. 2 BGB erfasst demgegenüber nur die Täuschung durch **unabhängige Personen.** Für deren Täuschungen muss der Empfänger nur einstehen, wenn er „bösgläubig" war, d. h. die Täuschung kannte oder kennen musste (§ 123 Abs. 2 Satz 1 BGB). Auch wenn zwar der Erklärende gutgläubig ist, aber derjenige, dem durch die Erklärung ein Vorteil erwächst, von der Täuschung weiß oder wissen musste, ist eine Anfechtung möglich (§ 123 Abs. 2 Satz 2) – etwa bei Verträgen zugunsten Dritter (oben Rn. 62).

112 Eine Täuschung oder Drohung kann nur ausnahmsweise **gerechtfertigt** sein. So ist im Arbeitsrecht (unten Rn. 284 ff.) bei diskriminierenden Fragen (insbesondere nach einer bestehenden Schwangerschaft oder nach für die konkrete Stelle irrelevanten Vorstrafen) ein „Recht zur Lüge" anerkannt.

→ Fälle 14–16a
Entscheidungen 16–18

113 **(e) Anfechtungsfrist und Anfechtungserklärung.** Wäre die Anfechtung jederzeit möglich, gäbe es erhebliche Rechtsunsicherheit: Bei jedem Vertrag bestünde die Gefahr, dass dieser noch nach Jahren „zusammenbricht" und alle erbrachten Leistungen rückabzuwickeln wären. Daher muss die Anfechtung innerhalb einer kurzen Frist erklärt werden: Bei Irrtümern oder fehlerhafter Übermittlung muss sie „**unverzüglich**" nach Entdeckung des Irrtums erfolgen. Unverzüglich bedeutet „ohne schuldhaftes Zögern" (§ 121 Abs. 1 BGB). Das ist weniger (!) als „sofort" – denn entschuldigte, unvermeidbare oder durch Dritte verursachte Verzögerungen bleiben außer Betracht. Erfasst ist sogar eine kurze Überlegungsfrist, aber es ist dennoch sehr zeitnahes Handeln erforderlich. Unabhängig von der Entdeckung des Irrtums ist die Frist nach § 121 Abs. 2 BGB auf maximal 10 Jahre begrenzt. Die Erklärung muss eindeutig auf die „Unwirksamkeit" des Vertrages gerichtet sein, der Begriff „Anfechtung" muss aber nicht genannt werden. Eine Umdeutung (§ 140 BGB) in eine Kündigung oder einen Rücktritt (unten Rn. 457 ff.) ist möglich.

114 Bei Täuschung oder Drohung ist der Getäuschte bzw. Bedrohte besonders schutzbedürftig. Dies gilt selbst dann, wenn der Täuschende bzw. Drohende nicht der Vertragspartner war (!). Daher gewährt das Gesetz insoweit eine Anfechtungsfrist von einem Jahr ab Kenntnis, maximal jedoch 10 Jahre nach dem Vertragsschluss. Darüber hinaus erkennt die Rechtsprechung bei Nachweis eines Vermögensschadens einen Anspruch auf Rückabwicklung als Schadensersatz an (sog. *„culpa in contrahendo"*; §§ 311 Abs. 2 Nr. 1, 280 Abs. 1, 249 Abs. 1 Satz 1 BGB; s. Rn. 421) – der drei Jahre zum Jahresende ab Kenntnis von Anspruchsentstehung und Anspruchsgegner (§§ 195, 199 BGB), maximal zehn Jahre nach seiner Entstehung geltend gemacht werden kann.

(f) Schadensersatzhaftung des Anfechtenden. Wer einen anderen zu der Annahme veranlasst, einen wirksamen Vertrag geschlossen zu haben und diesen Vertrag mit Rückwirkung beseitigt, muss grundsätzlich die Verantwortung für eventuelle Verluste des auf die Wirksamkeit vertrauenden Vertragspartners tragen (§ 122 BGB). Der Andere ist so zu stellen, als wäre es nie zu Vertragsverhandlungen gekommen (sog. *„negatives Interesse"*). **115**

Etwas anderes gilt für Täuschung und Drohung: Dort besteht gerade keine Haftung des Opfers, jedoch regelmäßig eine solche des Täuschenden bzw. Drohenden (§ 826 BGB, § 823 Abs. 2 BGB i. V. m. dem StGB und oben Rn. 114). **116**

(g) Ausschluss der Anfechtung. Eine Anfechtung ist ausgeschlossen, wenn das Geschäft bereits **bestätigt** wurde (§ 144 BGB). Wer in Kenntnis seines Irrtums erklärt, dass er das Geschäft gelten lassen will oder es sogar erneut abschließt, darf sich nicht mehr auf den Irrtum berufen. Dies gilt auch für Täuschung und Drohung: Auch insoweit besteht bei erneuter, von der Willensmanipulation unabhängiger Erklärung kein Schutzbedürfnis mehr. **117**

Auch bei der Vollmachterteilung (Rn. 43) handelt es sich um ein Rechtsgeschäft, das durch Irrtümer belastet sein kann und dadurch prinzipiell nach § 142 BGB mit Rückwirkung aufgehoben werden können soll. Soweit die Vollmacht nicht ausgeübt wurde, entspricht dies dem schlichten Widerruf (§ 168 Satz 2 BGB) und ist unproblematisch; unter Umständen hat der Vertreter einen Schadensersatzanspruch gegen den Vertretenen aus § 122 BGB. Ist die Vollmacht aber bereits ausgeübt, führt die Rückwirkung der Anfechtung (anders als der nur für die Zukunft wirkende Widerruf!) regelmäßig dazu, dass der Vertreter so behandelt wird, als hätte er nie Vertretungsmacht gehabt – und ein Fall von §§ 177, 179 BGB (Rn. 46) vorliegt. **118**

Nach § 143 Abs. 3 BGB muss die Anfechtung demjenigen gegenüber erfolgen, dem gegenüber die Vollmacht erteilt wurde. Nach § 122 BGB hat zudem derjenige einen Schadensersatzanspruch gegen den anfechtenden Hintermann, **gegenüber dem die Anfechtung erklärt wird**; während der Geschäftspartner Ersatz nach § 149 BGB (Rn. 46) verlangen kann. Insoweit ist wichtig, ob die Vollmacht durch Erklärung gegenüber dem Vertretenen (Innenvollmacht) oder gegenüber dem Geschäftspartner (Außenvollmacht) erteilt wurde:.: **119**

120 • Der Geschäftspartner hätte bei der **Außenvollmacht** einen Anspruch gegen den vermeintlichen Vertretenen (§ 122 BGB)und zugleich einen gegen den vermeintlichen Vertreter (§ 179 Abs. 2 BGB), aber der Vertreter ohne Vertretungsmacht hätte keinen Anspruch gegen den vermeintlichen Hintermann.

121 • Bei der **Innenvollmacht** hätte der Geschäftspartner einen Anspruch gegen den Vertreter (§ 179 Abs. 2), der wiederum Regress beim Anfechtenden nehmen kann (§ 122 BGB). Ist der Vertreter zahlungsunfähig, geht der Geschäftspartner leer aus.

122 Aufgrund dieser seltsam anmutenden Haftungsverschiebung wird stattdessen vorgeschlagen, unabhängig von der Art der Erteilung stets den anfechtenden Hintermann unmittelbar gegenüber dem Geschäftspartner nach § 122 BGB haften zu lassen. Ansprüche gegen den Vertreter nach § 179 BGB sollen hingegen ausgeschlossen sein.

123 **(3) Abgabe.** Es liegt auf der Hand, dass allein der (geheim gehaltene) Wunsch, einen Vertrag zu schließen, rechtlich keine Bedeutung haben kann (§ 106 BGB). Erforderlich ist, dass die Willenserklärung kundgetan wird. Darauf kann **nicht** verzichtet werden – denn dieser Zeitpunkt ist für Fristen maßgeblich und hat Bedeutung bei Fragen wie der Geschäftsfähigkeit (Rn. 96 ff.) oder dem Vorliegen von Irrtümern (Rn. 113 ff.). Da mit der Abgabe alles Wichtige erledigt ist, spielt es keine Rolle, wenn der Erklärende nach der Abgabe stirbt (seine Erklärung bindet dann die Erben) oder geschäftsunfähig wird (§ 130 Abs. 2 BGB).

124 Im Einzelfall kann es passieren, dass der Empfänger eine Erklärung erhält, die gar nicht vom Erklärenden auf den Weg gebracht werden sollte (sog. **abhandengekommene Willenserklärung**). Dann liegt nach der vom BGH und der überwiegenden juristischen Literatur vertretenen Ansicht keine wirksame Abgabe vor – der Erklärende ist also durch seine Erklärung nicht **vertraglich** gegenüber dem Dritten verpflichtet.

125 **Beispiele:**

- Jemand überlegt sich, bei eBay eine Vase zu kaufen. Er hat die Seite bereits geöffnet und sich mit seinem Benutzerkonto angemeldet. Als er gerade auf der Toilette ist, klickt ein Kollege auf den Knopf „Kaufen". Für den Verkäufer scheint der Interessent das Angebot abgegeben zu haben – in Wirklichkeit ist die Erklärung aber nicht mit seinem Willen auf den Weg gelangt. Es kommt kein Vertrag zustande (!).

- Ebenso sind Fälle zu beurteilen, in denen ein Dritter (z. B. die Putzfrau) Briefe zur Post bringt, die eigentlich noch „in Bearbeitung“ (oder bereits für die Entsorgung vorgesehen) waren.
- Gleich beurteilt wird schließlich auch der (eher seltene) Fall, dass eine Erklärung nicht an den eigentlichen Adressaten, sondern an einen unbeteiligten Dritten (!) geschickt wird, der sie dann auf eigene Initiative weiterleitet.

Dieses Ergebnis wird aber in einem wichtigen Punkt korrigiert: Derjenige, der **126** den „Schein der Willenserklärung“ geschaffen hat und es so ermöglicht hat, dass diese (wenn auch ohne seinen Willen) zum Empfänger gelangen konnte, wird so behandelt, als hätte er die Erklärung abgegeben. Er haftet also nicht nur nach §§ 280 Abs. 1, 311 Abs. 2 Nr. 3 BGB („**culpa in contrahendo**“, unten Rn. 421), sondern muss unverzüglich die Anfechtung erklären, sofern er nicht die Erklärung gegen sich gelten lassen will (Rn. 98 ff.). Nur wenn die Versendung für jedermann völlig unerwartet erfolgte und der Rechtsschein nicht zurechenbar ist, führt der fehlende Abgabewille dazu, dass überhaupt keine Konsequenzen eintreten (etwa im obigen Fall der Putzfrau, wenn diese bislang noch nie Briefe versandt hat oder gar den Brief aus dem Mülleimer genommen hat). So soll der Empfänger, für den die fehlende Abgabe nicht erkennbar war, geschützt werden.

Dies bedeutet, dass man Erklärungen, die rechtliche Folgen auslösen können oder sollen, vorsichtig behandeln muss. Will man einen Entwurf wirklich „aus dem Verkehr ziehen“, sollte man ihn zerreißen oder zumindest zerknüllen.

Die zum Vertragsschluss erforderlichen Erklärungen sind darüber hinaus re- **127** gelmäßig **empfangsbedürftig**. Dies bedeutet, dass sie gerade **gegenüber dem Empfänger** auf den Weg gebracht werden müssen. Nicht empfangsbedürftige Erklärungen kennt das Gesetz vor allem außerhalb des Vertragsrechts, etwa die bereits oben Rn. 29 erwähnte „Auslobung“, § 657 BGB, d. h. das Angebot von Finderlohn; ebenso bei der Eigentumsaufgabe („Dereliktion“, Sachenrecht Rn. 210), § 959 BGB, oder dem Errichten eines Testaments, § 2247 BGB.

128 Insgesamt ergibt sich folgendes Bild:

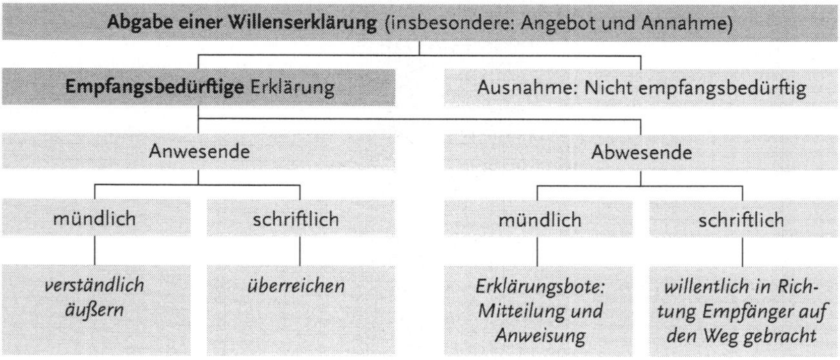

→ Fall 17

129 **(4) Zugang.** Das „Auf-den-Weg-bringen" einer empfangsbedürftigen Erklärung genügt natürlich nicht – solche Erklärungen müssen beim Adressaten ankommen, um „wirksam" zu werden, § 130 Abs. 1 Satz 1 BGB. Die tatsächliche Kenntnisnahme ist für den Zugang **nicht** (!) erforderlich. Bei Geschäftsunfähigen (Rn. 147 ff.) muss die Erklärung den gesetzlichen Vertretern (d. h. bei Kindern den Eltern) zugehen (§ 131 BGB). Im Einzelfall kann auf den Zugang einer Annahme, aber nicht auf die Erklärung als solche, verzichtet werden (§ 151 BGB).

130 Man unterscheidet den Zugang unter Anwesenden (§ 147 Abs. 1 BGB) vom Zugang **unter Abwesenden** (§ 147 Abs. 2 BGB). „Anwesend" in diesem Sinne sind auch die Gesprächspartner bei einem Telefonat oder in einem Online-Chat. Bei Erklärungen unter Anwesenden gilt die „abgeschwächte Vernehmungstheorie", wonach es nicht auf das tatsächliche Verstehen des Empfängers ankommt, sondern nur auf die objektive Möglichkeit, diese zu verstehen. Bei Erklärungen unter Abwesenden genügt es, wenn die Erklärung in den **Machtbereich des Empfängers** (örtliche Komponente – etwa Briefkasten) gelangt, sodass dieser unter normalen Umständen von der Erklärung Kenntnis erlangen kann (zeitliche Komponente, siehe § 312e Abs. 1 Satz 2 BGB für elektronische Erklärungen).

131 Bei **Zugangsvereitelung** (z. B. Zukleben des Briefkastens, um Empfang der Kündigung zu verhindern) wird der Empfänger so behandelt, als sei ihm die Erklärung zugegangen, wenn dies absichtlich erfolgt (analog § 162 BGB). Lässt sich keine Absicht nachweisen, wird ein zweiter Zustellungsversuch verlangt. Soweit dieser gelingt, wird der Empfänger so behandelt, als sei ihm die Erklärung bereits beim ersten Mal zugegangen. Dahinter steht der Gedanke, dass jeder Teilnehmer am Rechtsverkehr seine Empfangsvorrichtungen (Briefkasten, Emailpostfach) offen halten und regelmäßig kontrollieren soll.

Ist die Erklärung erst einmal auf dem Weg, ist sie auch dann verbindlich, wenn der Erklärende stirbt oder geisteskrank wird (= geschäftsunfähig, unten Rn. 153), § 130 Abs. 2 BGB. Die Folgen treffen im Todesfall die Erben. **132**

→ Übersicht 11
Fälle 18–20a
Entscheidung 19

(5) Widerruf der Willenserklärung. Eine Willenserklärung kann „widerrufen“ werden, **bevor** sie dem anderen zugeht (§ 130 Abs. 1 Satz 2 BGB). Maßgeblich ist der Zeitpunkt, in dem der Widerruf zugeht – gelangen Erklärung und Widerruf so in den Empfangsbereich, dass mit gleichzeitiger Kenntnisnahme zu rechnen ist (bei einmaliger Briefkastenleerung also im Laufe eines Tages), ist der Widerruf zu spät. Trotz identischer Bezeichnung betrifft der „Widerruf“ nach verbraucherschützenden Normen ganz andere Konstellationen (unten Rn. 469 ff.). **133**

(6) Unbeachtlichkeit widersprüchlichen Verhaltens (venire contra factum proprium). Denkbar ist, dass jemand etwas ausdrücklich erklärt, aber sich genau gegenteilig verhält oder aber ein in sich widersprüchliches Verhalten an den Tag legt. **134**

Beispiel: **135**
Wer in ein Parkhaus fährt, erklärt dadurch, dass er die entsprechende Parkgebühr zahlen will. Ruft man nun dem Parkwächter zu „Ich zahle nicht“, ist diese Erklärung widersprüchlich zu derjenigen, zahlen zu wollen.

Widersprüchliches Verhalten ist nach Treu und Glauben (§ 242 BGB, Rn. 550) unbeachtlich. Im Parkplatzfall ist der Zuruf also nicht zu beachten – es gilt also die im Einfahren gegen Parkgebühr liegende konkludente Erklärung. **136**

Selbst wenn der Autofahrer **vor dem Einfahren** in das Parkhaus seine Zahlungsunwilligkeit mitteilt, ändert dies nichts. Ist aber das Angebot angenommen worden (etwa weil der Parkwächter laut „Ja“ ruft), ist ein Vertrag zustande gekommen, der nur mit Zustimmung beider Beteiligter geändert oder aufgehoben werden kann. Soweit der Autofahrer seiner Zahlungspflicht zugestimmt oder aber der Parkwächter die Unentgeltlichkeit akzeptiert hat, spielt späteres Han- **137** deln keine Rolle, egal, ob es ausdrücklich oder nur tatsächlich (= konkludent) ist.

→ Entscheidung 20

138 **bb) Die Annahme (§§ 146 f. BGB).** Da das Angebot grundsätzlich alle wesentlichen Vertragsbestandteile enthalten muss, kann sich die Annahme regelmäßig auf ein einfaches „Ja" beschränken. Im Übrigen stellen sich aber die gleichen Fragen wie für das Angebot: Es muss sich um eine wirksame Willenserklärung handeln (Rn. 88 ff.), Stellvertretung ist möglich (oben Rn. 38 ff.) und es sind Abgabe und Zugang erforderlich (Rn. 123 ff., 129 ff.).

→ Fall 20b

139 **(1) Änderung, Verspätung und Ablehnung.** Wenn keine Annahme erfolgt, sondern diese sogar ausdrücklich abgelehnt wird, kommt mangels Einigung kein Vertrag zustande. Dies ist die logische Konsequenz aus der Notwendigkeit von mindestens zwei am Vertrag beteiligten Personen (oben Rn. 5, 29 ff.). Für einen wichtigen Fall stellt das Gesetz dies sogar ausdrücklich klar: § 241a Abs. 1 BGB bestätigt, dass durch Lieferung nicht bestellter Ware nie ein Vertrag zustande kommt (d. h. ein Verfahren, nach dem Waren geliefert und bei Nichtgefallen zurückgesandt werden müssen, ist nur nach vorheriger Vereinbarung möglich). § 241a BGB geht aber noch weiter: Der Empfänger der nicht bestellten Gegenstände muss diese nicht aufbewahren, nicht zurückgeben und auch keinen Schadensersatz für Beschädigung oder Zerstörung leisten (obwohl er nicht Eigentümer wird, Sachenrecht Rn. 96), wenn nicht die Lieferung nicht für den Empfänger bestimmt war oder in der irrigen Vorstellung einer Bestellung erfolgte und der Empfänger dies erkannt hat oder bei Anwendung der im Verkehr erforderlichen Sorgfalt hätte erkennen können. Das bedeutet, dass er unbestellte Waren grundsätzlich benutzen, vernichten oder sogar verkaufen darf, ohne dass der Lieferant hierfür etwas erhält.

140 Eine Annahme unter Einschränkungen oder Änderungen ist eine Ablehnung, verbunden mit einem neuen Angebot (§ 150 BGB). Das bedeutet, dass bei einem Vertragsschluss regelmäßig Angebote ausgetauscht werden – was der Grund dafür ist, dass hinterher der Anbietende und der Annehmende oft nicht genau bestimmt werden können.

141 Eine Ablehnung liegt auch vor, wenn eine im Angebot bestimmte **Annahmefrist** abläuft, ohne dass eine Äußerung erfolgte. Angebote unter Anwesenden sind sofort anzunehmen, bei Angeboten unter Abwesenden sind eine kurze Bedenk-

frist sowie bei Briefen (nicht bei Email o.ä.) eine angemessene Postlaufzeit zu berücksichtigen (insgesamt max. 1 Woche).

→ Fälle 21–24

(2) Nicht: Schweigen. Wenn der Vertragspartner *nichts* sagt, liegt darin grundsätzlich keine Annahme. Für die Lieferung unbestellter Waren stellt dies § 241a Abs. 1 BGB ausdrücklich klar – diese Regelung geht sogar noch weiter, indem auch Schadensersatz- und Herausgabeansprüche ausgeschlossen werden (soweit nicht einer der Ausnahmefälle von § 241a Abs. 2 bzw. Abs. 3 BGB eingreift). Das heißt, bei Lieferung unbestellter Waren besteht weder eine Bezahl- noch eine Aufbewahrungspflicht. **142**

Bei Verträgen, in denen nichts geliefert wird, gilt das Gleiche: Für aufgedrängte Werkleistungen muss ebenso wenig gezahlt werden, wie für das einseitige Bereithalten eines Hotelzimmers ohne vorherige Anforderung. Innerhalb einer existierenden Vertragsbeziehung kann aber auch im Hinblick auf Folgeverträge etwas anderes vereinbart werden („Lieferung bis zum Abwinken"). Ansonsten kann Schweigen nur bei Kaufleuten und Personen, die wie Kaufleute auftreten, rechtliche Folgen auslösen. Dies gilt insbesondere in Fällen des sog. „kaufmännischen Bestätigungsschreibens", in dem ein vorheriger mündlicher Vertragsschluss aus Sicht des Erklärenden richtig bzw. nur oder mit unwesentlichen Abweichungen, aber von der tatsächlich getroffenen Vereinbarung abweichend wiedergegeben wird, der Empfänger aber auf diese Abweichung nicht reagiert. **143**

→ Fälle 25, 25a

(3) Missverständnisse und Lücken. Zwar stellt eine Annahme unter Änderungen eine Ablehnung dar (verbunden mit einem neuen Angebot, Rn. 140). Aber es kann vorkommen, dass der Unterschied zwischen den beiden Erklärungen gar nicht erkannt wird. Wenn letztlich beide das Gleiche meinen, nur verschiedene oder einheitlich objektiv falsche Ausdrücke verwenden, ist dies unproblematisch – das sind Fälle der so genannten „falsa demonstratio non nocet" (unten Rn. 181 ff.) Aber was gilt, wenn es ein wirkliches, inhaltlich bedeutsames Missverständnis gibt? **144**

Beispiele: **145**
- Der „Käufer" meint, dass der „Verkäufer" von *ihm* kaufen will (also: Beide wollen verkaufen, keiner will kaufen).
- Der Käufer meint, es seien 10.000 kanadische Dollar zu zahlen, der Verkäufer meinte aber 10.000 US-Dollar.

146 Ein Vertrag kommt dabei unter keinen Umständen zustande, soweit wesentliche Vertragsbestandteile (essentialia negotii: Parteien und deren Leistungspflichten) offen geblieben sind. Bei Nebenpunkten unterscheidet das Gesetz den „offenen Einigungsmangel" (§ 154 BGB) vom „versteckten Einigungsmangel" (§ 155 BGB). Wenn die Parteien wussten, dass Fragen ungeregelt blieben, ist im Zweifel kein Vertrag zustande gekommen – das Gegenteil müsste also bewiesen werden. Bei einer unerkannten Lücke ist die Lage hingegen genau umgekehrt: § 155 BGB soll den Vertrag „retten" – es wird im Zweifel unterstellt, dass er trotz Lücke wirksam ist. Die Lücke wird durch ergänzende Vertragsauslegung (s. Rn. 188 ff.) oder Anwendung dispositiver gesetzlicher Regelungen (s. Rn. 198 ff.) geschlossen.

→ Übersicht 12
Fall 25b

147 **cc) Geschäftsfähigkeit (§§ 104 ff. BGB).** Jeder Mensch ist mit Vollendung seiner Geburt „rechtsfähig", d. h. in der Lage, Träger von Rechten und Pflichten zu sein (§ 1 BGB). Diese **Rechtsfähigkeit** endet mit dem (Hirn-)Tod. Parallel besteht auch die Möglichkeit, diese Rechte vor Gericht geltend zu machen, sog. „**Parteifähigkeit**" (§ 50 ZPO). Davon zu unterscheiden sind die „**Geschäftsfähigkeit**" (§§ 104 ff. BGB), d. h. die Fähigkeit selbst vertragliche Pflichten eingehen zu können, sowie die „**Prozessfähigkeit**" (§§ 51 ff. ZPO), d. h. die Fähigkeit, selbst einen Prozess einzuleiten und zu führen.

148 Ausnahmen für Geschäfts- und Prozessfähigkeit bestehen für Kinder und Jugendliche („Minderjährige") und für Geisteskranke. Ein Geschäftsunfähiger kann zwar Bote sein (eine fremde Erklärung übermitteln), aber keine eigene Willenserklärung abgeben (also auch nicht Vertreter sein). Personen, die bewusstlos oder in einem Zustand vorübergehender Störung der Geistestätigkeit, insb. durch einen Rauschzustand („Volltrunkenheit"), sind, können keine Erklärungen abgeben (§ 105 II BGB), wohl aber Erklärungen empfangen (§ 130 BGB).

→ Übersicht 13

149 **(1) Kinder und Jugendliche.** Bis zum Alter von sieben Jahren können Kinder selbst für sich keine Verträge schließen – sie werden ausschließlich durch ihre Eltern vertreten (§ 105 Abs. 1 BGB, § 1629 BGB). Sie können auch niemanden vertreten, sondern nur Bote sein. Es besteht „**Geschäftsunfähigkeit**". Der Gesetzgeber unterstellt unwiderlegbar, dass vor diesem Alter kein hinreichendes Verständnis für die Bedeutung vertraglicher Bindungen besteht.

Zwischen sieben und 18 Jahren sind Kinder bzw. Jugendliche „**beschränkt" geschäftsfähig**. Der beschränkt Geschäftsfähige kann (anders als der Geschäftsunfähige) Verträge, durch die er ausschließlich einen „**rechtlichen Vorteil**" erlangt, alleine abschließen (§ 107 BGB). Dazu gehört insbesondere die Vertretung Dritter (§ 165 BGB). Verträge im Übrigen bedürfen einer vorherigen Einwilligung (§ 183 BGB) oder nachträglichen Genehmigung (§ 184 BGB) der Eltern oder sogar des Vormundschaftsgerichts (§§ 1643, 1822 BGB!). Der „rechtliche" Vorteil bezieht sich nicht auf die wirtschaftliche Bewertung von Leistung und Gegenleistung – es genügt nicht, dass das Geschäft für den Jugendlichen profitabel ist. Ein Geschäft ist nur dann lediglich rechtlich vorteilhaft, wenn dadurch für den Minderjährigen unmittelbar überhaupt (!) keine Pflichten entstehen. Muss also irgendeine Gegenleistung erbracht werden, ist das Geschäft nicht vorteilhaft. Problematisch wird dies im Hinblick auf das Abstraktionsprinzip (s. Rn. 11 f.), wonach die Leistung selber von der Wirksamkeit der ihr zugrundeliegenden Verpflichtung unberührt bleibt. Dadurch wird der Minderjährige regelmäßig Eigentümer, eine Pflicht zur Bezahlung entsteht aber ebenso wenig, wie eine Pflicht zur Eigentumsverschaffung bestand. Die erhaltenen Gegenstände sind nach § 812 Abs. 1 Satz 1 BGB zurück zu gewähren; danach haftet der Minderjährige für eine Verschlechterung grundsätzlich nicht. Lediglich mittelbare Folgen (z. B. Grundsteuer bei Grundstücken) schaden im Hinblick auf die Vorteilhaftigkeit grundsätzlich nicht. Es ist aber sehr umstritten, ob dies selbst dann gilt, wenn dadurch das sonstige Vermögen des Minderjährigen angegriffen werden kann. **150**

Die Einwilligung kann im Einzelfall im Voraus erklärt werden. Praktisch bedeutsamer ist aber die in der Gewährung von **Taschengeld** liegende Generaleinwilligung: Nach § 110 BGB ist ein Vertrag wirksam, wenn er mit Mitteln bewirkt wird, die dem Minderjährigen für diesen Vertrag oder zu einem beliebigen Zweck überlassen wurden. Da es sich um eine Einwilligung handelt, sind nur Geschäfte erfasst, denen die Eltern potenziell zugestimmt hätten. Eine weitergehende „**Teilgeschäftsfähigkeit**" gibt es bei (vormundschaftsgerichtlich genehmigter) Aufnahme eines Arbeitsverhältnisses (§ 113 BGB) bzw. bei einem selbstständigen Erwerbsgeschäft (§ 112 BGB). Dann darf der Minderjährige alle damit in Zusammenhang stehenden Geschäfte ohne Mitwirkung seiner Eltern bewirken. **151**

Wenn eine Einwilligung (=vorherige Zustimmung) fehlt, wird der Vertragspartner des Minderjährigen schnellstmöglich Klärung der Lage erreichen wollen, da das Geschäft „**schwebend unwirksam**" ist. § 108 Abs. 2 BGB ermöglicht ihm, diesen „Schwebezustand" zu beenden: Wenn er die Eltern **auffordert**, die Ge- **152** nehmigung zu erklären oder zu verweigern, muss sie ihm (nicht dem Minderjährigen selbst) gegenüber erklärt werden, eine vorherige Erklärung oder Verweigerung gegenüber dem Minderjährigen wird dadurch wirkungslos. Erfolgt die Erklärung nicht innerhalb von zwei Wochen, gilt sie als verweigert und der Vertrag ist endgültig unwirksam. Alternativ kann der Vertragspartner aber auch seinerseits den Vertrag gegenüber dem Minderjährigen und dessen Eltern widerrufen – er ist dadurch selbst dann nicht mehr an seine Verpflichtung gebunden, wenn die Eltern das Geschäft genehmigen. Letzteres Recht bleibt ihm verwehrt, wenn er die Minderjährigkeit kannte und ihm gegenüber auch nie eine Einwilligung behauptet wurde.

→ Fälle 26–31
Entscheidungen 21, 22

153 **(2) Geisteskranke u. a.** Geschäftsunfähig sind auch alle Personen, die sich in einem dauerhaften die freie Willensbestimmung ausschließenden Zustand krankhafter Störung der Geistestätigkeit befinden (§ 104 BGB). Diese werden behandelt wie Kinder im Alter von unter sieben Jahren – sie dürfen also weder vorteilhafte Geschäfte abschließen, noch sind Einwilligung und Genehmigung möglich. Da die Geisteskrankheit im Einzelfall für Dritte nicht zu erkennen sein muss, existiert allerdings in § 105a BGB eine besondere Schutzvorschrift: Danach wird ein „Geschäft des täglichen Lebens" (also etwa: Kauf von Getränken, Essen, Taxifahrt), das mit „geringwertigen Mitteln bewirkt werden kann" (d. h. insbesondere nicht Kauf von Fernsehern, Waschmaschinen, o. Ä.), als wirksam behandelt, sobald Leistung und Gegenleistung bewirkt sind.

154 **c) Entstehungshindernisse.** Auch wenn alle oben genannten Voraussetzungen vorliegen, akzeptiert unser geltendes Recht nicht in jedem Fall das Entstehen einer wirksamen Verpflichtung. Zu berücksichtigen sind aber im Wesentlichen nur drei denkbare Ausnahmen, in denen ein Vertrag „nichtig", d. h. unwirksam ist.

Neben der „Unwirksamkeit" gibt es auch die fehlende Einklagbarkeit, z. B. bei Spiel und Wette (§ 762 BGB).

155 **aa) Bedingung (§ 158) und Befristung (§ 163).** Man kann einen Vertrag an ein **ungewisses Ereignis** knüpfen. Soll der Vertrag erst Wirkungen nach Eintritt dieses Ereignisses entfalten, spricht man von einer „aufschiebenden Bedingung" (**Suspensivbedingung**, § 158 Abs. 1 BGB). Soll umgekehrt die Wirkung des Vertrages (für die Zukunft) entfallen, handelt es sich um eine „auflösende

Bedingung“ (**Resolutivbedingung**, § 158 Abs. 2 BGB). Wenn die Bedingung nicht mehr eintreten kann („Ausfall“) oder eine Partei den ihr günstigen Eintritt entgegen Treu und Glauben herbeiführt (§ 162 Abs. 2 BGB), ist der Vertrag endgültig wirksam (bei auflösender Bedingung) bzw. wird nie zustande kommen (bei aufschiebender Bedingung). Umgekehrt gilt die Bedingung auch dann als eingetreten (obwohl dies tatsächlich nicht der Fall ist), wenn eine Partei ihren Eintritt wider Treu und Glauben verhindert (§ 161 Abs. 1 BGB). Nach § 160 BGB kann derjenige, zu dessen Gunsten die Bedingung wirkt, Schadensersatz verlangen, wenn der andere seine Rechte schuldhaft beeinträchtigt. Nach § 161 BGB sind sogar Verfügungen zugunsten Dritter unwirksam, soweit diese nicht gutgläubig sind:

Beispiel: 156
Wenn man etwas unter „Eigentumsvorbehalt“ erwirbt, bedeutet dies, dass die Einigung durch den Verkäufer im Hinblick auf den Eigentumsübergang (§ 929 BGB) unter der aufschiebenden Bedingung der vollständigen Kaufpreiszahlung steht (§ 158 BGB), vgl. § 449 BGB. Der Verkäufer bleibt also bis zur vollständigen Bezahlung Eigentümer und kann daher das Eigentum auch (als Berechtigter) an Dritte übertragen, selbst wenn diese von dem vorherigen Geschäft wissen. Diese Geschäfte sind auch wirksam (!) – aber wenn der Erwerber von dem Geschäft wusste oder aufgrund grober Fahrlässigkeit nicht davon wusste, wirkt sein Erwerb nicht zugunsten desjenigen, der unter Vorbehalt gekauft hat. Der Käufer wird also Eigentümer, wenn er seine letzte Rate zahlt.

Ist das Ereignis sicher (z. B. Eintritt eines bestimmten Datums – oder aber der 157
Tod eines Menschen), spricht man von „**Befristung**“ (§ 163 BGB). Auch diese kann aufschiebend oder auflösend sein. Es gilt das oben Gesagte entsprechend. Für Arbeitsverträge sind allerdings die Sonderregelungen des Teilzeit- und Befristungsgesetzes zu beachten. Auch für Wohnraummiete gibt es Einschränkungen (s. Rn. 174).

bb) Gesetzesverstoß (§ 134 BGB) und Sittenwidrigkeit (§ 138 BGB). Ein Vertrag 158
ist nichtig, soweit entweder eine der zu erbringenden Leistungen oder aber die konkrete Verknüpfung von Leistung und Gegenleistung gegen ein Gesetz verstößt, das gerade solche Verträge verhindern soll („**Verbotsgesetz**“, § 134 BGB).

159 **Beispiel:**
Ein Vertrag, aufgrund dessen jemand Handwerksarbeiten „schwarz", d. h. ohne Abführung von Steuern oder Sozialabgaben, durchführen soll, verstößt gegen § 1 Schwarzarbeitbekämpfungsgesetz und ist daher unwirksam. Insoweit besteht rechtlich (!) zunächst kein Unterschied zu Verträgen über den Kauf von Drogen, Kinderpornografie oder Nuklearsprengkörpern.

160 Nun sind aber nicht alle rechtlich unerwünschten Handlungen gesetzlich klar normiert. Daher sind nicht nur Verträge, die gegen Gesetze verstoßen, sondern auch Verträge, welche „die guten Sitten" verletzen, unwirksam (§ 138 Abs. 1 BGB).

161 Damit stellt sich die Frage, was „gute" (im Vergleich zu „schlechten") Sitten sind. Seit über 100 Jahren wird diesbezüglich auf das „Anstandsgefühl **aller** billig und gerecht Denkenden" abgestellt – gibt es auch nur einen Menschen, der „billig und gerecht denkt", aber einen Vertrag mit seinem Anstandsgefühl vereinbaren kann, ist er als wirksam zu behandeln. Als einzigen Beispielfall nennt das BGB in § 138 Abs. 2 BGB den „Wucher", wobei dafür die Ausnutzung einer Zwangslage maßgeblich sein soll. Objektiv kann man auf die Grundelemente unserer Verfassung, insbesondere die Grundrechte abstellen, im Übrigen ist stets der aktuelle Meinungsstand in der Bevölkerung (nicht: unter Juristen) zu berücksichtigen.

162 **Beispiele:**
- Vor 100 Jahren mag es sittenwidrig gewesen sein, eine Wohnung an ein unverheiratetes Paar zu vermieten, heute ist es unbedenklich.
- Noch vor 15 Jahren war die Prostitution sittenwidrig, heutzutage ist sie ausdrücklich durch das Prostitutionsgesetz erlaubt.
- Sittenwidrig sind etwa Arbeitsverträge oder Mietverträge, die es dem Arbeitnehmer verbieten, zu heiraten („Zölibatsklauseln").
- Ein klarer Sittenverstoß soll auch bei Verträgen über die Nutzung von Verhütungsmitteln („Verpflichtest Du Dich, die Pille zu nehmen?" – „Ja.") vorliegen.
- Als sittenwidrig werden weiterhin auch Fälle angesehen, in denen ein enger Verwandter (Sohn, Tochter, Enkel) ohne relevantes eigenes Vermögen für fremde Schulden bürgt – und dadurch möglicherweise ein Leben lang diese Verbindlichkeit zurückzahlen muss.

Die Bedeutung der Sittenwidrigkeit nimmt in dem Ausmaß ab, in dem das 163
Leben gesetzlich reguliert wird. In vielen Fällen liegt kein bloßer Verstoß „gegen die guten Sitten" (§ 138 BGB) sondern ein Verstoß gegen ein Gesetz (§ 134 BGB) vor.

Da Sittenwidrigkeit und Gesetzesverstoß zur Unwirksamkeit des Vertrages füh- 164
ren, sind bereits erbrachte Leistungen nach §§ 812 Abs. 1 S. 1, 1. Var. BGB zurück zu gewähren. Dabei gelten zwei Besonderheiten:

- Nach § 817 Satz 2 BGB ist die **Rückgewähr bereits erbrachter Leistungen aus-** 165
  geschlossen, wenn dem Leistenden der Vorwurf eines Gesetzes- oder Sittenverstoßes gemacht werden kann. Haben also beide Parteien gesetzes- oder sittenwidrig gehandelt, kann regelmäßig nichts mehr zurückverlangt werden. Wer vorgeleistet hat, bekommt weder die eigentlich vertraglich vereinbarte Leistung, noch kann er die von ihm erbrachte Leistung zurückverlangen. Dies wird teilweise aus sozialen Gründen wieder eingeschränkt: Der Schwarzarbeiter, der durch das Schwarzarbeitsgesetz geschützt werden soll, erhält den Wert seiner Arbeitsleistung erstattet – denn das Gesetz soll vor allem seine soziale Absicherung gewährleisten. Natürlich bleibt die beide treffende Pflicht ein Bußgeld zu zahlen davon unberührt.
- In bestimmten Fällen, insbesondere bei Schwarzarbeit wird diskutiert, ob 166
  trotz Fehlen eines wirksamen Vertrages **Schadensersatz wegen culpa in contrahendo** (§§ 311 Abs. 2, 280 Abs. 1 BGB) oder **Aufwendungsersatz nach den Regeln der „Geschäftsführung ohne Auftrag"** (§ 677 ff. BGB) für erbrachte Leistungen zu erbringen ist. Dies kann allenfalls dann anzunehmen sein, wenn eine Partei die Gutgläubigkeit der anderen bewusst ausgenutzt hat. Im Übrigen kann einem nichtigen Vertrag nicht „durch die Hintertür" Wirkung zugesprochen werden; insbesondere kann man nicht bei schlechter Erbringung von Schwarzarbeit Nachbesserung verlangen.

→ Entscheidung 23

cc) **Formvorschriften.** Entgegen einer verbreiteten Meinung sind formbedürf- 167
tige Verträge sehr selten. Das Gesetz ordnet die **Schriftform** nur in wenigen Ausnahmefällen (insbesondere Verbraucherdarlehen, § 494 BGB; Mietverträge über Räume, § 550 BGB; Bürgschaft, § 766 BGB; Schuldversprechen, § 780 BGB) verbindlich an. „Schriftform" meint dabei traditionell ein unterschriebenes (!) Dokument (§ 126 BGB), zum Teil ersetzbar durch eine „qualifizierte elektronische Signatur" – die gegen Entgelt auf dem Personalausweis gespeichert sein kann.

168 Noch seltener ist die **notarielle Beurkundung**. Damit ist gemeint, dass der Notar den Vertrag den Parteien vorliest, sie über Risiken aufklärt und auch inhaltlich gestaltend in die Vereinbarung eingreift (§ 128 BGB i. V. m. dem Beurkundungsgesetz). Diese Form ist etwa vorgeschrieben bei Verträgen über Grundstücke (§ 311b Abs. 1 BGB), bei Verträgen über das gesamte gegenwärtige Vermögen (§ 311b Abs. 3 BGB) oder bei Geschäften über GmbH-Geschäftsanteile (§ 15 Abs. 4 GmbHG, Gesellschaftsrecht Rn. 308).

169 Hiervon abzugrenzen ist die **notarielle Beglaubigung** (§ 129 BGB), bei welcher der Notar nur die Identität der Beteiligten anhand von Ausweisen etc. überprüft. Eine strengere Form erfasst stets die geringeren (d. h. die notarielle Beurkundung ersetzt die Beglaubigung, während die Beglaubigung die Schriftform ersetzt).

170 Fehlt eine vorgeschriebene oder vereinbarte (Rn. 175) Form, ist der Vertrag nach § 125 BGB unwirksam. Das kann im Einzelfall aber zu ungerechten Ergebnissen führen.

171 **Beispiele:**

- Ein Kaufmann verkauft durch schriftlichen Vertrag sein Geschäftsgrundstück an einen Bekannten mit der (sachlich falschen) Erklärung, für Kaufleute trete stets die Schriftform an die Stelle der notariellen Beurkundung. Der Bekannte vertraut auf diese Aussage – später weigert sich der Kaufmann unter Berufung auf das Formbedürfnis, den Vertrag zu erfüllen.
- Ein älterer „Edelmann" verspricht einem Angestellten für dessen langjährige Tätigkeit ein Grundstück. Als dieser meint, dies müsse notariell vereinbart werden, erklärt der Dienstherr, sein „Edelmannswort" sei mehr wert als jede notarielle Erklärung – er würde auf keinen Fall zum Notar gehen. Auch hier kommt es später zum Streit, der Vertrag wird nicht erfüllt.

172 In diesen Fällen ist fraglich, ob nicht ausnahmsweise ein Schadensersatzanspruch wegen **Irreführung über das Formerfordernis** besteht. Die Rechtsprechung antwortet seit nunmehr 100 Jahren differenziert:

- Bei grob treuwidrigem (insbesondere arglistigem) Verhalten oder wenn die wirtschaftliche Existenz eines Beteiligten infrage steht, soll die andere Vertragspartei sich gar nicht (!) auf den Formfehler berufen dürfen, der Vertrag wird also als wirksam behandelt.
- In allen anderen Fällen soll nur ein Anspruch darauf bestehen, so gestellt zu werden, als sei der Vertrag noch nicht einmal geplant worden („negatives Interesse"; Anspruchsgrundlage sind §§ 280 Abs. 1, 311 Abs. 2, 241 Abs. 2 BGB).

Damit der Makel eines Formfehlers nicht endlose, unabsehbare Folgen nach **173**
sich zieht, sieht das Gesetz in einer Reihe von Fällen die **Heilung** eines in Verletzung von Formvorschriften geschlossenen Vertrages vor: So wird ein ohne Notar geschlossener Vertrag, durch den Pflichten (z. B. die Übertragung) im Hinblick auf ein Grundstück geregelt werden, nach § 311b Abs. 1 Satz 2 BGB wirksam, sobald das Grundstück wirksam übertragen wurde (was neben der Eintragung durch das Grundbuchamt wiederum eine notariell beurkundete Übertragungserklärung, sog. „Auflassung“, §§ 873, 925 BGB, voraussetzt).

Eine Besonderheit gilt für **Mietverträge**: Diese können auch formlos, d. h. **174**
mündlich oder durch schlüssiges Handeln wirksam geschlossen werden. Soll ein Mietvertrag über Grundstücke oder Räume länger als ein Jahr gelten, muss dies schriftlich vereinbart werden, mündliche Vereinbarungen sind insoweit unwirksam (§ 550 BGB i. V.m. § 578 BGB). Fehlt eine schriftliche Vereinbarung, gilt der Vertrag als auf unbestimmte Zeit geschlossen, muss also durch Kündigung (s. Rn. 475 ff.) beendet werden.

Auch durch Vertrag können Formerfordernisse geschaffen werden – üblich **175**
sind etwa Schriftformklauseln („Jede Ergänzung oder Abweichung bedarf der Schriftform“). Die Rechtsprechung hat hier allerdings eine Umgehungsmöglichkeit entwickelt, die sich dem Nicht-Juristen kaum erschließt: Die Klausel, welche die Schriftform anordnet, kann nämlich ihrerseits grundsätzlich ohne Beachtung jeder Form aufgehoben oder geändert werden (sog. **„einfache Schriftformklausel“**). Will man wirklich sicher gehen, dass Änderungen schriftlich sein müssen, muss ausdrücklich bestimmt werden, dass auch die Anordnung der Schriftform selbst nur schriftlich geändert werden kann (**„qualifizierte Schriftformklausel“**).

→ Fälle 32, 33
Entscheidungen 24, 25

2. Der Inhalt von Verträgen. Hat man erst einmal (mindestens) zwei überein- **176**
stimmende Willenserklärungen, ist (irgend-)ein Vertrag entstanden, der Pflichten bzw. Ansprüche begründet. Welche Pflichten dies sind und wie sie erfüllt werden müssen, folgt zunächst aus dem Vertrag selbst, soweit nicht ohnehin zwingende Gesetzesbestimmungen bestehen oder die Vereinbarung unklar bzw. lückenhaft ist.

a) Vertragsfreiheit – Auslegung des Vertrages. Wie bereits in Rn. 17 f. ausge- **177**
führt, sind gesetzliche Vorgaben nur ausnahmsweise so ausgestaltet, dass nicht durch Verträge von ihnen abgewichen werden kann. Grundsätzlich handelt es sich beim BGB um so genanntes „dispositives“ d. h. nicht-zwingendes Recht.

Soweit aber maßgeblich ist, was die Parteien eigentlich *wollten* (Vertragsfreiheit), muss besonderer Wert auf die Auslegung ihrer Erklärungen gelegt werden. Hierzu enthält das BGB zwei sich ergänzende, gelegentlich aber konkurrierende Auslegungsmaximen:

178 • Nach § 133 BGB ist bei der Auslegung von Erklärungen nicht etwa auf den Buchstaben der Erklärung, also das lexikalische Verständnis, sondern auf den dahinter stehenden **wirklichen Willen** abzustellen.

179 **Beispiel:**
Wer seinen „Schatz" verschenkt, muss nicht eine mit Goldmünzen gefüllte Truhe an einen Dritten übereignen, sondern z. B. ein Haustier.

180 • Nach § 157 BGB ist das **Verständnis des Empfängers** für die Erklärung maßgeblich – geheime Vorbehalte sind daher unbeachtlich (§ 116 BGB).

181 Das Zusammenspiel dieser Prinzipien führt zu einem Grundsatz der unter der lateinischen Umschreibung „*falsa demonstratio non nocet*" (Fehlbezeichnungen schaden nicht) zitiert wird.

182 **Beispiel:**
Ein Fischhändler bestellt bei einem Großhändler eine auf dem Schiff Jessica befindliche Ladung „Haakjöringsköd" . Dabei gehen beide davon aus, dass dieser norwegische Begriff „Walfischfleisch" bedeutet. Tatsächlich bedeutet er aber „Haifischfleisch". Handelt es sich bei der Ladung nun wirklich um „Walfischfleisch", ist alles in Ordnung – der Vertrag wird damit ordnungsgemäß erfüllt. Handelt es sich hingegen um „Haifischfleisch", kann trotz der für einen Außenstehenden eindeutigen Wortwahl der Vertrag nicht erfüllt werden – denn aus dem tatsächlich vorhanden „Haifischfleisch" kann *niemand* das vereinbarte „Walfischfleisch" machen. Der Käufer kann die Gewährleistungsrechte des § 437 BGB geltend machen (nicht aber den Vertrag wegen Irrtums nach §§ 142, 119 Abs. 1 BGB anfechten, Rn. 382).

183 Dies gilt sogar bei Erklärungen, die notariell beurkundet wurden – denn die Zwecke der **besonderen Form** (Warnung durch den Notar und Sicherung des Beweises) sind hinreichend gewahrt.

184 **Beispiel:**
Der Eigentümer zweier Grundstücke – Parzelle Nr. 101 und Parzelle Nr. 102 – schließt vor dem Notar mit einem Käufer einen Kaufvertrag und erklärt sich gleichzeitig mit der Eigentumsübertragung einverstanden („Auflas-

sung“, §§ 873, 925 BGB, Sachenrecht Rn. 220). Der Notar hat versehentlich eine Ziffer vertauscht und statt „101“ „102“ geschrieben. Dennoch ist das von Käufer und Verkäufer gewollte Grundstück übertragen, nicht das für einen Außenstehenden eigentlich Bezeichnete.

Nun gilt allerdings etwas anderes, soweit die vom üblichen Sprachgebrauch **185**
abweichende Bezeichnung der Parteien bewusst gewählt wurde, um Dritte zu täuschen (sog. „**Scheingeschäft**

Beispiel: **186**
Der Grundstückseigentümer und der Kaufinteressent lassen beim Notar bewusst einen zu niedrigen Kaufpreis beurkunden, um dadurch niedrigere Notargebühren zu erzielen (sog. „**Unterverbriefung**“).

Dann ist das Scheingeschäft insgesamt unwirksam. Stattdessen gilt nach § 117 **187**
Abs. 2 BGB das wirklich Gewollte – aber nur, soweit dieses seinerseits wirksam ist. Bei notariell beurkundeten Geschäften steht dem aber das Formerfordernis entgegen. Ein bewusst falsch beurkundeter Kaufvertrag über ein Grundstück wird daher erst mit Eintragung des Eigentumsübergangs im Grundbuch wirksam (s. aber Rn. 173 zur Heilung).

Was gilt aber, wenn ein Punkt versehentlich nicht geregelt wurde? Insoweit **188**
greift die so genannte „**ergänzende Vertragsauslegung**“. Soweit sich der Wille der Parteien aus dem übrigen Vertrag oder aus anderen Umständen ergibt, kann die Lücke auf dieser Grundlage geschlossen werden. Dies erfasst insbesondere die entsprechende Heranziehung einer Regelung bei vergleichbarer Interessenlage („**Analogie**“).

Schließlich kennt das BGB auch die Konstellation, dass einer Partei die Bestim- **189**
mung des Inhalts überlassen wird (§§ 315, 316 BGB). Dabei legt grundsätzlich der Gläubiger die Höhe seiner Leistung nach billigem Ermessen fest (beispielsweise, wenn ein Verkauf mit der Klausel „Preis freibleibend“ erfolgt). Alternativ kann auch ein Dritter mit der Bestimmung der Leistung beauftragt werden (§§ 317–319 BGB), wobei dieser sogar von der Ausübung billigen Ermessens befreit werden kann und so innerhalb der Grenzen von Gesetzes- und Sittenwidrigkeit frei entscheiden kann.

→ Übersicht 14
Fall 34
Entscheidungen 26, 27

190 **b) Allgemeine Geschäftsbedingungen (AGB).** Im Jahr 1896, als das BGB entworfen wurde, ging man davon aus, dass alle Verträge einzeln ausgehandelt werden. Im Massengeschäft des 21. Jahrhunderts ist dies aber zu einer Ausnahmeerscheinung geworden. Vielmehr erstellt eine Vertragspartei (regelmäßig ein Unternehmer i. S. v. § 14 BGB, z. B. der Verkäufer) bestimmte für alle potenziellen Verträge vorformulierte Regelungen, die automatisch Bestandteil des Vertrages werden.

191 **Beispiele:**

- Bei Reiseveranstaltern oder Versandhäusern sind die „AGB" oft mehrere Seiten lang.
- Aber auch bei Kaufhäusern sind die ausgehängten oder auf Nachfrage erhältlichen Musterverträge alles andere als kurz.
- AGB sind auch Aushänge wie „Bitte geben Sie ihre Tasche ab – ansonsten erklären Sie sich mit einer Taschenkontrolle einverstanden".
- AGB können auch von Käufern gestellt werden, etwa als „Einkaufsbedingungen".

192 Die Gefahr solcher Musterverträge ist, dass derjenige, der sie verwendet, sich zu einem „Ersatzgesetzgeber" aufschwingt und einseitig dem anderen (d. h. regelmäßig dem Kunden) Bedingungen aufzwingt, die für diesen nachteilig sind. Daher hat der Gesetzgeber eine Reihe von Schutzvorschriften geschaffen, die eingreifen, sobald eine Partei einseitig eine Formulierung für eine Vielzahl von Verträgen bereitstellt (§ 305 Abs. 1 BGB), vor allem aber wenn Verträge gegenüber Verbrauchern durch Unternehmer vorgegeben werden (§ 310 Abs. 3 Nr. 2 BGB):

193
- Zunächst müssen Allgemeine Geschäftsbedingungen wirksam **„einbezogen"** sein (§ 305 Abs. 2 BGB). Das heißt, dass bei Vertragsschluss ausdrücklich auf die AGB hingewiesen werden muss. Eine spätere Information (insbesondere auf Rechnung oder Lieferschein) genügt nicht mehr. Ein Hinweis durch deutlich sichtbaren Aushang am Ort des Vertragsschlusses genügt, wenn ein ausdrücklicher Hinweis für jeden einzelnen Vertrag nur mit unverhältnismäßig großem Aufwand möglich wäre (z. B. beim Massengeschäft im Kaufhaus). Gegenüber Unternehmern ist ein ausdrücklicher Hinweis ganz entbehrlich – es genügt auch eine konkludente Einigung über die AGB-Verwendung (§ 310 Abs. 1 BGB).

194
- Der Hinweis auf die AGB genügt aber nicht – der Kunde muss in „zumutbarer Weise" vom Inhalt **Kenntnis nehmen** können. Bei Softwarelizenzen

oder den AGB von Internet-Versandhäusern ist hierzu regelmäßig eine Möglichkeit zum Ausdruck erforderlich.

- AGB sind immer **zugunsten desjenigen auszulegen**, der sie nicht gestellt hat, also im Sinne des „Opfers“ (§ 305c Abs. 2 BGB). **Individuelle Vereinbarungen** haben immer Vorrang, Unklarheiten gehen zulasten des Verwenders. **Überraschende Klauseln** entfalten keine Wirkung (§ 305c Abs. 1 BGB) – besonders schwerwiegende Regelungen sind daher deutlich kenntlich zu machen. **195**

- Schließlich erfolgt eine „**Inhaltskontrolle**“ der AGB. Soweit der Vertragspartner nicht selbst Unternehmer ist, sind dabei bestimmte Klauseln generell verboten („absolute Klauselverbote“, § 309 BGB), andere hingegen nur je nach den Umständen des Einzelfalls (§ 308 BGB). In jedem Fall ist zu untersuchen, ob die Klausel eine unangemessene Benachteiligung darstellt (§ 307 BGB). Das Gesetz unterscheidet dabei zwei Fälle: Eine Abweichung von den „wesentlichen Grundgedanken“ der durch die AGB abbedungenen gesetzlichen Regelung (§ 307 Abs. 2 Nr. 1 BGB) und eine Einschränkung wesentlicher Rechte bzw. Pflichten, die sich aus der Natur des Vertrages ergeben, so dass der Vertragszweck gefährdet ist (§ 307 Abs. 2 Nr. 2 BGB). **196**

Soweit eine Regelung nicht Vertragsbestandteil geworden ist, weil sie nicht wirksam einbezogen wurde oder aber gegen ein Klauselverbot verstieß, ist der Vertrag grundsätzlich trotzdem wirksam. Lücken schließend greift dann nach § 306 BGB das BGB. **197**

→ Übersicht 15
Entscheidungen 28–33

c) Gesetzliche Regeln. Die Regelungen des BGB, insbesondere im „Besonderen Schuldrecht“, greifen in zwei Fällen ein: **198**

- Einerseits schließen sie Lücken, welche die Parteien bewusst oder unbewusst gelassen haben und die nicht durch ergänzende Vertragsauslegung geschlossen werden können. **199**

- Andererseits gibt es Regelungen, die einer vertraglichen Vereinbarung überhaupt nicht zugänglich sind – diese verdrängen dann den Vertrag und verpflichten bzw. berechtigen einen Beteiligten unmittelbar. **200**

aa) Allgemeine Lückenschließung. Wenn Lücken oder Unklarheiten bestehen, hält das Gesetz Zweifelsregelungen bereit. Ganz allgemein (und am Anfang des Zweiten Buches des BGB) fordert § 242 BGB, die Leistung *„so zu bewirken, wie* **201**

Treu und Glauben mit Rücksicht auf die Verkehrssitte es erfordern". Das bedeutet, dass es unzulässig ist, auf unzumutbaren Bedingungen zu bestehen, soweit man selbst unschwer (d. h. ohne besondere Kosten bzw. Lasten) nachgeben kann. Aus dieser Regelung folgt etwa die Pflicht des Verkäufers, die verkaufte Sache nach Verkauf ordnungsgemäß zu behandeln, z.B. sie angemessen zu verpacken, so dass sie der Käufer in ordnungsgemäßem Zustand erhält oder Auskünfte zu geben (z. B. eine Einweisung). Keiner der Beteiligten darf die Vertragserfüllung unnötig erschweren (näher Rn. 550).

202 **(1) Wer (Leistender)?** Grundsätzlich sind Leistungen nicht höchstpersönlich zu erbringen, soweit nichts anderes vereinbart ist. Der Verkäufer muss die gekauften Gegenstände also nicht persönlich übergeben. Die Leistung durch einen anderen wirkt selbst dann, wenn der Schuldner damit nicht einverstanden ist (§ 267 Abs. 1 BGB). Allerdings entsteht dabei grundsätzlich kein Anspruch des Leistenden gegen den wahren Schuldner. Eine Ausnahme besteht nur, soweit der Dritte ein eigenes „**Ablösungsrecht**" hat (§ 268 BGB).

203 Etwas anderes gilt bei Arbeits- und Dienstverträgen sowie grundsätzlich bei Werkverträgen. Wer z. B. vom Chefarzt behandelt werden will, will nicht vom Assistenzarzt operiert werden. Wer für ein Konzert von Madonna bezahlt, will nicht die fünfjährige Tochter des Veranstalters hören.

204 Bereits oben (Rn. 38 ff.) behandelt wurde die Frage, wie ein Anderer wirksam berechtigt oder verpflichtet werden kann.

205 **(2) Wann (Leistungszeit)?** Auch die Frage, wann zu leisten ist, muss vertraglich nicht geregelt werden. Ohne eine solche Vereinbarung ist der Schuldner zur sofortigen Leistung verpflichtet und der Gläubiger berechtigt, diese **sofort** zu fordern (§ 271 BGB).

206 **(3) Wo (Leistungsort)?** Das BGB unterscheidet den Ort, an dem der Schuldner aktiv wird („Leistungsort", § 269 BGB, bzw. „Erfüllungsort", §§ 447, 644 Abs. 2 BGB), und den Ort, an dem der Leistungserfolg eintritt („Erfolgsort"):

207
- Grundsätzlich, d. h., wenn nichts vereinbart wurde, sollen beide Orte am Wohnsitz des Schuldners liegen (§ 269 Abs. 1 BGB) – d. h. Waren sind abzuholen und nicht vorbeizubringen (daher ist die „**Holschuld**" der Regelfall). Der Gläubiger hat das seinerseits erforderliche getan und damit eine etwaige Gattungsschuld nach § 243 Abs. 2 BGB wirksam konkretisiert (s. Rn. 211), wenn er die Ware bereitgestellt hat und (wenn kein Zeitpunkt vereinbart ist), den Gläubiger hiervon benachrichtigt.

- 208 Ausdrücklich vereinbart werden muss hingegen eine „**Bringschuld**" (§ 269 Abs. 2 BGB), bei der Leistungs- und Erfolgsort beide beim Gläubiger liegen, d. h. der Vertrag erst erfüllt ist, wenn die Leistung dort vorbeigebracht wurde. Eine Konkretisierung nach § 243 Abs. 2 BGB kann daher erst mit Übergabe am Wohnsitz des Gläubigers erfolgen. Die Bringschuld ist für den Schuldner sehr ungünstig und nach der Systematik des Gesetzes die Ausnahme – selbst die Übernahme der Transportkosten begründet keine Vermutung für eine solche Gestaltung (§ 269 Abs. 3 BGB).
- 209 Schließlich gibt es auch eine Zwischenlösung, bei welcher der Leistungsort beim Schuldner liegt, der Erfolgsort aber beim Gläubiger (sog. „**Schickschuld**"). Diese Aufspaltung ist möglich, wenn sich der Empfänger damit einverstanden erklärt, dass er die Ware zwar zu sich geliefert bekommt, aber den vollen Preis selbst dann zahlen muss, wenn nach Übergabe an den Transporteur Schäden eintreten oder sogar überhaupt nicht geliefert wird. Der Schuldner hat das Erforderliche getan, sobald er die Ware der Transportperson übergeben hat.

210 Etwas anderes gilt wiederum für Geldschulden: Nach § 269 Abs. 1 BGB liegt insoweit der Leistungsort zwar grundsätzlich beim Schuldner, dieser muss das Geld aber nach § 270 BGB „auf seine Gefahr und seine Kosten" zum Gläubiger übermitteln, dort liegt der Erfolgsort. Kommt das Geld nicht an, muss der Schuldner daher unter Umständen noch einmal zahlen (sog. „**qualifizierte Schickschuld**").

→ Entscheidung 34

211 **(4) Was?** Man kann sich zur Lieferung einer bestimmten Sache verpflichten (**Stückschuld**) – aber auch zu einer noch im Einzelnen auszuwählenden Sache einer bestimmten Art, soweit diese „mittlerer Art und Güte" ist (**Gattungsschuld**, § 243 Abs. 1 BGB). Diese allgemeine Pflicht wird zu einer (auf eine bestimmte Sache bezogenen) Stückschuld (sog. „**Konkretisierung**"), wenn der Schuldner das Erforderliche getan hat (§ 243 Abs. 2 BGB). Was dies ist, bestimmt sich danach, wo Leistungs- und Erfolgsort liegen (s. Rn. 206 ff.). Darüber hinaus kann eine Konkretisierung durch Verweigerung der Annahme oder einer Mitwirkungshandlung eintreten (s. Rn. 327 ff.).

212 **Beispiel:**
Wer bei einem Internet-Buchhändler ein Buch bestellt, weiß noch nicht, welches konkrete Exemplar er einmal erhalten wird – das entscheidet der Versender (Gattungsschuld). Wer hingegen einen Gebrauchtwagen bei einem

Bekannten kauft, weiß, dass er genau dieses Auto erhalten wird (Stückschuld) – er kann kein anderes verlangen und muss auch kein anderes annehmen.

213 Bei der „**Wahlschuld**" (§§ 262–265 BGB) hat der Gläubiger das Recht, eine von mehreren möglichen Leistungen zu wählen. Ist eine Leistung unmöglich, beschränkt sich die Leistung nach § 265 BGB auf die andere. Bei der (gesetzlich nicht geregelten) „Ersetzungsbefugnis" ist zwar eine Leistung zu erbringen, der Schuldner (ausnahmsweise auch der Gläubiger) kann aber stattdessen **ausnahmsweise** eine andere Leistung erbringen bzw. fordern.

214 **Beispiel:**
Bei Inzahlungnahme eines Gebrauchtwagens wird die ansonsten geschuldete Zahlung in Geld durch Überlassung des PKW „ersetzt", ist dieser unverkäuflich, ist doch wieder der volle Kaufpreis zu erbringen.

215 Im Hinblick auf die Zahlung von Geld ist zu unterscheiden: Bei einer „**Geldsummenschuld**" (Regelfall) wird nur ein bestimmter Geldbetrag (und zwar grundsätzlich in Euro, § 244 BGB) geschuldet, bei einer „**Geldsortenschuld**" (§ 245 BGB) sind hingegen bestimmte Münzen oder Scheine zu leisten.

216 **(5) Wie?** Nach § 266 BGB sind **Teilleistungen** grundsätzlich unzulässig – also kann nicht einseitig Ratenzahlung erbracht werden oder von einer Möbelgarnitur „zunächst nur" der Tisch angeboten werden, ohne dass auch die (mitgekauften) Stühle geliefert werden. Unproblematisch ist dies nur, wenn entweder der Vertrag diese Möglichkeit ausdrücklich erlaubt oder aber eine solche Vereinbarung nachträglich von den Parteien geschlossen wird.

217 Bei der **Gattungsschuld** (s. Rn. 211 ff.) genügt nicht jede beliebige Sache aus der vorher vereinbarten Gattung zur Erfüllung. Erforderlich ist vielmehr eine Sache „mittlerer Art und Güte" (§ 243 Abs. 2 BGB). Es muss also nicht das Beste sein, aber mindere Qualität muss der Gläubiger nicht akzeptieren. Auch davon gibt es aber eine Ausnahme: Lehnt der Gläubiger die ordnungsgemäß angebotene Leistung ab (Annahmeverzug, s. Rn. 327 ff.), wird der Schuldner auch dann von seiner Leistungspflicht frei, wenn die angebotene Leistung von minderer Qualität war und nach dem vergeblichen Angebot (**Gefahrübergang**, § 300 Abs. 2 BGB) die Leistung dieses konkreten Gegenstandes unmöglich wurde.

218 Bei Stückschulden ist die zu liefernde Sache eindeutig durch den Vertrag bestimmt. Es ist also **ein bestimmter Gegenstand** zu leisten. Ist dieser Gegenstand

zerstört oder hat er nicht die vereinbarte Beschaffenheit, kann man grundsätzlich nicht weiter verlangen, dass ein anderer geliefert wird (§ 275 Abs. 1 BGB, Rn. 432 ff.).

(6) An wen (Leistungsempfänger)? Die Leistung ist grundsätzlich an den vertraglichen Gläubiger zu erbringen – regelmäßig an den Vertragspartner. Allerdings sind Verträge zugunsten Dritter (anders als solche zu Lasten Dritter) zulässig – es muss also nicht immer die Person, mit welcher der Vertrag geschlossen wurde, die Leistung fordern dürfen (Rn. 62). Der Gläubiger kann außerdem durch Abtretung wechseln (Rn. 79). **219**

Während bei einer **Leistung** *durch* **Dritte** (§ 267 BGB) der Schuldner nicht gefragt wird (wohl aber der Gläubiger), ist außerhalb der beiden oben genannten Fälle eine **Leistung** *an* **Dritte** nur erfüllungswirksam, wenn der Gläubiger zustimmt (§ 362 Abs. 2 BGB). **220**

→ Fall 35

bb) Typische Verträge (Auswahl). Auch für den Inhalt der vertraglichen Pflichten gibt es gesetzliche Regelungen. Dies sind die „Vertragstypen" des als Besonderes Schuldrecht bezeichneten siebten Abschnitts des zweiten Buchs des BGB. Nach § 307 Abs. 2 Nr. 1 BGB bilden bei der Inhaltskontrolle Allgemeiner Geschäftsbedingungen (s. Rn. 190 ff.) „die Grundgedanken der abbedungenen **gesetzlichen Regelung**" einen wichtigen Maßstab für die Überprüfung der Angemessenheit der Regelung. Insoweit ist es wichtig, sich mit den besonderen vertraglichen Schuldverhältnissen auseinanderzusetzen. **221**

(1) Dauerhafte Verschaffung von Sachen oder Rechten. Eine erste Kategorie von Verträgen regelt die Verschaffung von Eigentum an Sachen bzw. die dauerhafte Übertragung von Rechten (etwa Lizenzen an Filmen) oder sonstigen Gegenständen (z. B. heruntergeladene Computersoftware oder Musik). Je nach Art der Gegenleistung kann man insoweit Kauf, Tausch und Schenkung unterscheiden. **222**

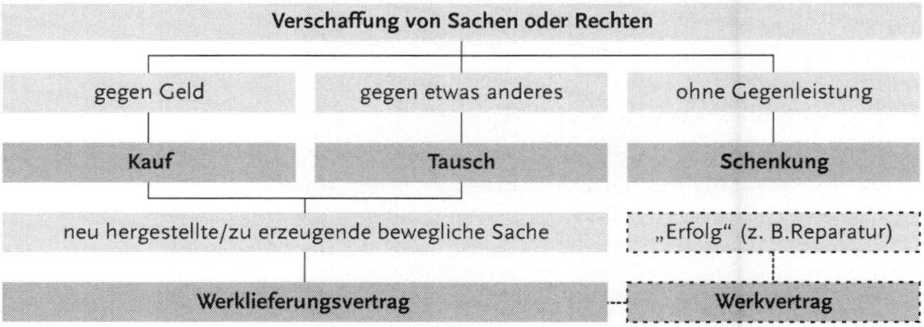

223 Die Abgrenzung zwischen „vorübergehender" und „dauernder" Überlassung zeigt sich insbesondere im als solchen ungeregelten „Factoring". Dabei stellt der Verkauf von Forderungen an Inkasso-Unternehmen ohne Rückforderungsrecht, sog. **„echtes Factoring"**, einen Kaufvertrag dar. Beim sog. **„unechten Factoring"** wird hingegen das Geld nur darlehensweise vorgestreckt. wird die Forderung nicht erfüllt, muss der Gläubiger seinen Anspruch allein weiterverfolgen – die Ausfallgefahr (*„delcredere-Risiko"*) liegt also nur beim echten Factoring beim „Factor".

224 **(a) Kaufvertrag und Tauschvertrag.** Beim **Kaufvertrag** über eine Sache muss der Verkäufer nach § 433 Abs. 1 Satz 1 BGB dem Käufer eine Sache „übergeben" (d. h. ihm die tatsächliche Sachherrschaft verschaffen, § 854 BGB) und sie ihm „übereignen" (d. h. Eigentum daran verschaffen, nach §§ 873, 925 bzw. §§ 929 ff. BGB). Bei einem Recht (z. B. einer Lizenz für ein Patent oder einer Forderung gegen einen Dritten) gilt dies entsprechend (§ 453 BGB), erforderlich ist eine Abtretung (§§ 398, 413 BGB). Allerdings genügt nicht irgendeine Sache. Erforderlich ist vielmehr eine Leistung ohne Sach- und Rechtsmängel (§ 433 Abs. 1 Satz 2 BGB). Eine mangelhafte Leistung führt zu Gewährleistungsansprüchen, vgl. Rn. 371 ff. Den Verkäufer treffen zudem möglicherweise vereinbarte Nebenpflichten (z. B. Lieferung) sowie die allgemeinen Rücksichtsnahme- und Schutzpflichten gegenüber dem Käufer (§ 241 Abs. 2).

225 Der **Käufer** muss nicht nur den Kaufpreis bezahlen, sondern ihn trifft auch eine (einklagbare!) Pflicht, die vom Verkäufer angebotene Sache anzunehmen (§ 433 Abs. 2 BGB). Auch den Käufer treffen Schutzpflichten gegenüber dem Verkäufer (so sollte er bei Lieferung der Sache die Selbstschussanlage deaktivieren) sowie u. U. vereinbarte Nebenpflichten. Beim **Tausch** (§ 480 BGB) muss statt der Kaufpreiszahlung eine andere Sache bzw. ein anderes Recht übertragen werden; bei Minderung wegen eines Fehlers der Gegenleistung erfolgt der Ausgleich in Geld.

226 Einige gesetzlich geregelte Sonderfälle des Kaufs sollen an dieser Stelle kurz angesprochen werden:

227 • Der **Vorbehaltskauf** (§ 449 BGB) zeichnet sich dadurch aus, dass zwar der Besitz (d. h. die tatsächliche Nutzungsmöglichkeit) an der versprochenen Sache verschafft wird, das Eigentum (d. h. die rechtliche Verfügungsbefugnis) jedoch erst mit vollständiger Zahlung des Kaufpreises übergehen soll. Dadurch will sich der Verkäufer schützen – er bleibt Eigentümer und kann daher die Sache (sogar in der Insolvenz) herausverlangen (näher Sachenrecht Rn. 302 ff.).

- Der **Versendungskauf** (§ 447 BGB) zeichnet sich durch einen vorgezogenen Gefahrübergang aus: Muss der Verkäufer nach dem Grundbild des Gesetzes die Ware dem Käufer persönlich abliefern, erlischt seine Pflicht beim Versendungskauf bereits durch Übergabe an die Transportperson (d. h. den Spediteur oder die Post). Selbst wenn die Sache auf dem Transport zerstört wird, erhält er seinen Kaufpreis. Aus Verbraucherschutzgründen gilt dies jedoch nicht bei einem Verbrauchsgüterkauf (Rn. 229), wenn nicht ausnahmsweise der Käufer den Versand verlangt und selbst den Versender ausgewählt hat (§ 474 Abs. 4 BGB). **228**

- Als **Verbrauchsgüterkauf** (§ 474 BGB) bezeichnet das BGB Kaufverträge über „bewegliche Sachen" (Sachenrecht Rn. 14) zwischen einem Verbraucher (s. Rn. 21) und einem Unternehmer. Ausgenommen sind also einerseits der Kauf anderer Gegenstände (z. B. Download von Software, Filmen oder Musik; Kauf von Grundstücken) sowie andererseits alle Geschäfte, bei denen entweder kein Verbraucher als Käufer agiert (z. B. handelt der Unternehmer als Käufer bei Inzahlungnahme eines Altwagens) oder kein Unternehmer als Verkäufer auftritt (z.B. Geschäft zwischen zwei Privaten bei eBay). Für Verbrauchsgüterkäufe werden die Regelungen des Gewährleistungsrechts für zwingend erklärt (§ 475 BGB) – d. h. insbesondere, dass eine Gewährleistungsfrist von zwei Jahren (ein Jahr bei gebrauchten Sachen) gilt und es ein Recht auf Nachbesserung und bei Fehlschlag, Unmöglichkeit oder Verweigerung Minderung, Rücktritt und Schadensersatz gibt (Rn. 371 ff.). Weiterhin wird vermutet, dass ein Mangel, der in den ersten sechs Monaten auftritt, schon bei Gefahrübergang vorlag (§ 476 BGB). Gemeint ist dabei aber nicht eine (abstrakte) Ursache, sondern die konkrete Folge: Wenn ein PC nicht mehr funktioniert oder ein Auto nicht mehr fährt (aber dies bei Übergabe der Fall war), hilft die Beweisregel dem Kunden selbst dann nicht, wenn ein „schleichender Mangel" möglicherweise bereits bei Gefahrübergang vorgelegen hat. Die Beweislastregelung betrifft vielmehr (nur) den Fall, dass nachweisbar in den ersten sechs Monaten ein Teil defekt ist, das auch schon bei Gefahrübergang defekt gewesen sein kann. Die Beweislastumkehr des § 476 BGB wirkt also nur in zeitlicher, nicht in sachlicher Hinsicht. **229**

- Der **Kauf auf Probe** (§§ 454 f. BGB) hat im Versandhandel Tradition. Dabei erfolgt der Kaufvertrag unter der aufschiebenden Bedingung der Billigung des Vertrages durch den Käufer, wofür eine angemessene Frist zu setzen ist (§ 455 BGB). Läuft die Frist ohne Rückmeldung ab, gilt der Vertrag als genehmigt. Jedoch ist § 241a Abs. 1 BGB zu beachten, wonach durch Lieferung unbestellter Sachen von einem Unternehmer an einen Verbraucher ein Ver- **230** trag nicht zustande kommt (Rn. 139, 142).

231 • Beim **Wiederkauf** (§ 456 ff. BGB) wird gleichzeitig mit dem Kaufvertrag ein weiterer Kaufvertrag über eine Rückübertragung geschlossen, der unter einer aufschiebenden Bedingung (§ 158 Abs. 1 BGB) steht. Durch einseitige Erklärung des Käufers soll der Käufer also zur Rückübereignung verpflichtet werden, wobei oftmals ein ergänzendes Wegnahmerecht hinzutritt (§ 459 BGB). Dadurch soll der Verkäufer eine zweckgemäße Nutzung der Sache sicherstellen können (etwa bei Kauf eines Rennpferdes, das nur für bestimmte Strecken genutzt werden soll).

232 • Bei einem **Vorkaufsrecht** (§ 463 BGB, zum dinglichen Vorkaufsrecht Sachenrecht Rn. 266) kann die berechtigte Person durch einfache Erklärung verlangen, an die Stelle eines Käufers zu treten, dem der Vorkaufsverpflichtete eine Sache weiterverkauft. Die Übertragung ist insoweit nach § 135 BGB (relativ) unwirksam, was aber durch gutgläubigen Erwerb nach §§ 932 ff., 892 f. BGB überwunden werden kann. Die Vertragsbedingungen ergeben sich aus dem Kaufvertrag zwischen dem Vorkaufsverpflichteten und dem (dritten) Käufer, die der Vorkaufsberechtigte für und gegen sich geltend lassen muss. Solche Rechte bestehen etwa bei Grundstücksverkäufen zugunsten der Gemeinde (§ 24 BauGB) sowie zugunsten des Mieters (§ 577 BGB), aber auch vertraglich (etwa in GmbH-Gesellschaftsverträgen). Sie sind grundsätzlich nicht übertragbar oder vererblich (§ 473 BGB).

→ Übersicht 16
Entscheidung 35

233 (b) **Werklieferungsvertrag.** Soweit jemand herzustellende oder zu erzeugende bewegliche Sachen erwirbt (etwa maßgeschneiderte Kleidung beim Schneider, frische Butter beim Bauern), handelt es sich um einen „Werklieferungsvertrag" (§ 651 BGB). Dieser ist eine besondere Form des Werkvertrages (s. Rn. 288), auf den jedoch weitgehend die Regelungen des Kaufrechts Anwendung finden. Nur soweit es sich um „maßgeschneiderte" Produkte handelt, finden die Regelungen des Werkvertragsrechts Anwendung, und zwar über

234 • die Entschädigungspflicht für durch nicht erbrachte Mitwirkungshandlungen (etwa: Modell-Stehen bei Erstellung eines Porträts) entstehende Annahmeverzögerung (§ 642) und das insoweit bestehende Kündigungsrecht des Unternehmers (§ 643),

- das (verschuldensunabhängige) Recht auf (Teil-)Vergütung, soweit Probleme allein auf dem vom Besteller gelieferten Stoff bzw. seinen Weisungen beruhen (§ 645), 235
- das Kündigungsrecht des Bestellers (§ 649), insbesondere bei Überschreitung eines vorherigen unverbindlichen (!) Kostenanschlags, welche ohne schuldhaftes Zögern anzuzeigen ist (§ 650). 236

(c) Schenkung. Bei der **Schenkung** muss der Schenker ebenfalls den geschuldeten Gegenstand verschaffen (also eine Sache übergeben und übereignen oder ein Recht übertragen); eine Ausnahme besteht jedoch bei eigenem „Notbedarf" (§ 519). Der Beschenkte muss hingegen grundsätzlich nichts tun (also auch nicht das Geschenk annehmen). 237

Diese **Unentgeltlichkeit** ist wesentliches Merkmal der Schenkung – soweit eine Gegenleistung gefordert wird, handelt es sich um einen Kauf bzw. Tausch. Keine Schenkung ist daher etwa das Trinkgeld für den Kellner (welches eine zusätzliche Entlohnung für die Leistung darstellt). Bei der sog. „Schenkung unter Auflage" (§ 525 BGB) liegt keine Gegenleistung vor – vielmehr soll der Beschenkte nach Erhaltung der Sache zu einer bestimmten Leistung verpflichtet sein (daher kann die Erfüllung der Auflage auch erst nach Vollzug der Schenkung verlangt werden). Erbringt er diese nicht bzw. verweigert er den Vollzug, kann nach §§ 526, 527 BGB Rückabwicklung nach §§ 346, 323, 326 Abs. 5 BGB (Rücktrittsrecht, s. Rn. 457 ff.) verlangt werden. 238

Es gibt allerdings Fälle, in denen eine Schenkung mit einem Kauf verbunden wird (sog. „**gemischte Schenkung**") – d. h., es wird ein sehr niedriger Preis gefordert und die Parteien sind sich darüber einig, dass ein Teil ohne Gegenleistung erbracht wird. Es genügt also nicht etwa ein „günstiger Kauf", sondern es ist eine bloße „Einstiegshürde" gemeint, etwa bei einer kostenlosen Zugabe zu einer Bestellung. In solchen Fällen ist nach der herrschenden „**Zweckwürdigungstheorie**" im Einzelnen zu prüfen, ob nach dem Willen der Parteien für den ganzen Vertrag Schenkungs- oder Kauf- (bzw. Tausch-)Recht gelten soll oder aber eine Teilung in einen entgeltlichen und einen unentgeltlichen Teil erfolgen kann, die jeweils nach den Regeln des Kauf-/Tauschvertrags einerseits und des Schenkungsvertrags andererseits behandelt werden. 239
Bedeutsam wird dies insbesondere beim Widerruf nach den §§ 530 ff. (s. Rn. 245 ff.) – bei rechtlicher Teilbarkeit kann dann (nur) der unentgeltliche Teil zurückverlangt werden, bei Unteilbarkeit kann eine Rückabwicklung dagegen nur erfolgen, soweit umfassend Schenkungsrecht gelten soll.

240 **Beispiel:**
Übereignet ein Bauer einem Bekannten ein Reitpferd (Wert: 10.000 €) für eine „Schutzgebühr" von 10 € und sind sich beide einig, dass es sich eigentlich um eine Schenkung handeln soll, kann bei Widerruf wegen groben Undanks das ganze Pferd Zug-um-Zug gegen Rückzahlung der 10 € zurück zu gewähren sein. Würde man dagegen das Geschäft in einen entgeltlichen (Kauf-)Teil und einen unentgeltlichen (Schenkungs-)Teil trennen, wäre eine anteilige Rückgabe des Pferdes praktisch unmöglich: Nur 1/1.000 des Pferdes gehört dem Bekannten, der Rest gehört dem Bauern, das Pferd soll aber gerade nicht geschlachtet werden. Daher ist nach § 818 Abs. 2 für den nicht herauszugebenden Teil von 999/1.000 Wertersatz zu leisten – der Beschenkte muss dem Bauern also 9.999 € zahlen, darf dafür aber das Pferd behalten.

241 Darüber hinaus wird eine echte „**Zuwendung**" verlangt, d. h. eine Vermögensminderung beim Schenker, die zu einer entsprechenden Mehrung beim Beschenkten führt – wozu etwa der Einsatz von Arbeitskraft nicht genügt. Anders als in der landläufigen Definition erfasst die Schenkung aber u.a. den Verzicht auf eine Forderung. Ausgenommen von der „Schenkung" sollen Zuwendungen in der Ehe bzw. einer eheähnlichen Lebensgemeinschaft sein, die dem Erhalt der ehelichen Lebensgemeinschaft dienen (sog. „**unbenannte Zuwendungen**") – bei diesen soll eine *gemeinsame* Lebensgrundlage geschaffen und nicht der andere als Person bereichert werden.

242 Damit ein Schenkungsversprechen wirksam ist, muss es **notariell beurkunde**t werden – d. h. der Notar formuliert und verliest den Vertrag und warnt vor den damit verbundenen Risiken (Rn. 168). Etwas anderes gilt nur, wenn das Versprechen sofort erfüllt wird (sog. „**Handschenkung**"), dementsprechend wird ein formfehlerhaftes (mündliches oder schriftliches) Schenkungsversprechen durch Vollzug geheilt.

243 Anders als der Verkäufer bzw. der Werkunternehmer haftet der Schenker im deutschen Recht grundsätzlich nicht („Einem geschenkten Gaul schaut man nicht ins Maul"). Nach § 521 BGB steht er nur für Vorsatz und Fahrlässigkeit ein (und zwar sowohl bei Verletzung von Leistungspflichten im Sinne von § 241 Abs. 1 BGB als auch bei Verletzung von Schutzpflichten im Sinne von § 241 Abs. 2 BGB, die im Zusammenhang mit dem Vertragsgegenstand erbracht werden), er muss keine Verzugszinsen zahlen (§ 522) und steht für Mängel nur bei arglistigem Verschweigen ein (§§ 523, 524). Nach überwiegender Ansicht muss er aber für die Verletzung von Schutzpflichten, die nicht im Zusammenhang

mit der verschenkten Sache stehen, bereits einstehen, soweit er fahrlässig handelt – denn auch bei unentgeltlichen Zuwendungen kann man die Einhaltung allgemeiner Sorgfaltsanforderungen im Umgang mit fremden Rechten, Rechtsgütern und Interessen verlangen.

Beispiel: **244**
Stolpert der Schenker bei Übergabe seines Weihnachtsgeschenkes und zerstört so eine wertvolle Vase, haftet er für deren Zerstörung genau so wie jeder Dritte und ist nicht besonders privilegiert.

Eine Schenkung kann nach ihrem Vollzug in zwei Fällen rückgängig gemacht **245**
werden:

- Bei wesentlicher Verschlechterung der Vermögensverhältnisse des Schen- **246**
kers vor der Erfüllung ein, steht dem Schenker die „**Einrede des Notbedarfs**" zu (selbst wenn er die Notlage verschuldet hat!), § 519 BGB – er muss also den Vertrag nicht mehr erfüllen. Ist die Schenkung bereits erfüllt, ist eine **Rückforderung nach § 528 BGB** nur möglich, wenn der Schenker seine Bedürftigkeit nicht durch Vorsatz oder grobe Fahrlässigkeit herbeigeführt hat, seit der Schenkung noch nicht zehn Jahre verstrichen sind, der Beschenkte durch die Rückgabe seinen eigenen „standesgemäßen" Unterhalt bzw. die Erfüllung gesetzlicher Unterhaltspflichten nicht gefährdet und nicht nur eine Gefährdung, sondern tatsächlich eine „Verarmung" eingetreten ist. Praktisch relevant wird diese Regelung vor allem, weil Sozialhilfeträger diese Rückforderungsansprüche nach § 93 SGB XII auf sich überleiten und diese dann selbstständig geltend machen können.
- Da Geschenke besonders durch persönliche Beziehungen geprägt sind, er- **247**
lauben §§ 550, 531 BGB eine Rückforderung auch bei „**grobem Undank**". Gemeint sind damit Verfehlungen wie Körperverletzungen oder Untreuehandlungen gegenüber dem Schenker oder dessen nahen Angehörigen, durch welche ein schwerwiegender Mangel an Dankbarkeit zum Ausdruck kommt. Ausgeschlossen ist der Widerruf, wenn es sich um eine Anstandsschenkung wie Geburtstags- oder Weihnachtsgeschenke handelte, der Schenker dem Beschenkten verziehen hat oder seit seiner Kenntniserlangung ein Jahr vergangen ist.

→ Übersicht 17
Fälle 36, 37

248 **(d) Ratenlieferungsvertrag.** Zum Ratenlieferungsvertrag findet sich nur eine knappe, verbraucherschützende Regelung in § 510 BGB (seltsamerweise bei den Vorschriften zum Darlehen, obwohl hierbei kein „Kredit" gewährt wird). Gemeint sind zusammenhängende Teilleistungen wie mehrbändige Lexika, regelmäßige Lieferungen Sachen gleicher Art wie Zeitungsabonnements, sowie wiederkehrende Lieferungen aufgrund eines Rahmenvertrages, etwa aufgrund von Bierlieferungsverträgen bei Gaststätten. Man muss dabei immer den Ratenlieferungsvertrag und die in seiner Erfüllung geschlossenen Einzelverträge unterscheiden.

249 Derartige Verträge bedürfen, soweit sie zwischen Verbrauchern und Unternehmern zustande kommen, der Schriftform (§ 510 Abs. 1 BGB) und müssen einen bestimmten Mindestinhalt haben. In diesen Fällen besteht weiterhin ein Widerrufs- bzw. Rückgaberecht nach § 510 Abs. 2 BGB i. V. m. §§ 355 f. BGB (s. Rn. 472). Der Sinn dieser Regelung ist, den Verbraucher vor langfristigen Bindungen zu schützen. An diesem Schutzbedürfnis fehlt es, wenn die Gesamtsumme seiner Pflichten 200 € nicht übersteigt oder der Vertrag im Rahmen eines Arbeitsverhältnisses zu günstigeren Konditionen geschlossen wurde.

250 **(2) Überlassung von Sachen oder Rechten für eine bestimmte Zeit. – (a) Miete.** Das Mietrecht ist angesichts der Zahl der Rechtsstreitigkeiten eines der bedeutsamsten Vertragsverhältnisse, nur das Arbeitsrecht führt zu einer vergleichbaren Zahl von Prozessen. Dabei ist der gesetzliche Ausgangspunkt einfach: Der Vermieter muss dem Mieter eine Sache (eine „Rechtsmiete" kennt das Gesetz nicht, für diese gilt Pachtrecht, Rn. 258 ff.) für eine gewisse Zeit überlassen, der Mieter zahlt ihm dafür die vereinbarte Miete (§ 535 BGB). Das Gesetz trifft zunächst Regelungen für alle Mietverhältnisse (§§ 535-538 BGB) und dann Sonderregeln für **Wohnraummiete** (§§ 549-577a BGB) und schließlich Sonderregeln für die Miete von anderen Räumen, Grundstücken und Schiffen (§§ 578-580a BGB). Ein Vertrag mit einem unangemessenen Mietzins kann nach § 138 BGB nichtig sein, bei extrem überhöhter Wohnraummiete kann gar eine Ordnungswidrigkeit nach dem Wirtschaftsstrafgesetz vorliegen, die nach § 134 BGB zur Nichtigkeit führt. Nach § 575 Abs. 1 BGB sind befristete Mietverträge über Wohnraum nur bei Vorliegen eines besonderen Befristungsgrundes zulässig, ohne einen solchen entsteht nach § 575 Abs. 1 Satz 2 BGB ein unbefristetes Mietverhältnis.

251 Der Vermieter ist verpflichtet, dem Mieter während der gesamten Mietzeit den **Gebrauch der vermieteten Sache zu gewähren** (§ 535 Abs. 1 Satz 1 BGB), regelmäßig indem er ihm den unmittelbaren Besitz (§ 854 BGB, Sachenrecht Rn. 31) einräumt, sowie die Nutzung durch den Mieter zu dulden. Um den Mieter zu

schützen, geht diese Pflicht nach § 566 BGB (i. V. m. § 578 BGB) bei Grundstücken und Räumen aller Art auf den Käufer des vermieteten Objekts über; bei beweglichen Sachen folgt dies aus §§ 986 Abs. 2, 931 BGB (Sachenrecht Rn. 95).

Die Sache muss während des gesamten Zeitraums **durch den Vermieter** im gebrauchsfähigen Zustand erhalten werden (§ 535 Abs. 1 Satz 2 BGB). Praktisch wird dies regelmäßig eingeschränkt, insbesondere werden Schönheitsreparaturen vertraglich auf den Mieter übertragen. Starre Fristen („alle drei Jahre neu streichen“) sind jedoch unzulässig, erforderlich ist vielmehr die Feststellung von Renovierungsbedarf im Einzelfall. Fehlt diese Einschränkung in einem Formularmietvertrag, ist die Klausel insgesamt unwirksam und der *Vermieter* muss **alle** Schönheitsreparaturen übernehmen (§ 306 Abs. 2 BGB). Die Nebenkosten muss ebenfalls grundsätzlich der Vermieter tragen (§ 535 Abs. 1 Satz 3 BGB), eine Übertragung auf den Mieter ist zulässig, soweit dieser die Belastung klar erkennen kann. Schließlich muss der Vermieter den Mieter vor besonderen Risiken in Bezug auf die Mietsache (Hochwasser, Einbruch, etc.) warnen. **252**

Der Mieter muss die **Miete zahlen** (§ 535 Abs. 2 BGB),selbst wenn er die Mietsache nicht nutzen kann oder will. Allerdings muss der Vermieter sich ersparte Aufwendungen und Vorteile aus einer anderweitigen Verwendung anrechnen lassen, § 537 Abs. 1 Satz 2 BGB, der § 326 Abs. 2 Satz 2 BGB (Rn. 439 f.) entspricht. Vertragliche Vereinbarungen über die Form der Mieterbringung sind zulässig, bei Wohnraum sind aber die §§ 557 ff. BGB zu beachten. Die Fälligkeit der Miete richtet sich nach §§ 556b Abs. 1, 579 BGB (bei Räumen im Voraus zu **Beginn** des jeweiligen Zeitabschnitts, bei Grundstücken und beweglichen Sachen am **Ende** des Zeitabschnitts). Die verschuldete Nichtzahlung der Miete kann eine fristlose, außerordentliche Kündigung des Vermieters rechtfertigen (§ 543 Abs. 1, Abs. 2 Nr. 3 BGB – dazu Rn. 484 ff.). **253**

Der Mieter muss weiterhin den **vertragsgemäßen Gebrauch einhalten**. Er darf die Mietsache grundsätzlich nur mit Zustimmung des Vermieters einem Dritten überlassen (§ 540 Abs. 1 BGB). Bei Wohnraum hat er aber einen Anspruch gegen den Vermieter auf Zustimmung (§ 553 BGB); für Angehörige, wie Ehegatten, Kinder, Enkel und Eltern, ist die Erlaubnis entbehrlich. Bei vertragswidrigem Gebrauch ist der Vermieter zur Abmahnung berechtigt und kann bei erneutem Zuwiderhandeln auf Unterlassung klagen (§ 541 BGB). Er kann nach § 280 Abs. 1 BGB Schadensersatz verlangen soweit es sich nicht um Abnutzung aufgrund des vertragsgemäßen Gebrauchs handelt, § 538 BGB und sogar fristlos kündigen (§ 543 Abs. 1, Abs. 2 Nr. 2 BGB – s. Rn. 484 ff.). **254**

255 Schließlich muss der Mieter die Mietsache nach Ende der Mietzeit **zurückgeben** (§ 546 Abs. 1 BGB). Bei verspäteter Rückgabe hat der Vermieter einen Anspruch auf Nutzungsentschädigung (§ 546a Abs. 1 BGB) sowie auf Schadensersatz nach § 546a Abs. 2 i. V. m. §§ 280, 286 BGB (vgl. aber § 571 BGB).

256 Eine **Mietkaution** darf bei Wohnraummietverträgen maximal das Dreifache einer Monatsmiete ohne Nebenkosten betragen; soweit ein höherer Betrag vereinbart wurde, ist (nur) dieser Teil der Vereinbarung unwirksam. Die Kaution ist nach Ende des Mietverhältnisses zurückzuzahlen, wobei dem Vermieter eine Frist von bis zu einem halben Jahr einzuräumen ist, um zu prüfen, ob er diese zum Ausgleich von Schäden o. Ä. benötigt. Soweit etwas anderes als Wohnräume vermietet wird (Autos, Geschäftsräume, etc.), gilt grundsätzlich uneingeschränkte Vertragsfreiheit.

257 Das **Vermieterpfandrecht** ist das Recht des Vermieters von Räumen oder Grundstücken (§§ 578, 562 BGB) zur Sicherung seiner Ansprüche gegen den Mieter (Miete, Nebenkosten, Schadensersatz, etc.), Sachen zu verwerten, die der Mieter nicht nur vorübergehend in die Mieträume geschafft hat (Sachenrecht Rn. 349). Dies gilt aber selbstverständlich nur, soweit diese auch im Rahmen gerichtlicher Zwangsvollstreckung pfändbar wären (§ 562 Abs. 1 Satz 2 BGB i. V. m. §§ 811 ff. ZPO). Somit können weder der Herd noch der einzige Fernseher des Mieters vom Vermieter verwertet werden. Das Pfandrecht erlischt durch Entfernung der Sache, wenn der Vermieter dieser trotz Kenntnis nicht widerspricht oder die Entfernung den gewöhnlichen Lebensverhältnissen des Mieters entspricht oder die verbliebenen Sachen zur Sicherung des Vermieters offensichtlich genügen (§ 562a BGB). Der Vermieter kann nach § 562b Abs. 1 BGB die Entfernung von Sachen nötigenfalls auch mit Gewalt verhindern. Ist die Sache erst einmal entfernt, hat er einen Herausgabeanspruch nach § 562b Abs. 2 BGB.

→ Übersicht 18
Entscheidungen 36, 37

258 **(b) Pacht.** Die Pacht ähnelt der Miete, jedoch steht dem Pächter (anders als dem Mieter) auch der Genuss der Früchte (§ 99 BGB, z. B. Eier eines Huhns, in einer Mine abgebautes Erz, Lizenzeinnahmen aus Urheberrechten; Sachenrecht Rn. 26, 206 ff.) zu. Darüber hinaus ist ein Mietvertrag nur über körperliche Gegenstände (d. h. Sachen im Sinne von § 90 BGB) möglich, ein Pachtvertrag hingegen über alle „Gegenstände" im weitesten Sinne (d. h. insbesondere auch über Rechte oder gar ganze Unternehmen). Grundsätzlich verweist der Pachtvertrag (außer dem „Landpachtvertrag") auf das Mietrecht (§ 581 Abs. 2 BGB).

Für das „**Inventar**" (§ 98 BGB) ist ab Übernahme allein der Pächter zuständig, der Verpächter muss nur Gegenstände ersetzen, die infolge eines vom Pächter nicht zu vertretenden Umstandes wegfallen (§ 582 BGB). □Spiegelbildlich zum Pfandrecht des Verpächters nach §§ 581 Abs. 2, 562 BGB hat der *Pächter* für seine auf mitverpachtetes Inventar bezogene Forderungen gegen den Verpächter ein Pfandrecht an den in seinen Besitz gelangten Inventarstücken des *Verpächters* (§ 583 BGB). **259**

Ein **Landpachtvertrag** ist ein Pachtvertrag über landwirtschaftliche Grundstücke. Insoweit findet das Pachtrecht, nicht aber das Grundstücksmietrecht entsprechende Anwendung. Die §§ 585 ff. BGB enthalten insoweit eine Reihe von Sonderregelungen. **260**

(c) Leihe. Die Leihe unterscheidet sich von Miete und Pacht dadurch, dass vom Entleiher (anders als von Mieter und Pächter) keine Gegenleistung erbracht werden muss; die gesetzlichen Regelungen erfassen zwar nur „Sachen" (d. h. körperliche Gegenstände), jedoch finden sie entsprechende Anwendung auf sonstige Gegenstände wie Rechte und Unternehmen. Anders als ein Vermieter muss ein Verleiher nach § 598 BGB nur den Gebrauch gestatten, jedoch keine Erhaltungsmaßnahmen treffen oder durch aktives Tun den Gebrauch ermöglichen. Eine Überlassung an Dritte darf nur mit Zustimmung des Verleihers erfolgen (§ 603 BGB). **261**

Den Entleiher treffen die **gewöhnlichen Erhaltungskosten** (z. B. Futter für ein geliehenes Tier), alle anderen Aufwendungen zur Verbesserung der entliehenen Sache erhält er nur ersetzt, soweit diese dem Willen und Interesse des Verleihers entsprachen oder dieser durch sie bereichert ist (§ 601 BGB). Nach Ablauf der vereinbarten Zeit, nach Kündigung oder bei fehlender Vereinbarung nach Gebrauch bzw. Gebrauchsmöglichkeit (§ 604 Abs. 2 BGB) ist die entliehene Sache im vertragsgemäßen Zustand zurückzugeben (§ 604 BGB), der Verleiher trägt das Risiko normaler Verschleißerscheinungen. Der Entleiher kann die entliehene Sache darüber hinaus jederzeit vorher zurückgeben. **262**

Wie der Schenker (Rn. 243 f.) wird der Verleiher durch **Haftungsprivilegierungen** geschützt – er hat nur Vorsatz und grobe Fahrlässigkeit zu vertreten (§ 599 BGB) und haftet für Sach- und Rechtsmängel nur bei Arglist (§ 600 BGB). Weiterhin soll schnell Rechtsfrieden einkehren – Ansprüche des Entleihers auf Verwendungsersatz und Ansprüche des Verleihers wegen Verschlechterungen der Sache verjähren in sechs Monaten (§ 606 BGB). **263**

(d) Sachdarlehen. Wer sich z. B. ein Pfund Mehl von seinem Nachbarn „leiht", will regelmäßig nicht die entliehene Packung Mehl zurückgeben, sondern die- **264**

ses verwenden. Obwohl der Vertrag wie die Leihe unentgeltlich sein soll, kann es sich mangels Rückgabepflicht nicht um einen Leihvertrag handeln. Das BGB regelt diese Konstellation als „Sachdarlehen" (§ 607 BGB). Dabei wird eine „vertretbare", d. h. durch andere Sachen ersetzbare (= nach Zahl, Gewicht, etc. bestimmte, § 91 BGB, Sachenrecht Rn. 25) Sache einem anderen überlassen, während dieser nur Sachen gleicher Art (aber nicht unbedingt die erhaltene Sache) zurückgeben muss. Die Parteien können sogar einen Darlehenszins für die Überlassung vereinbaren. Dann ähnelt der Vertrag der Miete, mit dem Unterschied, dass nicht zwingend die gemietete, sondern nur irgendeine gleichartige Sache zurückzugeben ist.

265 **Achtung**: Selbstverständlich handelt es sich beim „geliehenen" Mehl oft nicht um eine vorübergehende Überlassung, sondern um eine **dauerhafte Schenkung** (s. Rn. 237 ff.).

266 (e) **Verwahrung.** Auch bei der Verwahrung (§§ 688–699 BGB; s. auch §§ 467–475h HGB für das „**Lagergeschäft**") wird eine Sache vorübergehend einem anderen überlassen. Anders als bei Miete, Pacht, Leihe und Sachdarlehen erfolgt dies aber nicht im Interesse desjenigen, der die Sache erhält (des „Verwahrers"), sondern im Sinne dessen, der die Sache abgibt. Bei der „**unregelmäßigen Verwahrung**" geht das Eigentum auf den Verwahrer über (§ 700 BGB), sodass der Vertrag logisch konsequent nach den Regeln des Sachdarlehens (§ 607 BGB, Rn. 264) bzw. bei Geld nach Darlehensregeln (§§ 488 ff., Rn. 306 ff.) beurteilt wird. Gesetzessystematisch ist die Verwahrung als Sonderfall der Geschäftsbesorgung (s. Rn. 297 ff.) eingeordnet.

267

Beispiel:
Wer ein Sparbuch anlegt, gibt der Bank kein „Darlehen" – denn das Geld wird in seinem Interesse „verwahrt". Die hinterlegten Scheine müssen aber auch nicht als solche zurückgegeben werden, sodass keine echte „Verwahrung" vorliegt. Vielmehr handelt es sich um einen Fall der „unregelmäßigen Verwahrung", auf die nach § 700 Satz 1 BGB doch wieder die Vorschriften des Darlehens (§§ 488 ff. BGB) entsprechend angewandt werden.

268 Der Verwahrer ist verpflichtet, eine Sache für den Hinterleger für eine bestimmte Zeit ordnungsgemäß aufzubewahren. Ihn treffen „**Obhutspflichten**", d.h. er muss vorrangig die fremde Sache vor Schäden bewahren, bevor er eigene Sachen in Sicherheit bringt. Ähnlich wie die Untervermietung im Mietvertrag (Rn. 254) ist eine Hinterlegung bei Dritten, durch welche der Verwahrer die tatsächliche Sachherrschaft ganz verliert, nur mit Zustimmung des Hinterlegers möglich (§ 691 Satz 1 BGB). Nach § 695 Satz 1 BGB kann der Hinterleger die Sache jederzeit herausverlangen, wobei er sie mangels anderer Vereinbarung am Ort der Verwahrung abholen muss (§ 697 BGB).

Der Hinterleger ist zur Zahlung einer **Vergütung** verpflichtet, sofern dies vereinbart ist; eine Vergütung gilt als stillschweigend vereinbart, wenn die konkrete Aufbewahrung im Einzelfall nur gegen Entgelt erwartet werden konnte (§ 689 BGB). Wie bei Leihe und Schenkung ist auch derjenige, der unentgeltlich Sachen für andere verwahrt schutzwürdig – daher haftet er wie der Verleiher (§ 599 BGB) und der Schenker (§ 521 BGB) nur für Vorsatz und grobe Fahrlässigkeit (§ 690 BGB). Umgekehrt muss der Hinterleger Schäden ersetzen, die dem Verwahrer durch die Beschaffenheit der hinterlegten Sache entstehen. Etwas anderes gilt nur, wenn der Hinterleger die Gefahr nicht kannte und auch bei Anwendung der erforderlichen Sorgfalt nicht erkennen konnte oder wenn der Verwahrer die Gefahr bei Annahme kannte (§ 694 BGB). **269**

Beispiel: **270**
Wenn jemand eine kranke Katze in eine Tierpension gibt und diese die anderen dort befindlichen Tiere ansteckt, muss er den dadurch entstehenden Schaden (d. h. Tierarztkosten für die fremden Tiere) ersetzen, außer er kann nachweisen, dass die Krankheit für ihn auch bei Beachtung „der im Verkehr erforderlichen Sorgfalt“ nicht erkennbar war.

(f) Teilzeitwohnrechte („Timesharing“). In Umsetzung einer Richtlinie der Europäischen Union (d. h. europaweit einheitlich) trifft das BGB Regelungen zu Timesharing-Verträgen. Das sind Verträge, durch die ein Unternehmer einem Verbraucher gegen Zahlung eines Gesamtpreises das Recht verschafft, ein Wohngebäude jährlich für einen bestimmten Zeitraum zu Erholungs- bzw. Wohnzwecken zu nutzen (§ 481 BGB). Die rechtliche Ausgestaltung im Einzelfall kann dabei sehr verschieden sein (z. B. Mitgliedschaft in einem „Verein“, Kauf von Wohnungseigentum, Miete, etc.). Derartige Verträge werden in Ferienregionen zum Teil sehr aufdringlich vermarktet, sodass man sich zur Schaffung bestimmter Schutzvorschriften gezwungen sah: **271**

- Es ist ein **Prospekt** mit umfassenden Mindestangaben zu erstellen und auszuhändigen, eine Abweichung von den darin enthaltenen Angaben ist nur zulässig; soweit dies auf Umständen beruht, auf die der Anbieter keinen Einfluss hat (§ 482 BGB). Dieser Prospekt muss ebenso wie der Vertrag für deutsche Kunden (egal wo in Europa!) in deutscher Sprache sein, ansonsten hat er keine rechtliche Wirkung (d. h., er ist nichtig), § 483 BGB. Der Inhalt **272** des Prospekts wird Vertragsinhalt (§ 484 Abs. 1 Satz 2 BGB). Wird der Prospekt nicht ausgehändigt, besteht ein einmonatiges Widerrufsrecht ab Aushändigung einer Widerrufsbelehrung und des schriftlichen Vertrages (§ 485 Abs. 3 BGB).

273 • Teilzeitwohnrechteverträge müssen **schriftlich oder in notarieller Form** abgeschlossen werden, ein Onlineabschluss ist nicht möglich (§ 484 Abs. 1 BGB). Das Gesetz gibt Mindestvorgaben für den Vertragsinhalt (in einer „Verordnung über Informationspflichten nach Bürgerlichem Recht"), bis zu deren vollständiger Angabe der Vertrag jederzeit widerrufen werden kann (§ 485 Abs. 4 BGB).

274 • Schließlich besteht generell ein **Widerrufsrecht** innerhalb von zwei Wochen ab Aushändigung einer Widerrufsbelehrung und des schriftlichen Vertrages (§§ 485, 355 BGB). Dabei ist keine Vergütung für die geleisteten Dienste sowie für die Überlassung der Nutzung von Wohngebäuden zu leisten; ein Ersatz von Notarkosten ist nur möglich, wenn dies vertraglich vereinbart war und Vertrag und Prospekt fehlerfrei waren.

275 • Der Schutz wird dadurch vervollständigt, dass **Zahlungen des Verbrauchers vor Ablauf der Widerrufsfrist** nicht zulässig sind (§ 486 BGB). Abweichungen oder Umgehungen sind unwirksam (§ 487 BGB).

276 **(g) Leasing.** Nicht im BGB geregelt ist das Leasing. Das auf gewerblicher Ebene übliche „**Operatingleasing**" meint dabei die mehrfache, kurzzeitige Überlassung des Gebrauchs einer Sache an verschiedene Kunden zur Finanzierung des Kaufs – also im Kern einen „Mietvertrag".

277 Beim „**Finanzierungsleasing**" handelt es sich dagegen um einen „Miet-Kauf" – der Leasinggeber kauft den Gegenstand und vermietet ihn an den Leasingnehmer, der Leasingnehmer zahlt monatliche Raten. Am Ende der Mietzeit kann er dann (u. U. durch eine Abschlusszahlung) den Mietgegenstand erwerben.

278 **In beiden Fällen** wird grundsätzlich Mietrecht (§§ 535 ff. BGB) angewandt. Bei Finanzierungsleasingverträgen mit Verbrauchern ist § 500 BGB zu beachten (Rn. 312). Praktisch üblich (und zulässig) ist es, dass der Leasinggeber die mietrechtlichen Gewährleistungsansprüche vertraglich ausschließt, und dafür als gleichwertigen Ersatz seine Gewährleistungsansprüche gegen den Verkäufer an den Leasingnehmer abtritt. Zu beachten ist aber, dass im Verhältnis zwischen Verkäufer und Leasingnehmer selbst dann kein Verbrauchsgüterkauf (§§ 474 ff. BGB, Rn. 229) vorliegt, wenn der *Leasingnehmer* Verbraucher ist:

„Käufer" der Sache ist nämlich der in aller Regel unternehmerisch tätige *Leasinggeber.*

→ Fall 38
Entscheidung 38

(3) Tätigkeiten und Tätigkeitserfolge. Eine ganze Reihe von Verträgen betrifft 279
die Vornahme bestimmter Tätigkeiten (entgeltlich und unentgeltlich) bzw. die Herbeiführung eines bestimmten Erfolges durch Tätigkeiten. Soweit der Erfolg bzw. die Tätigkeit in der Verschaffung einer Sache besteht, greifen ausschließlich Kauf- (Rn. 222 ff.) bzw. Mietrecht (Rn. 250 ff.), nicht aber die im Folgenden erörterten Regelungen.

Die Abgrenzung ist im Einzelnen unscharf – gestritten wird etwa darüber, wie der Verkauf von Gegenständen in „virtuellen Welten" wie World of Warcraft rechtlich zu qualifizieren ist.

Bei Werk- und Dienstverträgen besteht eine Vermutung, dass für diese ein Ent- 280
gelt gezahlt werden sollte (§§ 612, 632 BGB); die Höhe der zu zahlenden Gegenleistung ergibt sich dann aus dem im Verkehr Üblichen. Unentgeltliche Leistungen sind also eine im Einzelnen zu beweisende Ausnahme.

(a) Arbeitsvertrag und Dienstvertrag. Von enormer wirtschaftlicher Bedeutung 281
sind Arbeits- und Dienstverträge (§§ 611 ff. BGB) – geschuldet ist dabei nur die Tätigkeit, nicht der Erfolg. Daher liegt zwingend ein Dienstvertrag vor, wenn der Erfolg nicht nur von der Tätigkeit, sondern jedenfalls auch von Umständen abhängt, auf welche der Schuldner keinen Einfluss hat.

Beispiel: 282
Dies ist insbesondere bei Behandlungsverträgen mit Ärzten der Fall – das „Gesundwerden" hängt nicht nur von der Behandlung, sondern auch von der Konstitution des Patienten ab.

Der Arbeitgeber/Dienstberechtigte muss eine **Vergütung** zahlen (§ 612 BGB) – 283
diese gilt sogar im Regelfall als stillschweigend vereinbart (Rn. 280). Bei Arbeitsverhältnissen bestimmt § 107 Abs. 1 GewO ergänzend, dass die Vergütung in Euro zu berechnen und auszuzahlen ist. Bezahlt werden muss nach dem BGB erst nach der Tätigkeit (§ 614 BGB) oder nach Zeitabschnitten. Dies bedeutet, dass der Arbeitnehmer bzw. Dienstverpflichtete wie der Mieter von Wohnraum (Rn. 253) vorleistungspflichtig ist.

284 Das BGB geht vom („freien“) Dienstvertrag als Regelfall aus. In der Praxis findet man dagegen vor allem „**Arbeitsverhältnisse**“. Der Unterschied liegt darin, dass Arbeitnehmer weisungsgebunden und persönlich vom Arbeitgeber abhängig sind, während der „Dienstverpflichtete“ selbstständig ist, d. h. (analog § 84 Abs. 1 Satz 2 HGB) seine Tätigkeit im Wesentlichen frei gestalten und seine Arbeitszeit bestimmen kann, dafür aber auch das unternehmerische Risiko trägt. Die Unterscheidung kann im Einzelnen schwierig sein – die im Vertrag bezeichneten Begriffe sind nicht zwingend (s. Rn. 319 ff. zu Franchising-Verträgen). Für den Arbeitnehmer gelten eine Reihe von besonderen Schutzvorschriften (vgl. §§ 612a, 613a, 615 Satz 3, 619a, 622, 623 BGB). Der Schutz des Arbeitnehmers besteht dabei vor allem im Hinblick auf die Auflösung durch Kündigung (Rn. 478) und im Rahmen der Gewährleistung (Rn. 418 ff.), insbesondere bei Unmöglichkeit der Leistung wegen Realisierung des unternehmerischen Risikos und der Haftung für fahrlässig verursachte Schäden.

285 Wegen der großen sozialen Bedeutung hat der Arbeitgeber **keine freie Wahl bei der Anstellung von Beschäftigten**. Nach § 1 i. V. m. § 7 AGG (in Umsetzung von Europarecht) darf ein Arbeitgeber Beschäftigte und Bewerber nicht wegen ethnischer Herkunft, Geschlecht, Religion oder Weltanschauung, Behinderung, Alter oder sexueller Identität **benachteiligen**. Bei Verstoß gegen dieses Verbot besteht ein Anspruch auf Ersatz des entstandenen Schadens (§ 15 Abs. 1 AGG) sowie (auch bei fehlendem Verschulden!) auf eine angemessene Entschädigung in Geld (§ 15 Abs. 2 AGG).

286 Dienst- und Arbeitsverträge bedürfen nach dem BGB keiner Form. Ein Schriftformerfordernis kann zwar im Tarifvertrag vorgesehen werden, aber selbst dann führt ein Verstoß nicht zur Unwirksamkeit des Vertrages nach § 125 BGB.

287 Dienst- und Arbeitsverträge müssen grundsätzlich **persönlich** erfüllt werden. Stirbt der Dienstverpflichtete, erlischt seine Pflicht. Der Auftraggeber darf zwar seine Ansprüche auf die Tätigkeit wenn nichts anderes vereinbart wurde **nicht übertragen** (§ 613 BGB),sein Tod hat jedoch keine Auswirkungen auf die Dienstpflicht. Die konkret geschuldete Tätigkeit bestimmt im Arbeitsvertrag der Arbeitgeber (sog. „**Direktions-/Weisungsrecht**“, § 106 GewO), bei Dienstverträgen (etwa mit einem AG-Vorstand oder einem GmbH-Geschäftsführer) kann diese auch beim Dienstverpflichteten verbleiben. Der Arbeitnehmer/Dienstverpflichtete ist (wie jeder Schuldner) zur Rücksichtsnahme auf die Interessen des anderen Teils verpflichtet – dies äußert sich namentlich in Wettbewerbsverboten (vgl. § 110 GewO).

→ Übersicht 19

(b) Werkvertrag. Der Werkvertrag grenzt sich vom Arbeits- bzw. Dienstvertrag dadurch ab, dass nicht nur die Tätigkeit („das Bemühen") geschuldet ist, sondern vielmehr gerade der Erfolg dieser Tätigkeit (es wird erst bezahlt, wenn der Erfolg eintritt). Der „(Werk-)Unternehmer" (nicht zu verwechseln mit dem identischen Gegenbegriff zu „Verbraucher" nach § 14 BGB, s. Rn. 21) muss nach § 631 BGB das versprochene Werk (aber anders als beim Dienstvertrag, s. Rn. 281, nicht zwingend persönlich) „herstellen". **288**

Beispiel: **289**
- Wer einen Architekten bezahlt, will am Ende einen Plan für sein Haus.
- Wer beim Zahnarzt Zahnersatz bestellt, will letztendlich ein fehlerfreies Gebiss.
- Wer seine Uhr zur Reparatur gibt, will diese in funktionierendem Zustand zurück.

Zu beachten ist dabei, dass die Herstellung oder Erzeugung einer neuen beweglichen Sache einen „Werklieferungsvertrag" darstellt, für den nach § 651 BGB weitgehend Kaufrecht Anwendung findet (s. Rn. 231); mitunter sind bestimmte Teilerfolge auch bloße Nebenpflichten zu einem anderen Vertrag (z. B. Montage bei Kaufvertrag, s. Rn. 388). In der Praxis betreffen Werkverträge vor allem die Reparatur von Gegenständen, Transport, die Errichtung/Renovierung von Gebäuden oder die Erstellung von Gutachten und Plänen. **290**

Der „Besteller" des Werkes muss es abnehmen (§ 640 BGB) und nach Abnahme **bezahlen** (§§ 631 Abs. 1, 632 BGB). Die Abnahme ist also von entscheidender Bedeutung, sie darf nur bei wesentlichen Mängeln verweigert werden. Kostenanschläge sind „im Zweifel" nicht separat zu vergüten (§ 632 Abs. 3 BGB) und nur verbindlich, wenn dies vereinbart wurde. Allerdings kann der Besteller nach § 650 Abs. 1 BGB kündigen, wenn sich herausstellt, dass die Herstellung nur unter **wesentlicher Überschreitung** des Anschlags möglich ist – dann sind nur die bis zur Kündigung geleisteten Arbeiten zu vergüten. Der Unternehmer hat einen Anspruch auf Abschlagzahlungen (§ 641 Abs. 1 Satz 1 BGB). **291**

Der Werkunternehmer hat ein „**Unternehmerpfandrecht**" an beweglichen Sachen – d. h., er muss ihm überlassene Sachen erst zurückgeben, wenn er bezahlt wurde. Wird er nicht bezahlt, kann er sich durch (praktisch schwierigen) Pfandverkauf befriedigen (§ 647 BGB i. V. m. § 1228 BGB, Sachenrecht Rn. 355 ff.). Das Unternehmerpfandrecht setzt voraus, dass die Sachen dem Vertragspartner gehören (zum gutgläubigen Erwerb Sachenrecht Rn. 350). Bei Gebäuden geht dies natürlich nicht – der Unternehmer *kann* aber die Bestel- **292** lung einer Sicherungshypothek am Grundstück verlangen (§ 648 BGB) – tut er dies nicht, ist er ungesichert. Nach § 648a BGB können bei Bauwerken auch andere Sicherheiten verlangt werden; solange diese nicht erbracht sind, hat der Unternehmer ein Leistungsverweigerungsrecht und eventuell ein außerordentliches Kündigungsrecht.

293 **(c) Auftrag.** Der Auftrag ist nach dem Leitbild des BGB eine unentgeltliche Tätigkeit für einen anderen – dementsprechend ist die Abgrenzung zu Gefälligkeitsverhältnissen ohne Rechtsbindungswillen (Rn. 90 ff.) mitunter schwierig. Bedeutung erlangt der Auftrag durch die Verweise in § 675 Abs. 1 BGB für (auch entgeltliche) Geschäftsbesorgungsverträge, den Verweis in § 27 Abs. 3 BGB für Vorstandsmitglieder in Vereinen sowie in § 683 S. 1 BGB für die berechtigte Geschäftsführung ohne Auftrag. Weiterhin liegt einer scheinbar unabhängigen Einzelvollmacht (Rn. 43) regelmäßig ein Auftrag zugrunde.

294 Wichtige Pflichten des Beauftragten sind zunächst die Ausführung des Geschäfts (§ 662 BGB), und zwar grundsätzlich persönlich (§ 664 Abs. 1 Satz 1 BGB). Weisungen des Auftraggebers sind zu befolgen (§ 665 Satz 1 BGB) und es ist Rechenschaft zu legen bzw. Auskunft zu erteilen (§ 666 BGB). Praktisch bedeutsam geworden ist dies etwa bei der sog. „Parteispendenaffäre" der CDU, wo der damalige Parteivorsitzende Helmut Kohl Auskunft über die Namen anonymer Spender geben sollte. Schließlich muss der Beauftragte nach § 667 BGB alles herausgeben, was er zur Ausführung des Auftrags erhält und aus der Geschäftsführung erlangt. Bei Verwendung von fremdem Geld zu eigenen Zwecken ist dieses nach §§ 668, 246 BGB mit 4 % zu verzinsen.

295 Wichtige Pflichten des Auftraggebers sind vor allem die Pflicht, dem Beauftragten Aufwendungen (d. h. freiwillige Vermögensopfer) zu erstatten, die dieser für erforderlich halten durfte (§ 683 BGB). Daneben sind (auch ohne ausdrückliche Anordnung) Schäden zu ersetzen, soweit sich das typische Risiko der Tätigkeit realisiert hat, einschließlich eines Schmerzensgeldes analog § 253 Abs. 2 BGB. Eine Vergütung für den Auftrag ist hingegen nicht geschuldet.

296 Der Auftrag kann jederzeit durch den Auftraggeber widerrufen werden (§ 671 Abs. 1, 1. Var. BGB); der Beauftragte kann jederzeit kündigen (§ 671 Abs. 1, 2. Var.). Der Beauftragte kann auf sein Recht (bis auf Fälle eines wichtigen Grundes) verzichten, der Auftraggeber nur, wenn der Beauftragte ein eigenes Interesse an der Tätigkeit hatte. Eine Kündigung durch den Beauftragten führt zu einer Schadensersatzhaftung, wenn der Auftraggeber keine Möglichkeit hat, für eine anderweitige Erledigung des Geschäfts zu sorgen (§ 671 Abs. 2 BGB). Der Auftrag erlischt weiterhin (ähnlich wie die Leistungspflicht beim Dienstvertrag,

Rn. 287) grundsätzlich mit Tod des Beauftragten (§ 673 Satz 1 BGB), nicht aber mit dem Tod des Auftraggebers (§ 672 Satz 1 BGB).

→ Übersicht 20

(d) Geschäftsbesorgungsvertrag. Ein „Geschäftsbesorgungsvertrag" ist ein Vertrag über eine **selbstständige Tätigkeit wirtschaftlicher Art**, die eigentlich dem Geschäftsherrn obliegt, die ihm aber durch einen anderen abgenommen wird (z. B. Bankgeschäfte, Rechtsberatung). Solche Verträge richten sich grundsätzlich nach Werk- oder Dienstvertragsrecht. Allerdings ordnet § 675 Abs. 1 BGB ergänzend die Anwendung einiger Regelungen des Auftragsrechts an (insb. Aufwendungsersatz, Rechenschaftspflicht, Weisungsabhängigkeit, oben Rn. 294 f.). **297**

Besondere Regelungen enthält das BGB zum Bankrecht, insbesondere zum Zahlungsdienstevertrag (§§ 675f–675i) und zum Zahlungsauftrag (§§ 675n–675t). Eine ausführliche Erläuterung dieser Verträge würde aber den Rahmen dieser Darstellung sprengen. **298**

→ Übersicht 21

Entscheidung 39

(e) Maklervertrag. Bei einem „Maklervertrag" *darf* ein Makler einen wirksamen Vertrag („Vermittlungsmakler") oder aber zumindest die *Gelegenheit* zum Vertragsschluss („Nachweismakler") mit einem Dritten (also nicht dem Makler selbst) vermitteln (wichtig: Nach den Vorstellungen des BGB *muss* der Makler nicht tätig werden!). Er erhält dafür entweder von seinem Auftraggeber („Innen-Courtage"), von dem angeworbenen Geschäftspartner („Außen-Courtage") oder von beiden eine Vergütung („Provision"). Ein Maklerlohn gilt (wie bei Dienst- und Werkvertrag) als stillschweigend vereinbart (§ 643 Abs. 1 BGB). Erforderlich ist allerdings, dass die Tätigkeit des Maklers für den Vertrag zumindest mitursächlich war; eine formularmäßig vereinbarte erfolgsunabhängige Provision würde gegen § 307 Abs. 2 Nr. 1 BGB verstoßen. Ein Anspruch auf Ersatz von Spesen besteht nach § 652 Abs. 2 BGB grundsätzlich nicht. Besondere Regeln existieren für den Handelsmakler (§§ 93 ff. HGB); der klassische Immobilienmakler richtet sich aber ausschließlich nach den Regeln des BGB. Für den Darlehensvermittlungsvertrag finden sich Sonderregelungen in §§ 655a–655e BGB. **299**

→ Entscheidung 40

300 **(4) (Pauschal-)Reisevertrag.** Seit den 1970er-Jahren gibt es gesetzliche Regelungen für Pauschalreisen (§ 651a ff. BGB), d. h. die Verknüpfung mehrerer separater Reiseleistungen zu einer Gesamtheit (etwa: Flug und Hotel oder Busreise und Hotel). Vertragspartner des Reisenden wird **nur** der Reiseveranstalter, nicht hingegen die einzelnen Ausführer (d. h. Hotel bzw. Fluggesellschaft) oder die Vermittler im Vorfeld (d. h. die Reisebüros bei Katalogreisen – kombiniert hingegen das Reisebüro selbst Einzelleistungen, wird es Veranstalter!). Der Veranstalter muss nicht „kommerziell" agieren – erfasst sind auch Schulen bei Klassenfahrten und Kirchen bei Pilgerreisen.

301 Bei Vertragsschluss sind eine Reihe von **Mindestangaben in einem Prospekt** zu machen, dessen Inhalt durch die BGB-Informationsverordnung vorgeschrieben wird. Mit Vertragsschluss wird der Prospektinhalt bindend. Das Angebot des Reisenden liegt in der Einreichung der Buchungsunterlagen, die Annahme erfolgt regelmäßig formlos durch den Veranstalter, wird aber sodann noch einmal ohne schuldhaftes Zögern in Textform bestätigt (§ 651a Abs. 3 BGB). Der Veranstalter kann den Reisepreis bei einem Änderungsvorbehalt in Allgemeinen Geschäftsbedingungen erst ab dem 5. Monat nach dem Vertragsschluss und höchstens bis zum zwanzigsten Tag vor der Abreise erhöhen (§§ 309 Nr. 1, 651a Abs. 4 Satz 2 BGB). Bei Änderung wesentlicher Vertragsinhalte oder bei einer **Erhöhung des Reisepreises** um über 5 % kann der Reisende vom Vertrag zurücktreten (§ 651a Abs. 5 Satz 2 BGB).

302 Auch ohne Grund ist ein **Rücktritt vor Reiseantritt** jederzeit möglich – allerdings muss der Reisende dann eine angemessene Entschädigung zahlen (§ 651i Abs. 2 BGB), die praktisch oft 75 % des Reisepreises beträgt. Insoweit hilft eine Reiserücktrittskostenversicherung, soweit diese den konkreten Anlass des Rücktritts abdeckt. Der Reisende kann auch statt des Rücktritts seine Ansprüche auf einen Dritten übertragen – der Veranstalter kann dem nur widersprechen, wenn der Dritte Voraussetzungen für die Reise nicht erfüllt (§ 651b BGB). Allerdings darf eine angemessene Verwaltungsgebühr gefordert werden und der ursprüngliche Vertragspartner haftet neben dem Reisenden weiter für den Reisepreis.

303 Bei **höherer Gewalt** (Naturkatastrophen, Terroranschläge, Kriege, Seuchen, Streiks von Flughafenpersonal u. Ä. – nicht jedoch Streiks von Mitarbeitern des Hotels, der Fluggesellschaft oder des Reiseveranstalters selbst), durch die das Ziel der Reise insgesamt infrage gestellt wird, können gem. § 651j BGB sowohl der Veranstalter als auch der Reisende die Reise vor oder nach ihrem Beginn kündigen. Erforderlich ist allerdings, dass das betreffende Ereignis bei Vertrags-

abschluss unvorhersehbar war. Wer also eine Reise in ein berüchtigtes Krisengebiet bucht, kann nicht wegen der ihm bereits bekannten Gefahren kündigen.

Mit der Kündigung verliert der Veranstalter den Anspruch auf den Reisepreis, 304
kann aber für bereits erbrachte Leistungen eine **Entschädigung** verlangen (§§ 651j Abs. 2. 651e Abs. 3 Satz 1, Satz 2, 638 Abs. 3 BGB – zur Berechnung siehe unten Rn. 393). Mehrkosten für die Rückbeförderung müssen Reisender und Veranstalter je zur Hälfte tragen, zusätzlich entstandene Mehrkosten trägt nur der Reisende.

Der Großteil der gesetzlichen Regelungen betrifft Fragen der **Gewährleistung**, 305
soweit die Reiseleistungen nicht wie vereinbart erbracht wurden, dazu unten Rn. 411 ff. Daneben existieren Regelungen zum Schutz vor Insolvenz des Reiseveranstalters.

→ Übersicht 22
Fall 38a
Entscheidungen 41, 42

(5) Kreditgeschäfte (Darlehen, Finanzierungshilfen). Von praktisch immenser 306
Bedeutung sind Kreditgeschäfte. Der bedeutendste (Grund-)Fall ist insoweit das Darlehen (§ 488 BGB). Die grundsätzliche Pflichtenlage ist insoweit klar: Der Darlehensgeber gibt dem Darlehensnehmer einen Geldbetrag (das „Darlehen"), der Darlehensnehmer muss dafür (soweit vereinbart) Zinsen zahlen und das Darlehen zurückerstatten, wenn die vereinbarte Fälligkeit eintritt. Das Darlehen ist also nur dann ein gegenseitiger Vertrag (Rn. 33), wenn (wie praktisch regelmäßig) eine Zinspflicht vereinbart wurde, die Auszahlung erfolgt nur wegen der Zinszahlung und umgekehrt.

Wie bereits erwähnt (Rn. 160 ff.) sind sittenwidrige Vereinbarungen, insbeson- 307
dere Wucherzinsen, unwirksam, soweit die Unterlegenheit des Darlehensnehmers bewusst ausgenutzt wurde („Kredithai"). Dann besteht zugunsten des Darlehensnehmers keine Verzinsungspflicht (§ 812 Satz 2 BGB), der Darlehensgeber wird „bestraft".

Besondere Vorschriften gelten, soweit das Darlehen für nicht-berufliche Zwe- 308
cke aufgenommen wurde (§ 491 BGB) sowie für sog. Existenzgründungskredite (§ 512 BGB: Ein Darlehen von bis zu 75.000 € wird für die erstmalige Aufnahme der unternehmerischen Tätigkeit aufgenommen) vorliegt, die Darlehenssumme 200 € übersteigt und das Darlehen nicht vom Arbeitgeber oder durch staatliche Förderung zu vergünstigten Bedingungen vergeben wurde. Diese Schutzvorschriften gelten auch, soweit ein Verbraucher zu einem Darlehens-

vertrag eines Dritten (insbesondere Ehepartner, Eltern, Kinder, ...) beitritt oder gar dessen Schuld befreiend übernimmt (oben Rn. 81), nicht jedoch für eine Bürgschaft.

309 Für solche „Verbraucherdarlehen“ schreibt das Gesetz Schriftform und bestimmte Mindestangaben vor (§ 492 BGB) – d. h., es muss auf Papier von Hand unterschrieben werden (§ 126 BGB), selbst eine qualifizierte elektronische Signatur (§ 126a BGB) genügt nicht. Sinn dieser Regelung ist es, den Verbraucher vor übereilten Vertragsschlüssen zu bewahren; ergänzend greift daher auch ein Widerrufsrecht (§ 495 Abs. 1 BGB – dazu unten Rn. 472). Konsequenterweise muss auch die Vollmacht zum Abschluss eines Darlehensvertrages dieser Form genügen und der Darlehensnehmer nach Abschluss des Vertrages eine Abschrift erhalten. Aus praktischen Gründen gilt dies jedoch nicht für Überziehungskredite. Nichteinhaltung der Form führt zur Unwirksamkeit des Vertrages – diese wird aber geheilt, wenn das Darlehen ausgezahlt wird. Zugunsten des Verbrauchers wird dann aber nach §§ 494 Abs. 2, Abs. 3 BGB der Inhalt des Vertrages modifiziert.

310 Einige weitere Sonderregelungen sollen den Verbraucher schützen: Bei **Abtretung** der Darlehensforderung kann immer gegenüber dem ursprünglichen Darlehensgeber aufgerechnet werden und Einwendungen gegen den ursprünglichen Darlehensgeber bleiben auch gegenüber dem Abtretungsempfänger erhalten; ein Verzicht ist insoweit unwirksam (§ 496 Abs. 1 BGB i. V. m. §§ 404, 406 BGB). Der Darlehensgeber kann zwar (anders als andere Gläubiger) bei Zahlungsverzug **Zinseszinsen** verlangen (§ 497 BGB), diese können jedoch nicht automatisch als **Kontokorrent** verrechnet werden. Entgegen § 367 Abs. 2 BGB werden Zahlungen des Darlehensnehmers nicht zuerst auf die Zinsen und erst dann auf die Rückzahlungspflicht angerechnet, sondern gerade umgekehrt zunächst auf die Hauptforderung; entgegen § 266 BGB sind auch Teilleistungen zulässig (§ 497 Abs. 3).

311 Schließlich wird nach § 498 Abs. 1 BGB auch die **Kündigung** durch den Darlehensgeber wegen Verzuges mit der Rückzahlung erschwert: Sie ist nur zulässig, wenn mindestens zwei aufeinander folgende Monatsraten ganz oder teilweise nicht erbracht wurden und sich der Rückstand im Ganzen auf 5 bzw. 10 % des Nettobetrages beläuft. Zusätzlich muss eine Frist von mindestens zwei Monaten zur Rückzahlung gesetzt werden unter Hinweis, dass ansonsten die gesamte Schuld zurückverlangt wird.

312 Unter „darlehensverwandten Finanzierungsgeschäften“ versteht man insbesondere **Finanzierungshilfen** (§ 506 BGB), bei denen der Unternehmer für eine

Gegenleistungspflicht einsteht und so insbesondere Ratenzahlung ermöglicht. Das Vorliegen eines solchen Vertrags wird vermutet, wenn der Verbraucher die Sache erwerben muss oder zumindest bei Vertragsende Ersatz für Wertverluste übernehmen muss (§ 506 Abs. 2 BGB). Etwas erleichterte Anforderungen bestehen für **„Teilzahlungsgeschäfte"**, bei denen eine Lieferung bzw. Leistung gegen Teilzahlungen erfolgt (§ 507 BGB).

→ Übersicht 23

(6) Verträge über Ansprüche. – (a) Bürgschaft. Mit einer „Bürgschaft" (§ 765 **313** BGB) verpflichtet sich der Schuldner (= „Bürge") gegenüber einem anderen (= „Gläubiger"), für einen Anspruch eines Dritten (= „Hauptschuldner") einzustehen, soweit dieser nicht zahlt. Grundsätzlich ist also zuerst der Hauptschuldner in Anspruch zu nehmen und erst dann der Bürge (**„Einrede der Vorausklage"**, § 771 BGB). Etwas anderes gilt aber für die sog. **„selbstschuldnerische Bürgschaft"**, die insbesondere bei Banken üblich ist. In diesem Fall will der Bürge „selbst wie ein (Haupt-)Schuldner" haften. Die ansonsten bestehende Pflicht des Gläubigers, zunächst gegen seinen Hauptschuldner vorzugehen, gilt insoweit nicht. Ist der Bürge allerdings Kaufmann gilt die Bürgschaft stets als selbstschuldnerisch (§ 349 S. 1 HGB).

Die Bürgschaft ist **„akzessorisch"**, das heißt, die Haftung des Bürgen richtet sich **314** immer nach der Haftung des Hauptschuldners. Erlischt die Forderung durch Zahlung des Hauptschuldners, muss auch der Bürge nicht zahlen (§ 767 BGB), darf der Hauptschuldner die Leistung verweigern, gilt dies auch für den Bürgen (§§ 768, 770 BGB). Wenn der Bürge zahlt, erlischt die Forderung, für die er gebürgt hat, hingegen nicht, sondern geht kraft Gesetzes auf ihn über (§ 774 BGB). Wie bei einer vertraglichen Abtretung (oben Rn. 79 f.) muss dann der Hauptschuldner nicht mehr an den bisherigen Gläubiger, sondern an den Bürgen zahlen. Wenn der Gläubiger seinen Anspruch gegen den Hauptschuldner an einen Dritten abtritt, erhält dieser Erwerber automatisch auch das Recht, gegen den Bürgen vorzugehen (§ 401 BGB). Eine Aufteilung von Bürgschaft und Forderung ist nicht möglich (siehe zur insoweit vergleichbaren Hypothek an einem Grundstück Sachenrecht Rn. 326 ff.).

Die Bürgschaft begründet ein großes Haftungsrisiko und bedarf daher der **315** **Schriftform** (§ 766 BGB), etwas anderes gilt nur für die Übernahme einer Bürgschaft durch einen Kaufmann im Sinne des Handelsrechts (§ 350 HGB). Über diesen bloß formalen Schutz hinaus ist stets zu prüfen, ob die Bürgschaft möglicherweise gegen § 138 BGB (Rn. 160 ff.) verstößt, vor allem weil eine erhebliche Überforderung vorliegt, der Bürge unerfahren ist und an der Hauptschuld kein wesentliches Eigeninteresse hat („**sittenwidrige Verwandtenbürgschaft**“).

→ Übersicht 24
Fall 38b
Entscheidungen 43, 44

316 (b) **Schuldversprechen und Schuldanerkenntnis.** Das **Schuldversprechen** (§ 780 BGB) ist ein Vertrag, durch den der Schuldner dem Gläubiger einseitig eine Leistung verspricht. Beim **Schuldanerkenntnis** (§ 781 BGB) erkennt er dagegen nur eine (aus seiner Sicht) bestehende Schuld an. Die Unterscheidung ist offensichtlich nur eine Formulierungsfrage. Wegen der einseitigen Belastung und der damit einhergehenden Gefahr bedürfen diese Verträge der Schriftform (§§ 780 f. BGB), wobei auch hier bei Kaufleuten auf diesen Schutz verzichtet wird (§ 350 HGB). Eine weitere Ausnahme besteht für Vergleiche (§ 782 BGB) um diese Streitbeilegung zu fördern.

→ Entscheidung 45

317 (c) **Vergleich.** Ein Vergleich (§ 779 BGB) ist ein Vertrag, durch den (aus Sicht der Beteiligten) ein Streit oder eine Ungewissheit über ein Rechtsverhältnis durch gegenseitiges Nachgeben (d. h. jede Partei muss zumindest kleine Zugeständnisse machen) beseitigt wird. Praktische Bedeutung hat insbesondere der **Prozessvergleich** (§ 127a BGB). Der Vergleich bedarf keiner Form, kann also mündlich oder sogar durch schlichtes Handeln geschlossen werden, selbst wenn darin Schuldanerkenntnisse oder Schuldversprechen enthalten sind (die sonst schriftlich abzuschließen wären, Rn. 316). Der Vergleich ist unwirksam, wenn sich der von den Parteien als sicher angenommene Sachverhalt als fehlerhaft herausstellt.

318 (d) **Verwandte Verträge.** Einige verwandte Verträge sind im BGB nicht geregelt:

- Bei einem „**Schuldbeitritt**“ erklärt jemand, gleichrangig neben dem ursprünglichen Schuldner für dessen Verbindlichkeiten haften zu wollen (siehe Rn. 81). Bei einer „**Garantie**“ für eine fremde Schuld will der Garant sogar unabhängig vom Bestand der Hauptschuld zur Leistung verpflichtet sein (also „nicht-akzessorisch“; die Garantie entspricht insoweit der Grundschuld, Sachenrecht Rn. 271 ff., die Bürgschaft der Hypothek, Sachenrecht Rn. 326 ff.). Für beide Fälle gilt das Schriftformerfordernis des § 766 BGB nicht, allerdings kann die Form aus einer entsprechenden Anwendung der Vorschriften über das Verbraucherdarlehen (§ 491 ff. BGB) folgen (Rn. 308 ff.).

- Bei einem „**Vorvertrag**“ werden die wesentlichen Aspekte eines späteren Vertrages bestimmt und die Pflicht begründet, einen solchen Vertrag abzuschließen. Ein besonderer Vorvertrag (nämlich zur Ehe) ist das **Verlöbnis** (§ 1297 BGB).
- Der Vorvertrag bedarf dabei grundsätzlich der gleichen Form wie der spätere „Hauptvertrag“.

→ Entscheidung 46

(7) Franchising. Das BGB kennt keine Regelung zu Franchising, welches als „typengemischter Vertrag“ Merkmale verschiedener Rechtsverhältnisse verbindet. Dabei gilt es wie beim Leasing (Rn. 278) die jeweiligen Schutzvorschriften in ein Gleichgewicht zu bringen, da die schlichte Kumulation die Vertragsabwicklung unmöglich machen würde. Es müssen also nicht die Vorgaben aller auch nur mittelbar betroffener Vertragstypen erfüllt werden, sondern nur diejenigen, die tatsächlich im Vordergrund der Leistungsabwicklung stehen. 319

Beispiel: 320
So erhalten Franchisenehmer für die von ihnen erbrachten Zahlung bzw. Gewinnanteile regelmäßig Waren (Kauf-/Dauerlieferungsvertrag) und das Recht, bestimmte Logos u. Ä. zu verwenden (Lizenzvertrag), etc.

Sehr schwierig ist dabei die Abgrenzung zu Arbeitsverhältnissen. Wie in Rn. 284 dargestellt, sind insoweit der Grad der Selbstständigkeit bei der Ausgestaltung der Tätigkeit maßgeblich und das unternehmerische Risiko – soweit Zeit, Ort und Sortiment frei gewählt werden können, liegt ein „echter“ Franchisevertrag vor. Ansonsten kann es sich um ein „getarntes“ Arbeitsverhältnis mit den daran anknüpfenden arbeitnehmerschützenden Regelungen (insb. Kündigungsschutzgesetz, Entgeltfortzahlungsgesetz) handeln. 321

→ Entscheidungen 47, 48

II. Ansprüche bei „Störungen"

322 Während unmittelbar aus jedem Vertrag die oben dargestellten „Ansprüche auf die Leistung" bzw. „Erfüllungsansprüche" folgen („**pacta sunt servanda**"), genügt deren Erzwingung durch Zwangsvollstreckungsmaßnahmen mitunter nicht. Vielmehr muss für den Fall, dass diese überhaupt nicht, nicht rechtzeitig oder aber nicht wie vereinbart erfüllt werden, ein Ausgleich für den dadurch benachteiligten Gläubiger geschaffen werden. Man spricht auch von „**Sekundäransprüchen**". Das Recht der „**Leistungsstörungen**" lässt sich in zweierlei Hinsicht systematisieren:

323 • Zunächst kennt das BGB **sieben verschiedene Rechtsfolgen**: **Schadensersatz** (und zwar „statt" der Leistung oder zusätzlich zur, also „neben" der Leistung, dazu im Folgenden), **Rücktritt** (d. h. die Pflicht, alle erbrachten Leistungen wieder rückabzuwickeln, dazu unten Rn. 457 ff.), **Minderung** (d. h. die Herabsetzung des Kaufpreises, der Miete oder des Werklohns durch Erklärung oder von selbst), den automatischen **Wegfall der Gegenleistungspflicht**, die **Herausgabe eines Ersatzes** sowie **Aufwendungsersatz**.

324 • Daneben kann man die **Fallgruppen**, in denen das BGB solche Rechte gewährt, in fünf Kategorien einordnen: Die verspätete oder gar nicht erfolgte Leistung (unten Rn. 338 ff.), die behebbare und unbehebbare Schlechtleistung (unten Rn. 371 ff.), die Unmöglichkeit (d. h. den Wegfall der Leistungspflicht, unten Rn. 365 ff.) sowie schließlich den Verstoß gegen die Pflicht, auf Rechte, Rechtsgüter und Interessen des Vertragspartners Rücksicht zu nehmen (unten Rn. 419 ff.):

		Leistungspflichten (§ 241 Abs. 1) – z. B. Lieferung mangelfreier Sache (§ 433 Abs. 1)				**Rücksichtsnahmepflichten** (§ 241 Abs. 2)
		Unmöglichkeit	**Behebbare Schlechtleistung**	**Nicht behebbare Schlechtleistung**	**Nichtleistung/ verspätete Leistung**	
Schadensersatz	**Verzögerungsschaden** (Ersatzmiete, Nutzungsausfall, etc.)	(–), wenn Unmöglichkeit bei Fälligkeit sonst: §§ 280 Abs. 1, Abs. 2, 286	Streitig: M1: § 280 Abs. 1 M2: §§ 280 Abs. 1, Abs. 2, 286	(–), wenn Unmöglichkeit bei Fälligkeit, sonst streitig	§§ 280 Abs. 1, Abs. 2, 286	(–)
	Einfacher Schaden (Folgeschäden)	§ 280 Abs. 1	§ 280 Abs. 1	§ 280 Abs. 1	§ 280 Abs. 1	§ 280 Abs. 1
	SchE statt der Leistung (Reparatur, Wertdifferenz)	§§ 280 Abs. 1, Abs. 3, 283 §§ 311a Abs. 2	§§ 280 Abs. 1, Abs. 3, 281	§§ 280 Abs. 1, Abs. 3, 283 §§ 311a Abs. 2	§§ 280 Abs. 1, Abs. 3, 281 Abs. 1 Satz 1	(–)
	SchE statt der ganzen Leistung (Rückgabe+ z. B. Ersatzkauf/entg. Gewinn)	§§ 280 Abs. 1, Abs. 3, 283, 281 Abs. 1 Satz 2/3 BGB §§ 311a Abs. 2, 281 Abs. 1 Satz 2/3 BGB	§§ 280 Abs. 1, Abs. 3, 281 Abs. 1 Satz 1, 281 Abs. 1 Satz 2/3 BGB	§§ 280 Abs. 1, Abs. 3, 283, 281 Abs. 1 Satz 2/3 BGB §§ 311a Abs. 2, 281 Abs. 1 Satz 2/3 BGB	§§ 280 Abs. 1, Abs. 3, 281 Abs. 1 Satz 1, 281 Abs. 1 Satz 2/3 BGB	§§ 280 Abs. 1, Abs. 3, 282 BGB
Sonstige	**Rücktritt** (Leistung und Gegenleistung zurück)	§§ 326 Abs. 5, 323	§ 323 Abs. 1	§§ 326 Abs. 5, 323	§ 323 Abs. 1	§ 324 BGB
	Minderung	Nur bei Teilleistung (§ 326 Abs. 1 Satz 1 a. E.)	Je nach Vertragstyp (insb. Miet-, Kauf-, Werk-, ReiseV)	Je nach Vertragstyp (insb. Miet-, Kauf-, Werk-, ReiseV)	(–)	(–)
	Wegfall der Gegenleistung (Zahlungspflicht erlischt)	§ 326 Abs. 1	(–)	(–)	(–)	(–)
	Stv. Commodum (Versicherung etc.)	§ 285	(–)	§ 285	(–)	(–)
	Aufwendungsersatz	§§ 284, 280 Abs. 1, Abs. 3, 283 §§ 284, 311a Abs. 2	§§ 284, 280 Abs. 1, Abs. 3, 281	§§ 284, 280 Abs. 1, Abs. 3, 283 §§ 284, 311a Abs. 2	§§ 284, 280 Abs. 1, Abs. 3, 281	§§ 284,280 Abs. 1, Abs. 3, 282 BGB

325 Prüfungstechnisch folgen alle Schadensersatzansprüche einem identischen, vierschrittigen Schema, in dem sich nur der zweite Punkt verändert:

326 Schema:

1. Es muss ein „**Schuldverhältnis**" bestehen – das ist (im hier relevanten Kontext) immer der entsprechende Vertrag; bei der Schlechtleistung ist hier unter Umständen auch ein Verweis (§ 634 Nr. 4 BGB bzw. § 437 Nr. 3 BGB) zu nennen. Bei § 311a Abs. 2 BGB (anfängliche Unmöglichkeit) ist ausdrücklich ein „Vertrag" erforderlich.
2. Es muss eine „**Pflichtverletzung**" vorliegen – gemeint sind die oben erwähnten fünf Kategorien. Bei § 311a BGB prüft man hier die anfängliche Unmöglichkeit (überhaupt zu leisten oder mangelfrei zu leisten). Soweit Schadensersatz wegen einer Verzögerung oder an Stelle einer einklagbaren Leistung (bzw. eines Teiles einer solchen Leistung) verlangt wird, müssen nach § 280 Abs. 2 und Abs. 3 BGB „zusätzliche Voraussetzungen" vorliegen, die in §§ 281–283 BGB und § 286 BGB zu finden sind. Dazu jeweils näher unten.
3. Der Schuldner muss die Pflichtverletzung „zu vertreten haben" (**Vertretenmüssen**). Was das bedeutet, erklären §§ 276-278 BGB: Wenn nichts besonderes im Gesetz oder Vertrag vorgesehen ist, muss er mindestens „die im Verkehr erforderliche Sorgfalt" (§ 276 Abs. 2 BGB) beachten und steht für das Verschulden seiner Erfüllungsgehilfen ein (§ 278 BGB). Die Beweislast hierfür trägt der *Schuldner*, also nicht derjenige, der Schadensersatz verlangt, sondern derjenige, der zahlen soll!
4. Schließlich muss ein „**Schaden**" gerade durch die Pflichtverletzung entstanden sein; abwegige und völlig unvorhersehbare Folgen sind nicht „zurechenbar" und bleiben außer Betracht. Grundsätzlich ist die Situation herzustellen, die ohne Pflichtverletzung bestanden hätte (Naturalrestitution, § 249 Satz 1 BGB) – und auch ein entgangener Gewinn ist zu ersetzen (§ 252 BGB). Ein vom Gericht frei zu ermittelndes Schmerzensgeld gibt es (nur) bei Verletzung von Körper, Gesundheit, Leben, Freiheit und persönlicher Ehre (§ 253 Abs. 2 BGB). Ein etwaiges Mitverschulden (§ 254 BGB) mindert den Ersatzanspruch.

→ Übersicht 25

327 **1. Annahmeverzug als „unechte" Leistungsstörung.** Die Annahme einer angebotenen Leistung ist grundsätzlich keine einklagbare (Leistungs-)Pflicht des Gläubigers im Sinne von § 241 Abs. 1 BGB. Etwas anderes gilt aber im deutschen Recht (anders als in vielen anderen Staaten) für den Kaufvertrag (vgl. § 433 Abs. 2 BGB) und im Werkvertrag (§ 640 Abs. 1 BGB) – dort kann der Verkäufer unmittelbar **auf Abnahme seiner Ware durch den Käufer bzw. auf Abnahme des Werkes durch den Besteller klagen**; dieser muss also die Leistung annehmen. Bedeutsam ist dies etwa bei Waren mit Verfallsdatum oder solchen, die mit großen Erhaltungsaufwendungen verbunden sind. Nimmt der Käufer bzw. Besteller die angebotene Leistung nicht an, kann Verzögerungsschaden (unten Rn. 348), nach Fristsetzung Schadensersatz *statt* der Leistung d. h. *wegen* Nichtleistung (unten Rn. 359) oder wegen Unmöglichkeit (unten Rn. 366) verlangt werden. Darüber hinaus treten auch die übrigen Folgen des Schuldnerverzugs, insbesondere die Haftung für zufälligen Untergang (§ 287 BGB), ein (unten Rn. 349).

Außerhalb des Kaufrechts ist die Abnahme keine Leistungspflicht (§ 241 Abs. 1 **328**
BGB) und grundsätzlich auch keine Schutzpflicht (§ 241 Abs. 2 BGB). Es kann nicht auf Abnahme geklagt werden, die Nichtabnahme führt nicht zu einer Haftung auf Schadensersatz nach den oben (Rn. 326) dargestellten Grundsätzen. Wenn aber eine angebotene Leistung nicht angenommen wird, verletzt der Gläubiger seine eigenen Interessen, es handelt sich um eine sog. „**Obliegenheit**“, deren Verletzung seine Position verschlechtert (§§ 293-304 BGB). Ein anderes wichtiges Beispiel für eine Obliegenheit ist die Pflicht eines Kaufmanns, Mängel einer gekauften Sache unverzüglich zu ermitteln und zu rügen, § 377 HGB (Rn. 402).

a) Voraussetzungen. Wann liegt nun ein **Angebot** der Leistung (also nicht etwa **329**
ein Vertragsangebot, oben Rn. 85) vor, durch das ein Gläubiger in diese für ihn ungünstige Position gelangen kann?

- Der Schuldner muss die **Leistung erbringen können und dürfen** (§ 271 BGB), **330**
  auch eine nur vorübergehende Unmöglichkeit schließt den Gläubigerverzug aus (§ 296 BGB). Wenn der Schuldner ohnehin nicht leisten kann oder darf, kann man dem Gläubiger nicht anlasten, dass er die Leistung nicht annimmt.
- Zudem muss ein „**Angebot**“ vorliegen – und zwar grundsätzlich so, wie ver- **331**
  einbart („tatsächliches Angebot“, § 294 BGB). Ein „wörtliches Angebot“ genügt, wenn der Gläubiger die Annahme verweigert hat (d. h. Anbieten muss man *immer*, während eine Mahnung nach § 286 Abs. 2 BGB entbehrlich sein kann, Rn. 343) oder eine aktive Mitwirkung des Gläubigers (z. B. Abholen) erforderlich ist (§ 295 BGB). Ausnahmsweise kann ein Angebot sogar ganz entbehrlich sein, wenn der Zeitpunkt der Mitwirkungshandlung kalendermäßig bestimmt ist (§ 296 BGB, siehe zur Entbehrlichkeit der Mahnung unten Rn. 341).

332 • Schließlich muss der Gläubiger die Leistung **nicht angenommen bzw. die erforderliche Mitwirkungshandlung nicht vorgenommen haben**. Bei einer Leistung, die nur Zug-um-Zug geschuldet ist (unten Rn. 530), kommt der Gläubiger außerdem in Annahmeverzug, wenn er nicht seine (Gegen-)Leistung anbietet (§ 298 BGB). Ausnahmsweise schadet eine vorübergehende Nichtannahme nicht, wenn die Leistungszeit nicht bestimmt ist oder der Schuldner (entgegen § 271 BGB) bereits vor der vereinbarten Zeit leisten durfte – denn es wäre für den Gläubiger unzumutbar, ständig annahmebereit zu bleiben (§ 299 BGB).

333 b) **Rechtsfolgen.** Mit der Nichtannahme sind folgende Konsequenzen verbunden:

334 • Nach § 300 Abs. 1 BGB hat der Schuldner während des Annahmeverzugs **nur Vorsatz und grobe Fahrlässigkeit** zu vertreten (für den Schuldnerverzug siehe § 287 Abs. 1 BGB und unten Rn. 349).

335 • Bei Gattungsschulden **konkretisiert** sich die Leistungspflicht auf einen bestimmten Gegenstand, selbst wenn noch nicht alles Erforderliche (§ 243 Abs. 2 BGB) getan wurde (§ 300 Abs. 2 BGB). Das bedeutet, dass nur noch ein bestimmter, ausgesonderter Gegenstand geschuldet ist (s. zur Unmöglichkeit unten Rn. 432 ff.) und nicht mehr (irgend-)ein Gegenstand mittlerer Art und Güte im Sinne von § 243 Abs. 2 BGB (oben Rn. 217). Auch die verschuldensunabhängige Haftung aufgrund eines Beschaffungsrisikos erlischt. Dies gilt sogar für **Geldschulden**, an denen eigentlich keine Konkretisierung eintreten kann („Geld hat man zu haben", unten Rn. 434) – also kann auch eine Zahlungspflicht nach § 275 Abs. 1 BGB unmöglich werden.

336 • Aber das BGB geht noch weiter: Nicht nur die Pflicht zur Lieferung konkretisiert sich auf einen bestimmten Gegenstand – ein Gläubiger im Annahmeverzug läuft nach § 326 Abs. 2 Satz 1, 2. Var. BGB auch Gefahr, bezahlen zu müssen, obwohl er wegen der Unmöglichkeit keine Ware erhält (sog. „**Preisgefahr**", unten Rn. 438). Etwas anderes gilt nur, wenn der Schuldner die Unmöglichkeit zu vertreten hat (d. h. nach § 300 BGB nur, wenn ihm oder einer Hilfsperson insoweit Vorsatz oder grobe Fahrlässigkeit zur Last gelegt werden kann, oben Rn. 334). Auch ein Rücktritt (unten Rn. 457 ff.) des Gläubigers ist ausgeschlossen, wenn der Schuldner den betreffenden Umstand nicht zu vertreten hat (unten Rn. 498). Der Schuldner muss sich nur die durch die Nichtleistung ersparten Aufwendungen anrechnen lassen (§ 326 Abs. 2 S. 2 BGB).

337 • Für eine Geldschuld sind **keine weiteren Zinsen zu zahlen** (§ 301 BGB), Nutzungen sind nur noch zu erstatten, wenn sie tatsächlich gezogen wurden (§ 302 BGB). Der Schuldner kann den **Besitz an unbeweglichen Sachen auf-**

geben (§§ 303, 856 BGB) sowie **Ersatz von zusätzlich entstandenen Kosten** verlangen, die ihm durch das erfolglose Angebot sowie die weitere Aufbewahrung und Erhaltung des Gegenstandes entstehen (§ 304 BGB).

→ Übersicht 26
Fall 39

2. Verspätete Leistung („Verzug“). Der einfachste Fall der Schlechtleistung ist die verspätete Leistung. Diese setzt voraus, dass für den betreffenden Zeitraum eine Leistungspflicht bestand und diese nicht, etwa wegen Unmöglichkeit oder Unzumutbarkeit (§ 275 BGB, (Rn. 432 ff.). **338**

Beispiel: **339**
Kauft man etwa ein Auto, das zum 1. Juni.geliefert werden soll und es wird erst am 30. Juli geliefert, kann der Käufer vom 1.6.–30.7. einen Mietwagen nehmen und die Kosten als Schadensersatz nach §§ 280 Abs. 1, Abs. 2, 286 BGB verlangen. Hat jemand hingegen Heizöl bestellt und wegen verspäteter Lieferung seinen Bedarf anderweitig gedeckt („Deckungskauf“), ersetzt er die Leistung durch etwas anderes, es liegt „Schadensersatz statt der Leistung“ (§ 280 Abs. 3 BGB) vor, der gegenüber dem allgemeinen Schadensersatz „wegen Verzögerung“ vorrangig ist. Für den Ersatz der Nachlieferungskosten wären daher eine Fristsetzung bzw. deren ausnahmsweise Entbehrlichkeit wegen kalendermäßiger Bestimmung oder besonderer Interessenlage (§ 281 BGB) oder ein Ausschluss der Leistungspflicht (§ 311a Abs. 2 bzw. § 283 BGB) erforderlich. Die schlichte Mahnung genügt nicht. Entscheidendes Indiz in der Klausur ist die Frage, ob der Bedarf *dauerhaft* (dann „statt der Leistung“) oder nur zur Überbrückung *vorübergehend* (dann „wegen Verzögerung“) befriedigt wurde.

a) Voraussetzungen. Eine „Verspätung“ kann frühestens eintreten, wennder Schuldner leisten muss („**Fälligkeit**“, § 271 BGB, oben Rn. 205 ff.). Erst danach kann die Leistung „verzögert“ sein (§ 280 Abs. 2 BGB). **340**

- Ist der Zeitpunkt der Leistung durch Vertrag, Urteil oder Gesetz **fixiert** („*Lieferung am 1. Mai*“), dann liegt eine Verzögerung ab dem darauf folgenden Tag vor (§ 286 Abs. 2 Nr. 1 BGB). Vergleichbar ist die Lage, wenn der Tag anhand eines bestimmten Ereignisses berechnet werden kann („zwei Wochen nach Erhalt der Leistung“), § 286 Abs. 2 Nr. 2 BGB.Allerdings kann darin auch nur eine *Fälligkeitsabrede* gesehen werden (Leistung „*ungefähr*“ am 1. Mai, Leistung „*ab*“ dem 1. Mai), dann genügt die Vereinbarung nicht. Insoweit ist für den Verzugsbeginn eine Mahnung (Rn. 343) erforderlich. **341**

342 • Weiterhin tritt Verzug ein, wenn der Schuldner **ernsthaft und endgültig** die Erfüllung des Vertrages verweigert (§ 286 Abs. 2 Nr. 3 BGB). Dann wäre eine zusätzliche Aufforderung reiner Formalismus. Ähnliches gilt nach der Generalklausel des § 286 Abs. 2 Nr. 4 BGB bei „besonderen Gründen" unter Abwägung der beiderseitigen Interessen – etwa wenn der Schuldner die Leistung ausdrücklich zu einem bestimmten Zeitpunkt verspricht („Selbstmahnung").

343 • In allen anderen Fällen ist eine „**Mahnung**" eine Klage auf die Leistung oder die Zustellung eines (gerichtlichen) Mahnbescheids erforderlich (§ 286 Abs. 1 BGB). Mahnung ist jede ernsthafte Aufforderung zur Leistung, eine Frist muss nicht gesetzt werden. Die Mahnung kann nicht *vorweggenommen* werden – sie muss *nach Fälligkeit* erfolgen. Allerdings kann auf das Mahnungserfordernis vertraglich verzichtet werden (vgl. aber § 309 Nr. 4 BGB für Allgemeine Geschäftsbedingungen).

344 • Eine auf Europarecht beruhende Sonderregelung für **Entgeltforderungen** (d. h. Gegenleistung für eine andere Leistung) enthält § 286 Abs. 3 Satz 1 – danach beginnt der Verzug spätestens 30 Tage nach Fälligkeit und Zugang einer Rechnung oder gleichwertigen Zahlungsaufforderung. Gegenüber Verbrauchern ist auf diese Folge in der Rechnung bzw. Zahlungsaufforderung aber ausdrücklich hinzuweisen.

345 Liegt einer dieser Fälle vor, ist die Leistung „verzögert". Der Schuldner kann einer Haftung dann (nur) durch den Nachweis entgehen, keine Kenntnis der die Verzögerung begründenden Umstände gehabt oder trotz Kenntnis auf deren Ausbleiben vertraut zu haben („Vorsatz") noch (!) im Hinblick auf seine Leistung die „im Verkehr erforderliche Sorgfalt" (§ 276 Abs. 2 BGB – „Fahrlässigkeit") beachtet zu haben (§ 286 Abs. 4 BGB). Gelingt ihm ein entsprechender Beweis nicht, befindet er sich im „Verzug".

346 **b) Rechtsfolgen.** Der Verzug löst eine Reihe nachteiliger Folgen aus (s. zur Abgrenzung den Annahme-/Gläubigerverzug, Rn. 333 ff.):

347 • Zunächst sind Geldforderungen nach § 288 BGB zu verzinsen („**Verzugszinsen**"). Zwar gibt es keine Zinseszinsen (§ 289 BGB), dafür ist der Zinssatz dynamisch an den Basiszinssatz (§ 247 BGB) gekoppelt. Zu unterscheiden ist zwischen Verträgen, an denen mindestens eine Partei im Rahmen ihrer beruflichen Tätigkeit aktiv wird (also als Verbraucher), und Verträgen, an denen zwei Nicht-Verbraucher beteiligt sind (also auch bei Arbeitsverträgen!): Im ersteren Fall beträgt der Zinssatz 5 % über dem Basiszinssatz (§ 288

Abs. 1 BGB), im letzteren Fall 8 % über dem Basiszinssatz (§ 288 Abs. 2 BGB).

- Bei anderen Ansprüchen als Geld scheidet eine Verzinsung naturgemäß aus. Das Gesetz gewährt insofern einen Schadensersatzanspruch („**Verzugsschaden**“/„**Verzögerungsschaden**“, §§ 280 Abs. 1, Abs. 2, 286 BGB): Wird das gekaufte Auto nicht termingerecht geliefert, kann Ersatz für einen Mietwagen verlangt werden; kommt der Handwerker zu spät, kann der Verdienstausfall ersetzt werden. **348**
- Der Verzug führt auch dazu, dass sich der **Haftungsmaßstab** verändert: Nach § 287 Satz 1 BGB entfallen gesetzliche oder vertragliche Haftungsmilderungen – der Schuldner haftet für jede Fahrlässigkeit. Gemäß § 287 Satz 2 BGB haftet der Schuldner sogar für zufälligen Untergang oder zufällige Verschlechterung der Leistung, soweit der Schaden nicht auch bei rechtzeitiger Leistung eingetreten wäre. Diese Zufallshaftung gilt natürlich nur für Pflichtverletzungen in Bezug auf die Leistung (§ 241 Abs. 1 BGB), nicht aber in Bezug auf Schutzpflichten (§ 241 Abs. 2 BGB). Trifft also den Käufer der Blitz, haftet der Verkäufer dafür auch dann nicht, wenn er mit der Lieferung in Verzug ist. **349**

→ Übersicht 27
Entscheidung 49

3. Nichtleistung. Natürlich kann eine Leistung sich theoretisch über einen sehr langen Zeitraum verzögern. In diesem Fall erlaubt das Gesetz dem Gläubiger, nach Fälligkeit (Rn. 340, siehe aber auch Rn. 357 zur Ausnahme in § 323 Abs. 4 BGB) durch Setzen einer Frist und deren ergebnislosen Ablauf die vorübergehende Nichtleistung als endgültige Nichterfüllung des Vertrages zu behandeln (§ 281 BGB, § 323 BGB). **350**

→ Übersicht 28

a) „Fixgeschäfte“. Vertraglich kann man vereinbaren, dass die Leistung zu einem bestimmten Zeitpunkt erfolgen muss („**Fixgeschäft**“). **351**

- Bei einem „**absoluten**“ Fixgeschäft steht und fällt der Vertrag mit der termingerechten Leistung. Mit Ablauf des Termins wird die Leistung für jedermann unmöglich. Daher erlischt die Leistungspflicht mit Ablauf des Termins. Eine Fristsetzung ist entbehrlich; das Einfordern der Leistung ist selbst dann ausgeschlossen, wenn der Gläubiger dies ausnahmsweise will. Natürlich kann ein neuer Vertrag geschlossen werden. **352**

353 **Beispiele:**

- Wer Weihnachtsbäume kauft, braucht diese im November/Dezember, im Januar kann niemand mehr den Vertrag wie gewünscht erfüllen.
- Wer einen Balkon für den Kölner Karnevalszug mietet, hat wenig davon, wenn er diesen Ostern nutzen darf.
- Wer eine Band für seine Hochzeit bestellt, will nicht, dass diese statt am Hochzeitstag zwei Wochen später auftritt.

354 • Bei einem „**relativen**" Fixgeschäft ist die Leistung ebenfalls wichtig – Schadensersatz und Rückzahlung des Kaufpreises sollen ohne Fristsetzung verlangt werden dürfen. Dennoch kann (anders als bei einem absoluten Fixgeschäft) nicht ausgeschlossen werden, dass die Leistung dennoch angenommen wird. Insoweit können zwar sofort Schadensersatz und/oder Rückzahlung bereits erbrachter Leistungen verlangt sowie alle Pflichten durch eine schlichte Erklärung (ohne Fristsetzung) zum Erlöschen gebracht werden. Dies bestimmt § 323 Abs. 2 Nr. 2 BGB, für Schadensersatz statt der Leistung gilt dieser Gedanke im Rahmen von § 281 Abs.2 BGB auch ohne ausdrückliche Erwähnung entsprechend. Zwingend ist dies aber nicht – unternimmt der Gläubiger nichts, kann auch der Schuldner weiterhin seine Pflichten erfüllen. Davon unberührt bleibt natürlich die u. U. bestehende Pflicht zumErsatz des Verzögerungsschadens (oben Rn. 348).

355 **Beispiel:**

Wer vereinbart, dass sein Auto am 1. März bereitstehen *muss*, weil er damit am 2. März in Urlaub fahren will, kann trotzdem auch am 11. März das Auto in Empfang nehmen und bezahlen. Wenn er es aber nicht will, kann er am 2. März Rückabwicklung des Vertrages verlangen und bei fehlendem Beweis eines Mangels an Vorsatz und Fahrlässigkeit durch den Verkäufer sogar Schadensersatz statt der Leistung (z. B. ein höherer Preis bei der Konkurrenz). Jedenfalls können aber Kosten für einen Mietwagen o. Ä. für die Urlaubsreise verlangt werden.

356 • Bei einem „**Vertragsstrafeversprechen**" (§§ 339 ff. BGB) verspricht der Schuldner für die Verletzung einer (Leistungs-)Pflicht, einen **pauschalen Betrag** zu zahlen. Nach § 340 BGB hat der Gläubiger dann bei Nichtleistung die Wahl, die Strafe (und einen etwaigen höheren Schadensersatz statt der Leistung) zu fordern oder aber weiter Erfüllung zu verlangen. Ein „Schaden" muss nicht entstanden sein. Ein zu hoher Betrag kann jedoch nach § 343 BGB herabgesetzt werden, es sei denn, ein Kaufmann hat sich im Rahmen

seines Handelsgewerbes verpflichtet (§ 348 HGB). Bei Wohnraummietverträgen sind Vertragsstrafen generell unzulässig (§ 555 BGB).

→ Entscheidung 50

b) Angemessene Frist, Erfüllungsverweigerung, Abwägung. Wenn es sich um 357
kein Fixgeschäft handelt, ist nach § 281 Abs. 1 BGB bzw. § 323 Abs. 1 BGB eine „angemessene Frist“ zur ordnungsgemäßen Leistung zu bestimmen. Was „angemessen“ ist, richtet sich nach dem jeweiligen Einzelfall – so kann unter Umständen innerhalb weniger Stunden zu leisten sein, regelmäßig werden aber Tage oder sogar Wochen nötig sein. Eine zu kurze Frist setzt eine angemessene Frist in Gang. Natürlich ist eine Fristsetzung nicht erforderlich, wenn der Schuldner ohnehin erklärt, nicht leisten zu können bzw. zu wollen. Es genügt aber nicht, dass dieser nur seine Pflichten oder seine Leistungsfähigkeit in Zweifel zieht. Erforderlich ist eine **ernsthafte und endgültige Erfüllungsverweigerung**. Schließlich kann ausnahmsweise eine Interessenabwägung die sofortige Geltendmachung des Schadensersatzanspruchs rechtfertigen. Das ist besonders extremen Konstellationen vorbehalten, da eine Fristsetzung für den Gläubiger generell keine übermäßige Belastung ist. Ist eindeutig, dass der Schuldner nicht mehr leisten wird, kann sogar bereits vor Fälligkeit (Rn. 340) der Rücktritt erklärt (§ 323 Abs. 4 BGB) oder Schadensersatz statt der Leistung verlangt werden.

Wenn ein Vertrag nicht auf eine bestimmte Tätigkeit, sondern auf ein Unterlas- 358
sen gerichtet ist (z. B. kann man sich vertraglich verpflichten, nach 18 Uhr keine laute Musik mehr zu spielen), ist eine Fristsetzung nicht zweckmäßig („Ihr habt 2 Stunden Zeit, die Musik abzustellen“). Stattdessen ist eine **Abmahnung** („Noch einmal laute Musik und ich mache Schadensersatz geltend“) möglich (§ 281 Abs. 3 BGB). Auch dies gilt im Rahmen des Rücktritts (§ 323 BGB) entsprechend.

**c) Schadensersatz „statt der Leistung“, „statt der ganzen Leistung“, Aufwen- 359
dungsersatz und Rücktritt.** Das Besondere bei der „Nichtleistung“ ist, dass nicht nur die durch die Verzögerung entstehenden Verluste ersetzt werden (d. h. der „Verzögerungsschaden“, § 280 Abs. 2 BGB, Rn. 348) sondern die Leistung (konkret: der nicht erbrachte Teil) durch eine Geldzahlung (§§ 249, 251 BGB) ersetzt wird. Das Gesetz spricht daher auch von „**Schadensersatz statt der Leistung**“ (§ 280 Abs. 3 BGB).

360 **Beispiel:**
Schadensersatz statt der Leistung kann bestehen in den Kosten eines Ersatzteils (der nicht mitgelieferte Reifen wird bei einem Reifenhändler gekauft) oder in Verlusten bei einem zu günstigen Weiterverkauf (weil ein Reifen fehlt, zahlt der Kunde dem Verkäufer 100 € weniger, dieser verlangt diese 100 € vom Hersteller).

361 Unter bestimmten Umständen will der Gläubiger aber nicht nur den nicht erhaltenen Teil der Leistung durch Geld ersetzt wissen, sondern sogar die gesamte Leistung, das Erhaltene gibt er zurück. Auch diesen Fall kennt das Gesetz – es spricht von „**Schadensersatz statt der** *ganzen* **Leistung**“ (§ 281 Abs. 1 Satz 2 BGB und Satz 3 BGB). Möglich ist dies, wenn der Schuldner beweist, dass er „an der Teilleistung kein Interesse hat“, etwa wenn er von einem 32-teiligen Besteckservice nur 16 Teile erhält. Dann sind allerdings die unbrauchbaren Teile nach Rücktrittsrecht (§§ 346 ff. BGB, unten Rn. 501 ff.) zurückzugeben (§ 281 Abs. 5 BGB).

362 Unter bestimmten Umständen ist aber gar kein Schaden eingetreten. Denn als Schaden sind nur **unfreiwillige** Vermögenseinbußen ersatzfähig. Wenn (nur) freiwillige Verluste vorliegen (sog. „Aufwendungen“), können diese jedoch alternativ (d. h. nicht zusätzlich) zum Schaden ersetzt werden (§ 284 BGB). Es ist also die Höhe der Schäden mit den Aufwendungen zu vergleichen.

363 **Beispiel:**
Für eine Hochzeit wird ein Orchester bestellt und eine große Bühne aufgebaut. Das Orchester kommt nicht. Die Kosten für die Bühne können als Aufwendungen nach §§ 208 Abs. 1, Abs. 3, 281, 284 BGB ersetzt werden, obwohl die Bühne freiwillig aufgebaut wurde und nie zu einem Vermögenszuwachs führen sollte.

364 Von all diesen Erwägungen ist aber bisher die eigene **Pflicht des Gläubigers**, der vergeblich auf seine Leistung wartet, unberührt geblieben. Obwohl er also Schadensersatz verlangen kann, muss er grundsätzlich seine Pflichten weiter erfüllen – also etwa den Kaufpreis bezahlen. Ein Hin- und Herzahlen kann er sich nur ersparen, indem er die Aufrechnung (§ 389 BGB, Rn. 447 ff.) erklärt. Das Gesetz sieht aber auch einen Weg vor, die beiderseitigen Ansprüche zum Erlöschen zu bringen – den Rücktritt (§ 346 BGB), was insbesondere bei Nichtleistung möglich ist (näher dazu unten Rn. 464). Dieser kann nach § 325 BGB auch neben einem Anspruch auf Schadensersatz erklärt werden.

4. Unmögliche bzw. unzumutbare Pflichten. Ist die Leistung unmöglich oder unzumutbar, besteht keine Pflicht zur Leistung mehr (§ 275 BGB, Rn. 432) – denn man kann niemanden rechtlich zu etwas verpflichten, was er überhaupt nicht leisten kann. Insoweit kann kein Schadensersatz wegen Nichtleistung (§§ 280 Abs. 1, Abs. 3, 281 BGB) verlangt werden – denn durch die Nichtleistung wird wegen der Unmöglichkeit **keine Pflicht (mehr) verletzt**. Auch der Verzug (§ 286 BGB, Rn. 338 ff.) setzt voraus, dass noch eine Leistungspflicht besteht, d. h. die Erfüllung möglich ist. **365**

Daher kennt das Gesetz für derartige Fälle Sonderregelungen in §§ 280 Abs. 1, Abs. 3, 283 BGB und § 311a Abs. 2 BGB (für Schadensersatz) und in §§ 326 Abs. 5, 323 BGB (für den Rücktritt). Die zuerst genannte Regelungskette stellt keine große Überraschung dar – es wurde schlicht § 281 BGB durch § 283 BGB ersetzt. An die Stelle der Nichtleistung trotz vergeblicher Fristsetzung tritt die **nach Vertragsschluss eingetretene Unmöglichkeit** – die Fristsetzung hätte ohnehin keine Erfolgsaussicht und ist daher entbehrlich. Ansonsten gilt aber wie beim Schadensersatz wegen Nichtleistung, dass der Schuldner die Pflichtverletzung (hier: Nichtleistung vor Eintritt der Unmöglichkeit) zu vertreten hat. **366**

Für Fälle der **Unmöglichkeit vor Vertragsschluss**, d. h. das Versprechen einer Leistung, die der Schuldner oder gar niemand erbringen kann, trifft das Gesetz eine Sonderregelung in § 311a Abs. 2 BGB. Dahinter steht die Überlegung, dass insoweit der Vorwurf (d. h. die „Pflichtverletzung“) ein anderer ist: Da nicht einmal für eine Sekunde eine Pflicht zur Leistung bestand, muss bereits auf das Versprechen von etwas, was man nicht erfüllen kann, abgestellt werden. Dementsprechend ist nur entscheidend, ob der Schuldner wusste, dass die Leistung bei Vertragsschluss unmöglich war oder zumindest seine Unkenntnis zu vertreten hat. Die Beweislast dafür liegt bei ihm – d. h., er muss nachweisen, dass er dachte, seine Pflicht sei erfüllbar und diese Fehleinschätzung letztlich auch bei Anwendung der erforderlichen Sorgfalt unvermeidbar war. **367**

Für den **Rücktritt** (§ 346 BGB, unten Rn. 466) gibt es diese Unterscheidung nicht – insoweit werden anfängliche und nachträgliche Unmöglichkeit gleich behandelt (§§ 346 Abs. 1, 323 Abs. 1, 326 Abs. 5 BGB). Der Grund hierfür ist, dass ein „Vertretenmüssen“ im Rücktrittsrecht generell nicht verlangt wird, die genaue Definition der Pflichtverletzung wäre bloße Förmelei. **368**

Daneben treten zwei besondere Rechtsfolgen der Unmöglichkeit auf– der Anspruch auf Herausgabe des **„stellvertretenden commodums“** (§ 285 BGB) und der automatische (!) Wegfall der Gegenleistungspflicht (§ 326 Abs. 1 BGB, unten Rn. 438 ff.). **369**

370 Als „stellvertretendes commodum" bezeichnet man alles, was als Ersatz für die unmöglich gewordene Leistung vom Schuldner erlangt wurde. Geht es also beim Schadensersatz um den rechnerischen Verlust im Vermögen des Gläubigers, soll er nach § 285 BGB das herausverlangen können, was der **Schuldner** als Ausgleich für „seinen" Verlust bekommen hat. In Betracht kommen vor allem zwei Fälle:

- Einerseits kann eine verkaufte, zerstörte Sache gegen Zerstörung **versichert** gewesen sein – dann erhält der Schuldner einen Anspruch gegen seine Versicherung oder eine Zahlung.
- Oder der Verkäufer ist zur Lieferung einer Sache außerstande, weil er sie bereits jemand anderem verkauft hat – dann hat er den Kaufpreis erlangt.

Sowohl die Versicherungszahlung als auch der Kaufpreis können nach § 285 BGB herausverlangt werden; ebenso im Wege der „**Drittschadensliquidation**" (Rn. 71 ff.) erlangte Schadensersatzzahlungen Dritter an den Schuldner.

→ Übersicht 29
Fälle 40–43
Entscheidung 51

371 5. **Nicht vertragsgemäße/nicht wie geschuldete Leistung.** Es gibt schließlich Fälle, in denen der Schuldner zwar versucht, seine Pflichten pünktlich zu erfüllen, diese Leistung aber nicht der vertraglichen Vereinbarung entspricht. Grundsätzlich gelten für die Qualitätsanforderungen und die Folgen von Mängeln die gesetzlichen bzw. vertraglichen Sonderregelungen des jeweiligen Vertragstyps. Nur soweit es solche Sonderregelungen nicht gibt, oder das Gesetz einen ausdrücklichen Verweis enthält (vgl. etwa §§ 437, 634 BGB), kann und muss auf die allgemeinen Regelungen (§ 280 Abs. 1; §§ 280 Abs. 1, Abs. 3, 281; § 323 BGB) zurückgegriffen werden.

372 a) **Kauf- und Werkvertrag.** Das Gewährleistungsrecht von Kauf- und Werkvertrag ist (anders als die Hauptleistungspflichten) weitgehend parallel gestaltet und kann daher hier gemeinsam dargestellt werden.

373 **aa) Ausgangspunkt „Gefahrübergang".** Das Gewährleistungsrecht setzt erst mit dem Übergang der Gegenleistungsgefahr ein, d. h. dem Zeitpunkt, in dem der Käufer oder Besteller die Leistung in Händen hält und bezahlen muss. Wann dies der Fall ist, regeln §§ 446, 447 BGB für den Kaufvertrag und §§ 644, 640 BGB für den Werkvertrag: Ausgangspunkt ist die **Übergabe** der Sache oder die Abnahme des Werkes. **Vor** diesem Zeitpunkt gelten (nur) die oben dargestellten Regeln zur Nichtleistung, verzögerter Leistung und Unmöglichkeit.

Davon gibt es jedoch eine wichtige Ausnahme: Der Gefahrübergang erfolgt auch *ohne* Lieferung, wenn sich der Käufer bzw. Werkbesteller **im Annahmeverzug** (oben Rn. 327 ff.) befindet. Das bedeutet, dass eine Verschlechterung, nachdem die Ware ordnungsgemäß angeboten wurde, zu Lasten des Käufers geht und dieser demzufolge keine Gewährleistungsrechte geltend machen kann. Wenn der Verkäufer für die Verschlechterung allein oder weit überwiegend verantwortlich ist, bleiben die Mängelrechte des Käufers analog § 326 Abs. 2 Satz 2 BGB bestehen. Wirft also der Verkäufer die gekaufte Vase nach gescheiterter Übergabe gegen eine Wand, kann er den Kaufpreis nicht verlangen. **374**

Auch umgekehrt ist eine Ausnahme zu machen: Selbst wenn die gekaufte Sache nicht übergeben wird, kann der Käufer (nach § 323 Abs. 4 BGB, Rn. 357) bereits vorher Gewährleistungsrechte (insbesondere Minderung) geltend machen, soweit klar ist, dass der Verkäufer keinesfalls ordnungsgemäß erfüllen kann oder will und deshalb eine Nacherfüllung (durch Lieferung einer anderen Sache und Reparatur) ausscheidet. Dies ist wichtig, soweit (wie im praktischen Regelfall) der Käufer mit der Zahlung in Vorleistung tritt – dann kann er die Minderung **vor der Zahlung** erklären und muss nur den herabgesetzten Preis zahlen. **375**

Schließlich gibt es eine Ausnahme für den **Versendungskauf**, soweit dieser nicht im Rahmen eines Verbrauchgüterkaufs erfolgt oder die Versendung auf einer vollständig autonomen Entscheidungen des Verbrauchers einschließlich Auswahl des Lieferanten beruht (§§ 447, 474 Abs. 4 BGB). Während grundsätzlich der Käufer die gekaufte Ware mitnimmt bzw. abholt („Holschuld“), kann auch vereinbart werden, dass diese Ware an ihn (per Post, Kurierdienst, etc.) versandt wird. In solchen Fällen kann man sich fragen, wer das Risiko einer Beschädigung durch die Post bzw. den Kurierdienst o. Ä. trägt – denn weder der Käufer noch der Verkäufer haben hierauf einen direkten Einfluss. **376**

Das BGB unterscheidet: Handelt der Käufer als „Verbraucher“, d. h. nicht im Rahmen einer gewerblichen bzw. sonstigen beruflichen Tätigkeit, während der Verkäufer „Unternehmer“ ist, trägt der **Verkäufer** das Risiko solange nicht der Käufer den Versand veranlasst und der Verkäufer die Transportperson nicht aussucht (§ 474 Abs. 4 BGB). Im Übrigen soll das Risiko hingegen beim **Käufer** liegen (§ 447 BGB). **377**

bb) Sach- oder Rechtsmangel (§§ 437, 433 Abs. 1 Satz 2 BGB/§§ 633 Abs. 1, 634 BGB). Die „nicht wie geschuldete“ (§ 281 BGB) bzw. „nicht vertragsgemäße“ (§ 323 BGB) Leistung bei Kauf- und Werkvertrag knüpft an die Pflicht zur Lieferung einer sach- und rechtsmangelfreien Sache (§ 433 Abs. 1 Satz 2 BGB) bzw. zur Herstellung eines sach- und rechtsmangelfreien Werks (§ 633 Abs. 1 BGB) **378**

an. Für diese Fälle gibt es in § 437 BGB (Kaufvertrag) bzw. in § 634 BGB (Werkvertrag) eine abschließende Liste von Rechten, die der Käufer bzw. Besteller geltend machen kann (sog. „**Gewährleistungsrecht**").

Einige messen § 437 BGB bzw. § 634 BGB konstitutive Wirkung bei, d. h. erst durch diese Norm gelangt man zu den §§ 280 ff. BGB und §§ 323 ff. BGB. Im Obersatz schreibt man dann *„Ein Anspruch des K gegen V auf Rückzahlung des Kaufpreises könnte sich aus §§ 437 Nr. 2, 323 Abs. 1, 346 Abs. 1, 434 Abs. 1, 433 Abs. 1 Satz 2 BGB ergeben."*
Andere sehen in den Regelungen nur Klarstellungen – auch ohne sie würde man zu den entsprechenden Regelungen im Allgemeinen Schuldrecht gelangen. Im Obersatz schreibt man dann *„Ein Anspruch des K gegen V auf Rückzahlung des Kaufpreises könnte sich aus §§ 346 Abs. 1, 323 Abs. 1, 437 Nr. 2, 1. Var., 434 Abs. 1, 433 Abs. 1 Satz 2 BGB ergeben."* Beide Darstellungen sind zulässig, wobei die Letztere klarer wirkt.

379 Wann liegen nun ein „**Rechtsmangel**" bzw. ein „**Sachmangel**" vor? Ersterer ist schnell erklärt: Der übertragene Gegenstand bzw. das hergestellte Werk darf nicht mit Rechten Dritter belastet sein (z.B. Pfandrechte oder Urheberrechte) – außer der Käufer/Besteller wusste von diesen Rechten (§ 435 BGB/§ 633 Abs. 3 BGB). Gemeint sind aber nicht „Rechte" des Staates, etwa ein Verbot, etwas zu besitzen (z.B. Drogen, § 29 Abs. 1 Nr. 3 BtMG). In Klausuren bilden Rechtsmängel eine Ausnahme, in der Praxis sind sie meist schnell zu erkennen.

380 Ausgangspunkt für den „**Sachmangel**" ist der „subjektive Fehlerbegriff", der auf die vereinbarte Beschaffenheit der Sache abstellt (§ 434 Abs. 1 Satz 1, § 633 Abs. 2 Satz 1 BGB). Selbst wenn diese ungewöhnlich ist, muss der Verkäufer (bzw. Werkunternehmer) sich Vereinbarungen mit dem Käufer (bzw. Besteller) entgegenhalten lassen. Allerdings genügen natürlich nicht einseitige Äußerungen des Käufers (bzw. Bestellers) – vielmehr muss vertraglich (d. h. beidseitig) das Vorhandensein der Eigenschaften vereinbart worden sein. Wenn eine solche Vereinbarung fehlt, ist weiter zu fragen, ob eine bestimmte Beschaffenheit dadurch erforderlich wird, dass sich Käufer und Verkäufer (bzw. Besteller und Werkunternehmer) eine **bestimmte Verwendung der gekauften Sache vereinbart haben** (§ 434 Abs. 1 Satz 2 Nr. 1 BGB, § 633 Abs. 2 Satz 2 Nr. 1 BGB). Auch hier genügt es nicht, dass der Käufer *einseitig* eine bestimmte Nutzung angekündigt hat – er muss sich vielmehr mit dem Verkäufer darüber **einigen**.

Beispiele:
- War man sich etwa einig, dass der Zement zum Bau eines Hochhauses genutzt werden sollte, darf dieser nicht spröde und brüchig werden.
- Andererseits muss ein Fahrrad für einen Dreijährigen keinen Zehnjährigen tragen können.

Ist eine Einigung (wie oft) nicht nachweisbar, greift das Gesetz auf einen „*objektivierten Fehlerbegriff*“ zurück (§ 434 Abs. 1 Satz 2 Nr. 2 BGB; § 633 Abs. 2 Satz 2 Nr. 2 BGB). Der gekaufte Gegenstand bzw. die erbrachte Leistung muss für die „**gewöhnliche Verwendung**“ geeignet sein und eine Beschaffenheit aufweisen, die bei Gegenständen der gleichen Art üblich ist und die man nach der Art des Gegenstandes erwarten kann. Welche Beschaffenheit erwartet werden kann, bestimmt sich laut Gesetzesbegründung nach dem Erwartungshorizont eines Durchschnittskäufers bzw. -bestellers. Vergleichsmaßstab sollen dabei Sachen bzw. Werke der „gleichen Art“ sein, was insbesondere bei gebrauchten Sachen problematisch ist. **381**

Das Gesetz geht von einem sehr weiten Verständnis der Abweichung aus – sobald „irgendetwas“ geleistet wurde, muss sich dieses an der vertraglichen Vereinbarung messen lassen: Die Lieferung „einer **anderen Sache**“ (sog. „**aliud**“) ist die Lieferung einer „mangelhaften Sache“ (§§ 434 Abs. 3, 633 Abs. 2 Satz 3 BGB). Die Abweichung ist dann nur „extremer“. **382**

Beispiel: **383**
Eine Schlechtleistung in Form eines „Sachmangels“ liegt vor, wenn statt des eigentlich bestellten Autos ein Fahrrad geliefert wird oder wenn ein Taxifahrer seinen Kunden zum Bahnhof statt zum Flughafen fährt.

Ungeregelt ist, was gilt, wenn die tatsächlich erbrachte Leistung „**besser**“ ist, als die geschuldete (statt eines Kunstdrucks wird ein Original geliefert, statt Modeschmucks erhält der Käufer ein echtes Diamantcollier). Dann liegt zwar nach der gesetzlichen Definition ein „Mangel“ vor – der Käufer wird aber kaum seine Gewährleistungsrechte geltend machen, sondern die bessere Ware behalten. Dies ginge zu Lasten des Verkäufers. Insoweit fehlt ein Rechtsgrund zum Behalten der „besseren“ Leistung. Der Verkäufer bzw. Werkunternehmer kann seine Leistung aufgrund der sog. „condictio indebiti“ (§ 812 Abs. 1 Satz 1 BGB) zurückfordern. Der Verkäufer bzw. Werkunternehmer kann jedenfalls keine höhere Gegenleistung verlangen. **384**

385 Auch die **Lieferung einer zu geringen Menge** ist eine „mangelhafte Lieferung der richtigen Menge“ (in der 500-Gramm-Packung Mehl sind wegen eines Verpackungsfehlers nur 300 Gramm). Das darf aber nicht dazu verleiten, hierin bei der Frage, ob Schadensersatz „statt der ganzen Leistung“ (§ 281 Abs. 1 Sätze 2, 3 BGB, oben Rn. 361) verlangt werden kann bzw. ein Rücktritt möglich ist (§ 323 Abs. 5 Sätze 1, 2 BGB, unten Rn. 495 f.), etwas anderes als eine „Teilleistung“ zu sehen. Obwohl beide zwar zwischen einer „nicht wie geschuldeten“ bzw. „nicht vertragsgemäßen“ Leistung und einer „Teilleistung“ unterscheiden, hat § 434 Abs. 3 BGB keine Auswirkungen im Allgemeinen Schuldrecht. Es ist also nicht zu fragen, ob die Abweichung (objektiv) erheblich war, sondern ob der Käufer bzw. Besteller (subjektiv) auch an der Teilleistung ein Interesse hatte und diese deshalb behalten (und bezahlen) muss. Für eine zu große Menge (**Zuviellieferung**) gilt das oben Gesagte: Das zu viel Geleistete kann zurückgefordert werden, eine Pflicht, mehr zu bezahlen gibt es nicht.

386 Im Kaufvertrag gibt es schließlich noch zwei Besonderheiten zu beachten:

387 • Anders als ein Werkunternehmer muss ein Verkäufer auch für Werbung einstehen – und zwar nicht etwa nur für eigene (z. B. Media Markt-Prospekt), sondern auch für **Werbung** durch den Hersteller (Sony, Apple, etc.) und dessen Gehilfen (Promoter, Werbeagenturen), außer er hätte diese Werbung selbst bei verkehrsüblicher Sorgfalt nicht kennen können (z. B. Direktmailing) oder der konkrete Käufer wurde nicht durch die Werbung beeinflusst (etwa weil er sie gar nicht kannte!). Auf den Werkvertrag passt diese Regelung nicht.

388 • Grundsätzlich muss der Verkäufer nur eine (mangelfreie) Sache übergeben (§ 433 Abs. 1 BGB). Was der Käufer damit in der Folge macht, ist seine Sache. Eine Ausnahme hiervon statuiert § 434 Abs. 2 Satz 1 BGB: Danach kann ein Sachmangel vorliegen, wenn die (in Einzelteilen gelieferte und ansonsten fehlerfreie) Sache vom Verkäufer bzw. dessen Hilfspersonen falsch montiert wurde. Die **Montage** ist eigentlich ein Erfolg im Sinne eines Werkvertrages (§ 631 BGB, oben Rn. 288 ff.). Aus Praktikabilitätsgründen sollen die Rechtsfolgen sich insoweit aber allein nach Kaufrecht richten. Noch weiter geht § 434 Abs. 2 Satz 2 („**Ikea-Klausel**“): Danach gilt eine fehlerfreie Sache als mangelhaft, wenn sie aufgrund einer falschen Montageanleitung vom Käufer fehlerhaft montiert und beschädigt wurde. Gemeint sind damit aber nicht Fälle, in denen die Sache durch eine falsche Bedienungs- bzw. Betriebsanleitung zerstört wurde!

→ Fälle 44–45a
Entscheidungen 52–62

cc) Die Rechte des Käufers bzw. Werkbestellers. Grundsätzlich erfassen die §§ 280 ff., 323 ff. BGB auch die „nicht wie geschuldete“ bzw. „nicht vertragsgemäße“ Leistung. Die Mangelfreiheit gehört ausdrücklich zu den Pflichten des Verkäufers bzw. Unternehmers (§ 433 Abs. 1 Satz 2 BGB, § 633 Abs. 1 BGB). Aus traditionellen Gründen wurden diese aber besonders geregelt (sog. „**Gewährleistungsrecht**“). Dementsprechend verweisen § 437 BGB und § 634 BGB ausdrücklich auf die §§ 280 ff., 323 ff. BGB (Rn. 378). Aber die allgemeinen Regelungen werden in verschiedenen Punkten ergänzt und modifiziert: **389**

- Ausgangspunkt ist der Anspruch auf **Nacherfüllung** (§ 437 Nr. 1 BGB/§ 634 Nr. 1 BGB i. V. m. § 439 BGB/§ 635 BGB). Damit ist gemeint, dass „Nachlieferung“ (d. h. Austausch der fehlerhaften gegen eine fehlerfreie Sache) oder „Nachbesserung“ (d. h. Reparatur) zu gewähren ist. Eine Nachlieferung ist nicht nur möglich, wenn „irgendeine“ Sache geschuldet war (Gattungsschuld, Rn. 211 f.), sondern auch, wenn ein bestimmter Gegenstand zu liefern war (Stückschuld, Rn. 211 f.). Dann genügt es, eine „gleichartige“ andere Sache zu liefern. Die ursprüngliche Sache ist bei der Nachlieferung nach den Regelungen des Rücktritts zurückzugeben (§§ 439 Abs. 4, 635 Abs. 4 BGB). Bei einem Verbrauchsgüterkauf (Rn. 229), d.h. dem Erwerb einer beweglichen Sache durch einen Verbraucher von einem Unternehmer (Rn. 21), besteht eine besondere Privilegierung: Der Verbraucher muss die von ihm mit der ursprünglich gelieferten Sache gezogenen Nutzungen entgegen § 346 Abs. 1 BGB nicht ersetzen (§ 474 Abs. 5 Satz 1 BGB). Zur Nachlieferung gehört auch der Ausbau einer bereits eingebauten Sache und der Einbau der ersatzweise gelieferten Sache. Für alle anderen Kaufverträge besteht hingegen die Pflicht zum Nutzungsersatz. Während im Kaufrecht der Käufer die Wahl hat (§ 439 BGB), steht das Wahlrecht im Werkvertragsrecht dem Werkunternehmer, d. h. dem Hersteller des Werkes zu (§ 635 BGB). Der Verkäufer kann eine konkrete Form der Nacherfüllung nur ablehnen, weil sie mit „unverhältnismäßigen Kosten“ verbunden wäre. **390**
- Nach §§ 634 Nr. 2, 637 BGB gibt es **nur** im Werkvertragsrecht die Befugnis zur selbständigen Beseitigung von Mängeln, soweit der Unternehmer dies nicht in einer bestimmten Frist tut oder verweigert („**Selbstvornahmerecht**“). Im Kaufvertrag gibt es absichtlich keine entsprechende Regelung, auch eine teilweise vorgeschlagene Erstattung der dem Verkäufer durch die eigenständige Reparatur ersparten Aufwendungen (§ 326 Abs. 2 Satz 2 BGB, Rn. 439 f.) scheidet aus. Reparaturkosten können nur als Schadensersatz statt der Leistung (§§ 281, 283, 311a Abs. 2 BGB) verlangt werden. **391**

392 • Ein **Rücktritt** kommt durch den Verweis in § 437 Nr. 2 BGB/§ 634 Nr. 3 BGB in Betracht, wenn die Voraussetzungen von § 323 BGB oder § 326 BGB vorliegen (dazu Rn. 458). Ergänzend bestimmen aber § 440 BGB/§ 636 BGB, dass ein Rücktritt auch dann möglich ist, wenn beide Arten der Nacherfüllung nach § 439 Abs. 3 BGB/§ 635 BGB zu Recht verweigert wurden bzw. eine Art nach § 275 BGB ausgeschlossen ist (unten Rn. 432) und die andere verweigert wurde. Die Fristsetzung ist außerdem entbehrlich, wenn die Nacherfüllung fehlgeschlagen ist (i. d. R. nach dem erfolglosen zweiten Versuch) oder sie für den Käufer bzw. den Besteller unzumutbar ist.

393 • Immer dann, wenn ein Rücktritt möglich wäre bzw. nur wegen Unerheblichkeit des Mangels (§ 323 Abs. 5 Satz 2 BGB) ausgeschlossen ist (unten Rn. 496), ist nach §§ 437 Nr. 2, 441 BGB bzw. §§ 634 Nr. 3, 638 BGB eine „**Minderung**" möglich. Erforderlich ist also auch insoweit zunächst eine Fristsetzung zur Nacherfüllung bzw. deren Entbehrlichkeit nach § 323 Abs. 2 BGB, § 326 Abs. 5 BGB oder § 440 BGB. Die Minderung bestimmt sich nach folgender Formel:

$$\text{Geminderter Preis} = \frac{\text{(objektiver) Wert mit Mangel x urspr. vereinbarter Kaufpreis}}{\text{(objektiver) Wert ohne Mangel}}$$

394 • Der zu viel gezahlte Kaufpreis kann nach § 441 Abs. 4 BGB wie nach einem teilweisen Rücktritt (§§ 346 ff. BGB, näher unten Rn. 501 ff.) zurückverlangt werden. Anders als im Mietvertragsrecht ist eine Erklärung erforderlich, die Minderung tritt nicht automatisch ein.

395 • Schließlich kann nach § 437 Nr. 3/§ 634 Nr. 4 BGB Schadensersatz (oder unter den Voraussetzungen des § 284 BGB Aufwendungsersatz, Rn. 362) verlangt werden, soweit der Verkäufer bzw. Werkunternehmer den Mangel zu vertreten hat. Neben Vorsatz und Fahrlässigkeit kann der Verkäufer insbesondere eine „**Beschaffenheitsgarantie**" übernommen haben – d. h. erklärt haben, unabhängig von Verschulden für jede Abweichung von der Vereinbarung einstehen zu wollen; darüber hinaus kann er auch ausdrücklich oder konkludent ein „**Beschaffungsrisiko**" übernehmen, d. h. die Verantwortung, dass er eine fehlerfreie Sache von einem Dritten beschafft.

• Im Übrigen unterscheidet man „Mangelfolgeschäden" (= Schadensersatz „neben der Leistung", § 280 Abs. 1 BGB), d. h. solche, die an Rechten, Rechtsgütern oder Interessen des Käufers/Bestellers eintreten, und „Mangelschäden" (= Schadensersatz „statt der Leistung", §§ 280 Abs. 1, Abs. 3, 281 ff. BGB, Rn. 339). Im ersteren Fall ist weder eine Fristsetzung noch ein Ausschluss des Fristsetzungserfordernisses nötig. Im letzteren Fall ist hingegen eine Frist zur Nacherfüllung zu setzen oder es muss einer der Ausschlussgründe vorliegen.

Beispiel: 396
Wer unwissend einen verschimmelten Joghurt isst, kann die Behandlungskosten und ein Schmerzensgeld verlangen, ohne vorher Ersatzlieferung zu verlangen.

Der Verkäufer in einem Verbrauchsgüterkauf (Rn. 229) kann zwar seine Pflichten gegenüber dem Käufer nicht abbedingen. Er kann aber Rückgriff auf seinen Lieferanten (und dieser seinerseits auf seinen Zulieferer bis hin zum Hersteller) nehmen, §§ 478, 479 BGB (**Regress**). Insbesondere kann er seine Nacherfüllungsaufwendungen ersetzt verlangen, seinerseits zurücktreten, mindern oder Schadensersatz verlangen – und sich sogar auf die Beweislastumkehr nach § 476 BGB berufen. All diese Rechte sind nicht zu seinem Nachteil abdingbar; er muss jedoch seine eventuell bestehende Prüfungs- und Rügepflicht (§ 377 HGB, Rn. 402) beachten. 397

→ Fall 46
Entscheidungen 63–65

dd) Ausnahmen und Ausschluss. Die Gewährleistungsrechte des Käufers bzw. Werkbestellers sind in folgenden Fällen ausgeschlossen: 398

- Zulässig ist grundsätzlich eine **vertragliche Vereinbarung** (§§ 444 BGB, 639 BGB), allerdings nicht bei Kauf- oder Werklieferungsverträgen (oben Rn. 222 ff.) zwischen Unternehmern und Verbrauchern (§ 475 BGB). Generell sind entsprechende Vereinbarungen bei arglistigem Verschweigen eines Mangels oder bei gleichzeitiger rechtsverbindlicher Zusicherung der Mangelfreiheit im Sinne einer Garantie unwirksam. In Allgemeinen Geschäftsbedingungen (oben Rn. 190 ff.) ist ein Gewährleistungsausschluss bei neuen (d. h. „unbenutzten") Sachen unzulässig (§ 309 Nr. 8b BGB). 399
- Mängelrechte sind nach § 442 Abs. 1 Satz 1 BGB ausgeschlossen, wenn der Käufer den Mangel bei Vertragsschluss (nicht bei Übergabe!) kannte. Beim Werkvertrag ist hingegen erforderlich, dass er das Werk in Kenntnis des Mangels vorbehaltlos abnimmt (§ 640 BGB). Es wäre dann widersprüchlich, sich auf den Mangel zu berufen. Auch bei grober Fahrlässigkeit des Käufers sind Mängelrechte ausgeschlossen. Dies gilt aber nicht, wenn der Verkäufer den Mangel für möglich hielt und die Unkenntnis des Käufers zumindest billigend in Kauf nahm („Arglist") oder er eine Garantie für das Fehlen des Mangels übernommen hat. 400

401 • Besonders privilegiert sind nach § 445 BGB auch **öffentliche Versteigerungen** von verpfändeten Sachen (§ 383 Abs. 3 BGB), soweit nicht ein Unternehmer an einen Verbraucher verkauft (§ 474 Abs. 4 BGB).

402 • Schließlich kann die Gewährleistung beim Kauf von Waren durch einen Kaufmann von einem anderen („**beidseitiger Handelskauf**", § 343 HGB) ausgeschlossen sein, wenn die Ware nicht nach § 377 HGB **unverzüglich auf Mängel untersucht** wurde oder die dabei entdeckten Mängel dem Verkäufer nicht **unverzüglich angezeigt** wurden. □Unterlässt der Käufer Untersuchung *oder* Rüge, gilt die gekaufte Sache als genehmigt.□ Auch hier gilt, dass der Ausschluss bei Arglist nicht eingreift.

403 • Die **Verjährung** der Gewährleistungsrechte wird unten Rn. 543 näher erörtert.

→ Fall 47
Entscheidung 66

404 b) **Mietvertrag.** Anders als im Kauf- und Werkvertragsrecht finden sich im Mietrecht abschließende Spezialregelungen zur Schlechtleistung (§§ 536 ff. BGB). Ab der erstmaligen Gebrauchsüberlassung sind die §§ 280 ff. BGB unanwendbar.

405 • Weicht die tatsächliche Beschaffenheit der gemieteten Sache von der Vereinbarung in nicht unerheblichem Ausmaß ab (d. h. ist sie „mangelhaft" im Sinne von § 536 Abs. 1, Abs. 3 BGB) oder wurde sogar versprochen, verschuldensunabhängig zu haften, wenn die Mietsache bestimmte Eigenschaften hat („Zusicherung" im Sinne von § 536 Abs. 2 BGB), hat der Mieter nach § 535 Abs. 1 Satz 2 BGB einen Anspruch auf Beseitigung des Mangels. Solange der Mangel nicht beseitigt ist, kann der Mieter die **gesamte Mietzahlung** nach § 320 BGB (unten Rn. 530 ff.) zurückbehalten. Damit der Vermieter einen nachträglichen auftretenden Mangel aber effektiv beseitigen kann, ist der Mieter verpflichtet, diesen zu melden (§ 536c BGB), ohne eine solche „Mängelanzeige" stehen dem Mieter keine Rechte zu.

406 • Solange die Sache nicht mangelfrei ist, muss der Mieter nicht die volle Miete zahlen (§ 536 BGB). Eine **Minderung** tritt (anders als im Kaufrecht ohne Erklärung!) automatisch kraft Gesetzes ein. Ein Verschulden ist nicht erforderlich. Wurde die Nutzbarkeit vollständig aufgehoben (ist z. B. die vermietete Wohnung abgebrannt) ist der Mieter ganz von seiner Zahlungspflicht befreit. Zu viel gezahlte Miete ist nach § 812 Abs. 1 Satz 1, 1. Var. BGB zurückzuzahlen.

- **Schadensersatz** gibt es nach § 536a Abs. 1 BGB: Unabhängig von einem Verschulden haftet der Vermieter für alle Schäden, die durch Mängel entstehen, die bereits *bei Vertragsschluss* vorhanden waren (also selbst wenn er weder vom Mangel wusste noch überhaupt davon wissen konnte!). Trat der Mangel *nach Vertragsschluss* auf, haftet der Vermieter dagegen nur, wenn ihn bezüglich des Auftretens des Mangels oder aber im Hinblick auf seine Nichtbeseitigung („Verzug“, oben Rn. 338 ff.) ein Verschulden trifft. Anders als im Kaufrecht findet insoweit keine Unterscheidung zwischen „Mangelschäden“ und „Mangelfolgeschäden“ statt. **407**

- Wenn die Beseitigung des Mangels zur Erhaltung oder Wiederherstellung des Bestands der Mietsache sofort erfolgen muss oder aber der Vermieter trotz Mahnung vorsätzlich oder fahrlässig einen Mangel nicht behebt, kann der Mieter den Mangel **selbst beheben** und dem Vermieter die ihm entstandenen **Aufwendungen in Rechnung stellen** (§ 536a Abs. 2 BGB). Ansonsten kann er Aufwendungen nach §§ 539 Abs. 1, 677, 683 Satz 1, 670 BGB ersetzt verlangen, wenn die Reparatur dem wirklichen oder mutmaßlichen Willen des Vermieters entspricht (§ 683 Satz 1 BGB), von diesem genehmigt wurde (§ 684 Satz 2) oder die Maßnahme einer öffentlich rechtlichen Pflicht diente (§ 679 BGB). **408**

- Schließlich kann der Mieter bei Mängeln nach § 543 Abs. 1, Abs. 2 Nr. 1 BGB fristlos **kündigen** (dazu unten Rn. 487). **409**

Wie im Kaufrecht (§ 442 BGB, oben Rn. 400) bestehen keine Gewährleistungsansprüche, wenn der Mieter den Mangel bei Vertragsschluss **kennt** bzw. aufgrund grober Fahrlässigkeit nicht kennt (§ 536b BGB) oder die Mietsache trotz Kenntnis vorbehaltlos annimmt. Ein **Gewährleistungsausschluss** ist zulässig (§ 536d BGB). Allerdings kann bei Mietverträgen über Wohnraum weder die automatische Minderung nach § 536 BGB noch das Kündigungsrecht nach § 543 BGB ausgeschlossen werden. Durch **Formularmietverträge** kann die Haftung für Vorsatz und grobe Fahrlässigkeit nicht ausgeschlossen werden (§ 309 Nr. 7b BGB), wohl aber die Garantiehaftung für anfängliche Mängel. Wie im Kaufrecht (oben Rn. 400) greifen diese Ausschlüsse nicht bei arglistigem Handeln des Vermieters. Wie im Reisevertragsrecht (Rn. 412) ist weiterhin eine **Mängelanzeige ohne schuldhaftes Zögern** erforderlich (§ 536c BGB). **410**

→ Übersicht 30

c) **Reisevertrag.** Das BGB enthält für das Gewährleistungsrecht des Reisevertrags eigene, nicht nur vom Allgemeinen Schuldrecht, sondern auch vom Werk- **411** vertragsrecht abweichende Regelungen. Ausgangspunkt ist dabei ein „**Fehler**" (§ 651c Abs. 1 BGB), der den Wert oder die Tauglichkeit zum gewöhnlichen oder vertraglich vereinbarten Zweck aufhebt oder mindert. Maßstab sind dabei insbesondere auch Reiseprospekte – ähnlich wie bei Arbeitszeugnissen akzeptieren die Gerichte dabei aber auch sehr unscharfe Formulierungen als Warnung vor negativen Eigenschaften („Sie haben es nicht weit bis zum Flugplatz" = Fluglärm). Bloße Unannehmlichkeiten oder Aspekte des allgemeinen Lebensrisikos genügen nicht (z.B. einzelne Kakerlaken). Darüber hinaus kann der Reiseveranstalter bestimmte Aspekte „zusichern", d. h. garantieren, dafür verschuldensunabhängig einstehen zu wollen.

412 Liegt ein Mangel der Reise vor, **muss** der Reisende zunächst **Abhilfe verlangen** (§ 651c Abs. 2 Satz 1) – dies ähnelt dem Vorrang der Nacherfüllung im Kaufrecht (oben Rn. 390) sowie der Pflicht zur Mängelanzeige im Mietrecht (oben Rn. 405). Die Abhilfe kann verweigert werden, wenn sie einen unverhältnismäßigen Aufwand erfordern würde.

413 Wenn der Veranstalter innerhalb einer angemessenen Frist keine Abhilfe leistet, die Abhilfe ernsthaft und endgültig verweigert wird oder eine sofortige Abhilfe ausnahmsweise erforderlich ist, kann der Reisende **selbst für Abhilfe sorgen und die entsprechenden Aufwendungen ersetzt verlangen** (entsprechend der Selbstvornahme im Werkvertragsrecht, oben Rn. 391, bzw. im Mietrecht, oben Rn. 408).

414 Wie im Mietrecht (und anders als im Kauf- und Werkvertragsrecht, oben Rn. 393) mindert sich der Reisepreis **automatisch kraft Gesetzes**, solange keine Abhilfe erfolgt (§ 651d BGB) – und zwar unabhängig von einer etwaigen Fristsetzung (aber erst ab Anzeige). Die Berechnung erfolgt wie in Kauf- und Werkvertrag (oben Rn. 393), bereits zu viel gezahlte Beträge können nach Rücktrittsrecht (§§ 346 ff. BGB, unten Rn. 501 ff.) zurückverlangt werden.

415 Auch ein **Schadensersatzanspruch** steht dem Reisenden zu: Nach § 651f BGB kann wegen eines Reisemangels Schadensersatz „wegen Nichterfüllung" (= „statt der Leistung") verlangt werden, wobei allerdings eine Mängelanzeige erforderlich ist. Von der Regelung sind weiterhin Schäden an anderen Rechtsgütern als der geschuldeten Leistung (insbesondere also Körper- und Gesundheitsschäden) von § 651f BGB erfasst. Ein Rückgriff auf § 280 BGB ist ausgeschlossen. Wie oben dargestellt besteht bei einem Reisevertrag kein Vertrag zwischen dem Reisenden und dem Hotel, der Fluggesellschaft, etc. Diese agieren aber als „**Erfüllungsgehilfen**" (§ 278 BGB) des Reiseveranstalters, deren Verschulden dem Reiseveranstalter wie eigenes zugerechnet wird. Weiterhin bedeutet dies, dass Streitigkeiten bei Buchung über ein deutsches Unternehmen in Deutschland geführt werden können. Als Besonderheit gibt es nach § 651f Abs. 2 BGB einen Anspruch auf Entschädigung wegen **nutzlos aufgewandter Urlaubszeit** („immaterieller Schadensersatz“), der auch Arbeitslosen, Rentnern und Studierenden zusteht (denen kein „bezahlter Urlaub“ entgeht). Die Haftung des Reiseveranstalters kann durch Vertrag auf den dreifachen Reisepreis beschränkt werden (§ 651h BGB), allerdings nicht für Schäden, die vorsätzlich oder grob fahrlässig verursacht wurden, sowie für Körperschäden.

Möglich ist nach § 651e BGB schließlich eine **Kündigung der Reise aus wichtigem Grund**, wenn die Reise erheblich beeinträchtigt wurde oder die Fortsetzung der Reise aus einem für den Reiseveranstalter erkennbaren Grund dem Reisenden nicht zumutbar ist. Hierfür ist grundsätzliche eine Frist zur Abhilfe zu setzen; der Reiseveranstalter hat in diesem Fall nur einen Anspruch auf Entschädigung für die mangelfrei erbrachten bzw. bis zum Reiseende noch zu erbringenden Leistungen, außer diese haben für den Reisenden keinen Wert mehr. Der Veranstalter muss darüber hinaus für die Rückbeförderung des Reisenden sorgen. **416**

Anders als im Miet-, Kauf- und Werkvertragsrecht gibt es im Reisevertragsrecht eine starre Ausschlussfrist für die (erstmalige) Geltendmachung von Ersatzansprüchen: Ansprüche sind **einen Monat** nach dem letzten Urlaubstag des Reisenden gegenüber dem Veranstalter geltend zu machen. Wenn dies erfolgt ist, greift danach die Verjährungsfrist von zwei Jahren (unten Rn. 545). **417**

→ Entscheidung 67

d) Arbeits- und Dienstvertrag. Für Arbeits- und Dienstverträge gibt es grundsätzlich (anders als beim Werkvertrag, Rn. 389 ff.) keine Sonderregelungen bei Schlechtleistung. Es gelten also unmittelbar die Regelungen der §§ 280 ff., 323 ff. BGB. Eine Minderung gibt es nicht (vgl. § 326 Abs. 1 Satz 1, 2. Hs.), „Schlechtleistung“ kommt bei Arbeitsverträgen grundsätzlich nicht in Betracht (da der „Erfolg“ der Tätigkeit nicht geschuldet ist). Im Übrigen muss der Arbeitgeber anders als andere Gläubiger beweisen, dass der Arbeitnehmer eine Pflichtverletzung zu vertreten hat (§ 619a BGB). Die Beweislastumkehr des § 280 Abs. 1 Satz 2 BGB gilt also nicht. Im Übrigen gilt der Grundsatz „ohne Arbeit kein Lohn“ (§ 326 Abs. 1 BGB) nicht uneingeschränkt (Rn. 444). **418**

Ergänzend schützen die Arbeitsgerichte den Arbeitnehmer durch die Grundsätze der Haftung bei betrieblicher Tätigkeit: Danach haftet der Arbeitnehmer nicht, wenn ihn nur „**leichteste** Fahrlässigkeit“ trifft, bei „**leichter** und mittlerer“ **418a**

Fahrlässigkeit wird der Schaden zwischen Arbeitgeber und Arbeitnehmer geteilt, nur bei grober Fahrlässigkeit und Vorsatz trägt der Arbeitnehmer den Schaden allein. Wurde eine Person geschädigt, die nicht im Betrieb des Arbeitgebers tätig ist (etwa ein Kunde oder ein Passant), haftet der Arbeitnehmer gegenüber dieser Person zwar unbeschränkt, hat aber einen Freistellungsanspruch gegen den Arbeitgeber analog § 670 BGB. Bei Arbeitsunfällen ist eine Haftung des Arbeitgebers generell ausgeschlossen (§ 104 SGB VII).

→ Entscheidung 68

419 **6. Verletzung sonstiger Rechte, Rechtsgüter und Interessen.** Neben den im Vertrag geschuldeten Leistungen (sog. „**Äquivalenzinteresse**") hat jeder Beteiligte vom Vertrag unabhängige Rechte, Rechtsgüter und Interessen (sog. „**Integritätsinteresse**"). Während das Äquivalenzinteresse alles erfasst, was man durch den Vertrag zusätzlich erhält, meint das Integritätsinteresse alles, was man unabhängig vom Vertrag positiv hat bzw. an negativen Folgen nicht hat, etwa Krankheiten, eine Zahlungspflicht gegenüber einem Dritten, etc.

420 **Beispiel:**
Wenn ich einen Anstreicher bestelle, soll dieser meine Wohnung streichen. Ich möchte aber auch nicht, dass er mich beleidigt oder meine Teller auf den Boden wirft – selbst wenn der Vertrag dazu nichts sagt. Wenn ich einen Kühlschrank kaufe, möchte ich nicht, dass bei der Lieferung meine Vasen zerschlagen werden, auch wenn ich diese von meiner Oma geerbt habe.

421 In einem Vertrag ist jeder Beteiligte (Schuldner wie Gläubiger) zur „besonderen" (d. h. über die jedermann gegenüber bestehenden Pflichten hinausgehenden) **Rücksichtsnahme auf die Rechte, Rechtsgüter und Interessen** des Anderen verpflichtet (§ 241 Abs. 2 BGB). Damit ist über das „Äquivalenzinteresse" hinaus auch das „Integritätsinteresse" geschützt. Werden diese „**Schutzpflichten**" verletzt, liegt darin eine „Pflichtverletzung" im Sinne von § 280 Abs. 1 BGB, die zu einer Schadensersatzpflicht führt, wenn der Betreffende die Pflichtverletzung „zu vertreten" hatte – d. h. alle Umstände kannte und diese billigend in Kauf nahm („Vorsatz") bzw. die im Verkehr erforderliche Sorgfalt missachtet hat („Fahrlässigkeit"). Nur ganz fernliegende Vermögenseinbußen, die außerhalb jeder Lebenswahrscheinlichkeit liegen oder aber in keinem Zusammenhang zu der verletzten Sorgfaltspflicht stehen, sind nicht zu ersetzen. Diese Pflichten entstehen nicht erst *nach* wirksamem Vertragsschluss, sondern bereits im Vorfeld (§ 311 Abs. 2 BGB), man spricht dann von einem „vorvertraglichen Schuldverhältnis" (**culpa in contrahendo**).

Beispiel: 422
Wenn jemand im Supermarkt auf einer Bananenschale ausrutscht, ergibt sich ein Schadensersatzanspruch gegen den Supermarktbetreiber aus §§ 311 Abs. 2 Nr. 2, 280 Abs. 1, 241 Abs. 2 BGB.
Das hat zwei **Vorteile**: Zum einen haftet der Supermarktbetreiber in diesem Fall nach § 278 BGB für das Fehlverhalten seiner Erfüllungsgehilfen (= Angestellten), während er sonst nur für schlechte Auswahl und Überwachung einzustehen hätte (§ 831 BGB). Darüber hinaus trägt die Beweislast für das Verschulden nicht der Verletzte, sondern derjenige, der in Anspruch genommen wird.

Für extreme Fälle sieht § 282 BGB vor, dass der Gläubiger auf die (weitere) Erbringung der Leistung verzichten darf und stattdessen Schadensersatz statt der Leistung fordern kann. Dies setzt voraus, dass die Leistung dem Gläubiger durch die Pflichtverletzung nicht mehr „**zumutbar**“ ist. Da es sich um das letzte denkbare Mittel handelt, ist regelmäßig, aber nicht immer vorher eine Abmahnung zu fordern. In jedem Fall ist eine Abwägung vorzunehmen. Natürlich stiftet ein solcher Anspruch nur Sinn, wenn wirklich ein Vertrag besteht – bei der culpa in contrahendo scheidet § 282 BGB daher aus. 423

Beispiel: 424
Ein Anstreicher verprügelt seinen Auftraggeber. Dieser kann daraufhin einen anderen mit den Arbeiten beauftragen und die Mehrkosten dem Schläger in Rechnung stellen.

→ Übersichten 31, 32
Fälle 48, 49
Entscheidungen 69, 70

3. Kapitel Der Untergang von Ansprüchen aus Verträgen

425 Ein einmal entstandener Anspruch kann unter verschiedenen Voraussetzungen erlöschen.

I. Erfüllung

426 Der praktisch wichtigste Erlöschensgrund ist die **Erfüllung** (§ 362 Abs. 1 BGB). Gemeint ist, dass die Leistung „wie geschuldet" erbracht wurde. Dann ist klar, dass die Pflicht, die Leistung zu erbringen erlischt – sie kann nicht etwa mehrmals gefordert werden. Bei Zahlung per Banküberweisung muss das Geld beim Gläubiger eingegangen sein. Solange dies nicht der Fall ist, können z.B. Verzugszinsen verlangt werden (§ 288 BGB, Rn. 81).

427 Grundsätzlich muss die Leistung nicht höchstpersönlich erbracht werden. Eine Leistung durch am Vertrag nicht beteiligte Personen ist grundsätzlich zulässig (§ 267 BGB, Rn. 202) – allerdings muss die entsprechende Person zumindest den Willen haben, für den Schuldner zu handeln. Umgekehrt führt eine Leistung **an** eine andere Person als den Schuldner (sofern keine Abtretung erfolgt ist, Rn. 79 ff.) nach § 362 Abs. 2 BGB nur zum Erlöschen der Leistung, wenn der **Gläubiger** im Voraus eingewilligt hat (§ 184 BGB) oder dies nachträglich genehmigt (§ 186 BGB). Teilweise wird die Zustimmung durch das Gesetz fingiert (vgl. §§ 1074, 1282 BGB). Stellt der Gläubiger eine **Quittung** aus, kann der Schuldner an den Überbringer dieser Quittung leisten (§§ 368, 370 BGB), selbst wenn dieser nicht empfangsberechtigt ist. Ebenso muss derjenige, der eine Forderung durch Abtretung erlangt, sich entgegenhalten lassen, wenn an den früheren Gläubiger gezahlt wird (§ 407 BGB).

428 Ausnahmsweise kann aber auch die Leistung an den Gläubiger den Vertrag nicht erfüllen:So muss bei Minderjährigen oder Geisteskranken (oben Rn. 147 ff.) an den gesetzlichen Vertreter geleistet werden; ist der Gläubiger insolvent, ist der Insolvenzverwalter empfangszuständig (§ 80 Abs. 1 InsO).

Schließlich können Forderungen zugunsten eines Gläubigers durch ein Gericht gepfändet werden (§ 892 ZPO), bekannt ist insbesondere die „**Gehaltspfändung**“.

429 Eine andere Leistung als die geschuldete kann nur ausnahmsweise als „Erfüllung“ gelten. Das Gesetz erlaubt insoweit die **Annahme „an Erfüllung statt“** (§ 364 Abs. 1 BGB). So kann der Verkäufer eines Gebrauchtwagens – wenn dies so vereinbart wurde – statt des geschuldeten Bargeldes den alten Wagen des Käufers in Zahlung nehmen oder statt gesetzlich vorgesehener Barzahlung eine Überweisung annehmen. Solange die Parteien sich darüber einig sind, dass anstelle der ursprünglich geschuldeten Leistung etwas anderes die Erfüllung bewirken soll, kann auch dadurch Erfüllung eintreten. Ist der ersatzweise geleistete Gegenstand mangelhaft, gelten die kaufrechtlichen Gewährleistungsansprüche (§ 365 BGB i. V. m. §§ 434 ff. BGB, dazu oben Rn. 372 ff.).

430 Daneben gibt es die gesetzlich nicht geregelte **Annahme „Erfüllung halber“**. Dabei soll die Pflicht nicht durch die ersatzweise geleistete Sache erlöschen, sondern der angebotene Gegenstand nur eine zusätzliche, aber vorrangig zu nutzende Variante für den Gläubiger darstellen. Dies ist etwa bei Zahlung mit Kreditkarte oder durch einen Scheck der Fall – zahlt das Kreditkartenunternehmen nicht, kann der Verkäufer also den Kaufpreis weiterhin vom Käufer verlangen.

431 Wurde eine Leistung erst einmal als Erfüllung angenommen, gilt diese grundsätzlich als vertragsgemäß – d. h. derjenige, der etwas annimmt, muss später beweisen, dass es nicht dem Vertrag entsprach (§ 363 BGB, s. aber oben Rn. 229 zur Beweislastumkehr beim Verbrauchsgüterkauf). Die Erfüllung des Anspruchs führt zum Erlöschen von damit verbundenen „akzessorischen“ Sicherungsrechten, insbesondere Bürgschaft (oben Rn. 313 ff.), Pfandrecht (Sachenrecht Rn. 341 ff.) und Hypothek (Sachenrecht Rn. 326 ff.) – nicht aber von selbständigen Sicherheiten wie Sicherungseigentum (Sachenrecht Rn. 316 ff.) oder Grundschulden (Sachenrecht Rn. 272 ff.).

→ Übersicht 33
Fall 50
Entscheidungen 71–73

II. Untergang von Leistung und Gegenleistung

432 **1. Untergang der Leistungspflicht (§ 275 BGB).** Soweit die Leistung nicht durch den Schuldner oder sogar durch niemanden erbracht werden kann, erlischt dessen Leistungspflicht (§ 275 Abs. 1 BGB, oben Rn. 365 ff.). Dies gilt selbst dann, wenn der Schuldner den Vertrag noch erfüllen will oder sich (aus welchen Gründen auch immer) nicht auf seine Befreiung von der Leistungspflicht berufen will.

433 **Beispiel:**
Ein Vertrag über eine Reise zum Mond oder der Verkauf einer fremden Sache, deren Eigentümer nicht verkaufsbereit ist, kann nicht erfüllt werden. Auch nach Vertragsschluss kann der Bedarf nach einem Tätigwerden des Schuldners entfallen – etwa weil der liegengebliebene PKW wieder läuft (**Zweckerreichung**) oder der Patient vor Eintreffen des Arztes stirbt (**Zweckfortfall**).

434 Keine Unmöglichkeit liegt vor, wenn sich nur die Nutzbarkeit der Leistung erledigt (**Zweckstörung**) – etwa weil der gemietete Balkon auf einmal ohne Interesse ist, da der Karnevalszug wetterbedingt ausfällt oder das bestellte Essen nicht benötigt wird, da die Hochzeit nicht stattfindet.-Unmöglichkeit scheidet aus bei **Geldschulden** – hat jemand kein Geld, ist das Insolvenzverfahren der richtige Weg, nicht aber das automatische Erlöschen der Pflicht (siehe aber Rn. 335 zum Untergang bei Annahmeverzug). Bei **Gattungsschulden** (Rn. 211) tritt Unmöglichkeit ein, wenn die ganze Gattung untergeht oder aber die Leistung sich bereits auf einen bestimmten Gegenstand konkretisiert hat (§ 243 Abs. 2 BGB, oben Rn. 211 ff.) und dieser Gegenstand erloschen ist.

435 Ist die Erbringung der Leistung angesichts des Interesses des Gläubigers und des damit verbundenen Aufwandes **unzumutbar** (§ 275 Abs. 2 BGB) oder stehen der Leistungserbringung billigenswerte persönliche Umstände entgegen (§ 275 Abs. 3 BGB), *darf* die Leistung zu Recht verweigert werden. Die Pflicht erlischt nicht automatisch, eine Verweigerung kann jederzeit widerrufen werden.

436 **Beispiele:**
- Ein verkaufter Ring (Wert: 1.000 €) fällt vor Übergabe in einen See, die Bergung würde 1.000.000 € kosten. Der Verkäufer muss den Vertrag nicht erfüllen, er kann die Leistung nach § 275 Abs. 2 Satz 1 BGB verweigern. Etwas anderes kann aber gelten, wenn er den Ring absichtlich in den See

geworfen hat (§ 275 Abs. 2 Satz 2 BGB). Wurde der Ring hingegen gestohlen, liegt Unmöglichkeit (§ 275 Abs. 1 BGB) vor – es besteht keine Pflicht, Detektive mit der Suche zu beauftragen.

- Erkrankt die Tochter einer Sängerin schwer, kann diese das Konzert nach § 275 Abs. 3 BGB absagen.

Den aus Unmöglichkeit oder geltend gemachter Unzumutbarkeit folgenden **437** Untergang des Anspruchs auf die Leistung bezeichnet man als „**Leistungsgefahr**". Der Gläubiger trägt die „Gefahr", die geschuldete „Leistung" nicht mehr zu erhalten.

→ Fall 51
Entscheidungen 74–82

2. Untergang der Gegenleistung (§ 326 BGB). Geht die Leistung unter, folgt ihr **438** *grundsätzlich* auch die Gegenleistung (§ 326 Abs. 1 BGB). Ohne Arbeit kein Lohn – ohne Ware kein Kaufpreis. Bei teilweiser Unmöglichkeit entfällt die Gegenleistung für den unmöglichen Teil, bleibt aber im Hinblick auf den noch möglichen Teil erhalten – die Berechnung richtet sich nach Minderungsrecht (§ 326 Abs. 1 Satz 1 a. E. i. V. m § 441 Abs. 3 BGB, Formel oben Rn. 493). Soll in diesem Fall die ganze Gegenleistungspflicht untergehen, muss der Gläubiger nach §§ 326 Abs. 5, 323 Abs. 1 BGB zurücktreten. Bei irreparabler Schlechtleistung (und das ist auch die **Zuwenigleistung** bei Kauf- und Werkvertrag, § 434 Abs. 3 BGB, § 633 Abs. 2 Satz 3 BGB, oben Rn. 385) erlischt die Gegenleistung dagegen nicht automatisch – hierfür müssen der Rücktritt oder die Minderung **erklärt** werden (§ 326 Abs. 1 Satz 2 BGB). Soweit die Gegenleistung bereits erbracht wurde, erfolgte dies nicht etwa „ohne Rechtsgrund" (§ 812 Abs. 1 Satz 1, 1. Var. BGB), vielmehr ist nach § 326 Abs. 4 BGB insoweit Rücktrittsrecht (§§ 346 ff. BGB, unten Rn. 501 ff.) entsprechend heranzuziehen. Dies nennt man „**Gegenleistungsgefahr**" bzw. „**Preisgefahr**". Davon gibt es aber eine Reihe von Ausnahmen:

- Nach § 326 Abs. 2 Satz 1, 1. Var. BGB bleibt die Gegenleistungspflicht beste- **439** hen, wenn der **Gläubiger** für den Wegfall der Leistungspflicht (d. h. die Unmöglichkeit oder Unzumutbarkeit) allein oder weit überwiegend (d. h. ca. 95 % Verschuldensanteil) verantwortlich ist (dann ist nach § 323 Abs. 6, 1. Var. auch der Rücktritt ausgeschlossen, unten Rn. 497). Hat ein Verschulden beider Seiten an der Unmöglichkeit mitgewirkt, erlischt die Gegenleistungspflicht daher völlig – jedoch gibt es Schadensersatzansprüche des Gläubigers der unmöglichen Leistung (nach §§ 280 Abs. 1, 283 BGB bzw. § 311a BGB) und des Schuldners der unmöglichen Leistung (nach §§ 280 Abs. 1, 241 Abs. 2 BGB), die jeweils um ein Mitverschulden (§ 254 BGB) zu mindern sind. Wurde also (wie regelmäßig) gewinnbringend verkauft, kann es sein, dass der Käufer trotzdem etwas zahlen muss und dafür nichts erhält. Anrechnen lassen muss sich der Gläubiger aber die ersparten Aufwendungen (§ 326 Abs. 2 S. 2 BGB).

440 • Noch weitergehender ist die Regelung des § 326 Abs. 2 Satz 1, 2. Var. BGB: Danach bleibt die Gegenleistungspflicht auch bestehen, wenn der Gläubiger im **Annahmeverzug** ist (oben Rn. 327 ff.) und der Schuldner die Unmöglichkeit nicht zu vertreten hat (wobei er nach § 300 Abs. 1 BGB ab dem Zeitpunkt des Annahmeverzugs nur Vorsatz und grobe Fahrlässigkeit zu vertreten hat). Auch insoweit muss der Gläubiger sich freilich ersparte Aufwendungen anrechnen lassen (§ 326 Abs. 2 S. 2 BGB).

441 • Verlangt der Gläubiger Herausgabe eines vom Schuldner für den Untergang erhaltenen Ersatzes (sog. **„stellvertretendes commodum"**, § 285 BGB, Rn. 369) muss er ebenfalls die Gegenleistung erbringen. Ist der Wert des Ersatzgegenstandes geringer als die geschuldete Leistung, sind die gesetzlichen Minderungsregeln (§ 441 Abs. 3 BGB, Rn. 493) heranzuziehen – übersteigt der Wert des Ersatzes den Wert der geschuldeten Sache erhöht sich die Gegenleistung hingegen nicht.

442 • Im **Kaufrecht** (Rn. 373 ff.) geht die Gefahr des zufälligen Untergangs mit der Übergabe der verkauften Sache bzw. bei Annahmeverzug (§ 336 BGB) oder bei vereinbartem Versendungskauf, der kein Verbrauchsgüterkauf ist (oben Rn. 377), mit der Übergabe an die Transportperson über (§ 447 BGB).

443 • Bei **Werkverträgen** (Rn. 288 ff.) geht die Gefahr mit der Abnahme bzw. bei Annahmeverzug auf den Besteller über (§ 644 Abs. 1 Satz 1 BGB), auch eine Versendung ist wie beim Kauf möglich (§ 644 Abs. 2 BGB).

444 • Für **Arbeitsverträge** (nicht aber für Dienstverträge) regelt § 615 Satz 3 BGB das sog. „Betriebsrisiko" des Arbeitgebers. Dahinter steht die Überlegung, dass Störungen, die mit der Organisation und dem Ablauf des Betriebes zusammenhängen, nicht zu Lasten des Arbeitnehmers gehen sollen. Brennt also die Fabrikhalle ab oder fällt der Strom aus, behält der Arbeitnehmer seinen Lohnanspruch. Einen ähnlichen Sonderfall regelt § 3 EFZG: Danach erhält ein Arbeitnehmer, der wegen Krankheit seine Leistung nicht erbringen kann trotzdem seinen Lohn.

- Darüber hinaus regelt § 616 Satz 1 BGB, dass der Vergütungsanspruch des 445
  Arbeitnehmers **oder Dienstverpflichteten** auch dann fortbesteht, wenn er „für eine verhältnismäßig nicht erhebliche Zeit durch einen in seiner Person liegenden Grund **ohne sein Verschulden**" an der Dienstleistung gehindert ist.

Beispiel: 446
Der Hausbesuch der Logopädin beginnt fünf Minuten später, da sie ihr einjähriges Kind zum Arzt bringen musste.

→ Fall 52

III. Aufrechnung

Die Aufrechnung (§§ 387 ff. BGB) bewirkt das Erlöschen der Leistungspflicht 447
zu dem Zeitpunkt, in dem die Aufrechnungslage erstmals vorlag (§ 389 BGB) – also nicht etwa erst zum Zeitpunkt der Erklärung (ex tunc-Wirkung). Bestand also schon bei erstmaliger Fälligkeit der Leistungspflicht eine Aufrechnungslage in voller Höhe der Forderung, entfallen mit der Erklärung (egal wann sie erfolgt) auch die Pflicht zur Zahlung von Verzugszinsen (§ 288 BGB) oder auf Ersatz eines Verzögerungsschadens (§§ 280 Abs. 2, 286 BGB; oben Rn. 348). Dafür bestehen drei Voraussetzungen:

- Es muss eine **Aufrechnungslage** vorliegen: 448
  - –Derjenige, der die Aufrechnung erklärt, muss eine eigene Forderung 449
    gegen denjenigen haben, dem er sie erklärt (sog. **Gegenforderung**), während dieser wiederum eine Forderung gegen ihn haben muss (sog. **Hauptforderung**). Man nennt dies **„Gegenseitigkeit der Forderungen"**.
  - –Die geschuldeten Leistungen müssen **„gleichartig"** sein (insbesondere, 450
    aber nicht zwingend Geld). Allerdings muss nur die Art der geschuldeten Gegenstände gleich sein – nicht die Menge oder der rechtliche Grund.
  - –Die Gegenforderung (d. h. die Forderung des Erklärenden) muss **durch-** 451
    setzbar und fällig sein; die Verjährung (Rn. 532 ff.) schadet nur, wenn die Gegenforderung bereits bei Begründung der Hauptforderung verjährt war (§ 215 BGB).

452 – –Umgekehrt muss die Hauptforderung nur **wirksam und erfüllbar** sein, Verjährung schadet insoweit ebenso wenig wie andere Einreden.

453 • Die Aufrechnung muss gegenüber dem eigenen Gläubiger (= Aufrechnungsschuldner) **erklärt** werden. Insoweit gelten die oben dargestellten Ausführungen insbesondere bezüglich Geschäftsfähigkeit (oben Rn. 147 ff.) und Stellvertretung (oben Rn. 38 ff.) entsprechend. Bedingung und Befristung (oben Rn. 155 ff.) sind hingegen nach § 388 Satz 2 BGB unzulässig. Möglich ist eine hilfsweise Aufrechnung nur im Rahmen eines gerichtlichen Rechtsstreits (sog. Eventualaufrechnung).

454 • Es darf **kein Aufrechnungsverbot** eingreifen.

455 – Ein solches Verbot kann zum einen durch Vertrag vereinbart werden. Dies gilt im Zweifel, wenn Leistungszeit und Leistungsort der Hauptforderung vertraglich festgelegt sind und die Gegenforderung an einem anderen Ort zu erfüllen ist (§ 391 Abs. 2 BGB). In AGB ist ein Aufrechnungsverbot gegenüber Nichtunternehmern (§ 309 Nr. 3 BGB) unwirksam, wenn es auch Forderungen erfasst, die unbestritten oder rechtskräftig festgestellt sind.

456 – Die Aufrechnung ist durch Gesetz ausgeschlossen, wenn die Hauptforderung beschlagnahmt ist (§ 392 BGB), etwa durch gerichtliche Pfändung (§ 829 Abs. 1 Satz 1 ZPO). Ebenso wenig kann nach § 393 BGB **mit** Forderungen aus einer **vorsätzlichen unerlaubten Handlung** (nicht aber z. B. aus einem fahrlässigen Unfall) aufgerechnet werden. Gemeint ist damit, dass ein Verkäufer, dem der Käufer 500 € schuldet, diesen nicht so lange verprügeln darf, bis dieser Schadensersatz- und Schmerzensgeldansprüche in Höhe von 500 € gegen ihn erwirbt und dann die Haftung durch eine Aufrechnungserklärung zum Erlöschen bringen kann. Umgekehrt gilt dies freilich nicht: Der Verprügelte kann, wenn der Verkäufer zahlungsunfähig ist, zumindest seine Kaufpreiszahlungspflicht durch Aufrechnungserklärung zum Erlöschen bringen.
Nicht aufgerechnet werden kann nach § 394 BGB schließlich gegen unpfändbare Forderungen (§§ 850 ff. ZPO).

→ Fälle 53, 54
Entscheidungen 83, 84

IV. Widerruf, Rücktritt und Kündigung

Eine einmal entstandene vertragliche Pflicht kann auch durch einseitige Erklärung zum Erlöschen gebracht werden. Anders als die Anfechtung, die rückwirkend (!) eine Willenserklärung vernichtet (Rn. 96 ff.), wirken Widerruf, Rücktritt und Kündigung nur für die Zukunft. 457

Die Frage, ob ein wirksamer Rücktritt, eine wirksame Kündigung oder ein wirksamer Widerruf der auf den Vertragsschluss gerichteten Willenserklärung vorliegt, erfolgt immer in vier Schritten: 458

- Vorliegen eines Rücktritts-/Kündigungs-/Widerrufsgrund
- Abgabe einer wirksamen Rücktritts-/Kündigungs-/Widerrufserklärung
- kein Ausschluss von Rücktritt/Kündigung/Widerruf
- Folgen von Rücktritt bzw. Widerruf (bei der Kündigung erfolgt keine Rückabwicklung, sondern es fehlt nur für die Zukunft ein Rechtsgrund)

1. Rücktrittsgrund, Widerrufsgrund und Kündigungsgrund. Es ist zu unterscheiden zwischen vertraglichen (Rn. 460 f.) und gesetzlichen (Rn. 462 ff.) Rücktrittsgründen, zwischen gesetzlichen Widerrufsrechten (Rn. 469 ff.) sowie ordentlicher (Rn. 475 ff.) und außerordentlicher (Rn. 484 ff.) Kündigung. 459

a) Vertragliche Rücktrittsrechte. In vielen Fällen ist vertraglich die Möglichkeit zum Rücktritt vorgesehen (z. B. in den AGB von Reiseveranstaltern). Solche vertraglichen Rücktrittsrechte sind **generell zulässig** (vgl. § 346 Abs. 1 BGB). Gemeint ist jedes Recht, sich vom Vertrag zu lösen („Rückgabegarantie ohne Gründe"), soweit nicht ausnahmsweise ein gesetzliches Rücktritts- oder Widerrufsrecht (unten Rn. 469 ff.) eingreift. Bei **Wohnraummietverträgen** ist eine Vereinbarung, durch welche der Vermieter nach Überlassung des Wohnraums an den Mieter vom Vertrag zurücktreten können soll, unwirksam (§ 572 Abs. 1 BGB). Gegenüber Nicht-Unternehmern, kann in AGB (oben Rn. 190 ff.) kein Rücktrittsrecht vereinbart werden, durch das sich der Verwender ohne im Vertrag genannten sachlichen Grund von seiner Leistungspflicht befreien kann (§ 308 Nr. 3 BGB). 460

Beispiel: 461
Verträge mit Klauseln wie „freibleibend" oder „Liefermöglichkeit vorbehalten".

→ Entscheidung 85

462 b) **Gesetzliche Rücktrittsrechte.** Praktisch sehr bedeutsam ist die Möglichkeit, aufgrund eines **gesetzlichen** Rücktrittsrechts zu verlangen, dass die eigene Leistung (in der Regel das gezahlte Geld) Zug-um-Zug gegen Rückgabe der erhaltenen Leistung (etwa die gelieferte Sache) zurückgegeben wird.

463 Das BGB unterscheidet insoweit parallel zum „**Schadensersatz statt der ganzen Leistung**" (§ 281 Abs. 1 Satz 2 und 3 BGB, § 283 BGB und § 284 BGB) insgesamt vier Fälle:

464 • Die Regelungen zur **Nichtleistung** (oben Rn. 350 ff.) und **Schlechtleistung** (oben Rn. 371 ff.) in § 323 BGB entsprechen § 281 BGB (oben Rn. 350 ff., 371 ff.). Wie der Schadensersatz statt der ganzen Leistung ist bei Nicht- oder Schlechtleistung auch der Rücktritt ausgeschlossen, soweit die Schlechtleistung aus Sicht eines neutralen Dritten „unerheblich" ist bzw. bei einer Teilleistung trotz Abweichung zwischen vertraglicher Pflicht und tatsächlicher Lieferung auch ein Interesse an dem erhaltenen Teil bestand.

465 • Der Rücktritt nach § 324 BGB wegen **Verletzung wesentlicher Schutzpflichten**, durch welche das Festhalten am Vertrag unzumutbar wird, entspricht § 282 BGB (oben Rn. 423).

466 • Schließlich kann der Gläubiger auch nach § 326 Abs. 5 BGB zurücktreten, soweit die Leistung ganz oder teilweise **unmöglich** ist, was § 283 BGB **und** § 311a BGB entspricht (beim Rücktritt wird also nicht zwischen anfänglicher und nachträglicher Unmöglichkeit unterschieden). Auf den ersten Blick mag dies überraschen – muss man doch die Gegenleistung nach § 326 Abs. 1 BGB ohnehin nicht erbringen, wenn die Leistung des anderen unmöglich ist, und kann nach § 326 Abs. 4 BGB bereits erbrachte Leistungen zurückverlangen. Bedeutung erlangt die Norm in **drei Konstellationen**:
  - Bei einer irreparablen Schlechtleistung erlischt die Gegenleistung nach § 326 Abs. 1 Satz 2 BGB nicht automatisch (Rn. 438). Ein Rücktritt ist aber insbesondere bei Kauf- und Werkvertrag (§ 437 Nr. 2 BGB, § 634 Nr. 3 BGB) möglich.
  - Zweitens ist ein Rücktrittsrecht nötig, soweit die Leistung nur teilweise unmöglich ist – denn nach § 326 Abs. 1 BGB entfällt die Pflicht nur für den unmöglichen Teil, die übrigen Pflichten erlöschen erst durch Rücktritt.
  - Und schließlich kann es durchaus sein, dass Streit darüber besteht, ob der Schuldner überhaupt noch leisten muss oder seine Pflicht durch Unmöglichkeit (§ 275 Abs. 1 BGB) untergegangen ist. Durch eine Rücktrittserklärung kann dann die Pflicht unabhängig davon, ob sie noch erfüllt werden

kann, zum Erlöschen gebracht werden. Gäbe es § 326 Abs. 5 BGB nicht, wäre ein Rücktritt mangels einer pflichtwidrigen Nichtleistung im Sinne von § 323 Abs. 1 BGB bei Unmöglichkeit ausgeschlossen.

Im Gegensatz zum Schadensersatz statt der ganzen Leistung ist kein Vertretenmüssen erforderlich, die Pflichtverletzung als solche genügt. Nach § 325 BGB kann der Gläubiger allerdings bei Vertretenmüssen **sowohl** Schadensersatz statt oder neben der Leistung verlangen und zurücktreten. Dabei darf man aber nicht etwa eine Position doppelt als Schaden (§ 249 BGB) und als Wertersatz (§ 346 Abs. 2 BGB) liquidieren. **467**

Ein Rücktritt ist nach § 313 Abs. 3 BGB weiterhin ausnahmsweise möglich bei „**Störung der Geschäftsgrundlage**". Damit ist gemeint, dass alle am Vertrag Beteiligten davon ausgingen, dass ein bestimmter Umstand eintritt bzw. nicht eintritt, der nicht von einer Partei zu verantworten ist – aber sich diese Erwartungen nicht erfüllen (objektive Geschäftsgrundlage, § 313 Abs. 1 BGB) oder aber alle Parteien davon ausgingen, dass ein bestimmter Umstand vorliegt, der in Wirklichkeit jedoch fehlt (subjektive Geschäftsgrundlage, § 313 Abs. 2 BGB). **468**

→ Übersicht 34
Fall 55

c) Gesetzliche Widerrufsrechte. Zur Stärkung des Verbraucherschutzes gewährt das BGB eine Reihe von Widerrufsrechten (§ 312g BGB) bei Geschäften zwischen Unternehmern (§ 14 BGB: Personen, die im Rahmen ihrer beruflichen Tätigkeit handeln) und Verbrauchern (§ 13 BGB: Personen, die *überwiegend* zu anderen Zwecken handeln). In der Klausur ist ein solches Widerrufsrecht in zwei Schritten zu prüfen. Zunächst muss das tatbestandliche Eingreifen des Widerrufsrechts festgestellt werden: **469**

- **Außerhalb von Geschäftsräumen geschlossene Verträge** (§ 312b BGB) begründen ein Widerrufsrecht zum Schutz vor Überrumpelung durch Ansprechen in Situationen, in denen man keine Verträge schließen will. **470**
- **Fernabsatzveräge** (§ 312c BGB) ermöglichen einen Widerruf aufgrund der Gefahr, dass man mangels vorheriger Prüfung „vor Ort" eine Sache erhält, die nicht den Erwartungen (wohl aber dem vor allem durch den Versender geprägten Vertrag) entspricht. **471**
- **Verbraucherdarlehensverträge**, verwandte Geschäfte und mit Darlehen verbundene Verträge (§ 495, 505 BGB, oben Rn. 309) – hier besteht das Widerrufsrecht wegen der großen wirtschaftlichen Bedeutung für die Betroffenen. **472**

473 • **Timesharing-Verträge** (§ 485 BGB, siehe auch oben Rn. 271 ff.) sind ebenfalls regelmäßig wirtschaftlich bedeutsam und werden oft bei Vertragsschluss in ihren Folgen noch nicht vollständig überblickt.

474 Im zweiten Schritt sind die Ausnahmen des § 312g Abs. 2 BGB zu prüfen. Dabei ist zu beachten, dass die Widerrufsrechte nach Verbraucherdarlehensrecht diese Ausnahmen nicht kennen und daher vorrangig sind (§ 321g Abs. 3 BGB). Damit die Widerrufsrechte den Unternehmer nicht übermäßig belasten, gilt eine kurze Widerrufsfrist (§ 355 Abs. 2 BGB – 14 Tage). Damit der Verbraucher diese einhalten kann schreibt das Gesetz eine „Unterrichtung“ vor (§ 356 Abs. 3 BGB). Soweit diese nicht erteilt wird, läuft bei Fernabsatzverträgen oder außerhalb von Geschäftsräumen geschlossenen Verträgen eine Frist von 12 Monaten und 14 Tagen ab Vertragsschluss oder Gefahrübergang (§ 355 Abs. 3 S. 2 BGB).

→ Fall 56
Entscheidungen 86–89

475 d) **Ordentliche Kündigung.** Für Verträge, die über einen längeren oder sogar unbestimmten Zeitraum laufen sollen (sog. „**Dauerschuldverhältnisse**“, z. B. Miete, Arbeitsvertrag, Reisevertrag, Darlehen, aber auch Mobilfunkverträge), ist ein Rücktrittsrecht wenig geeignet. Denn die Rückabwicklung ist insoweit praktisch kaum möglich und regelmäßig auch nicht gewollt: Soweit bereits Leistungen erbracht wurden, erfolgten diese aufgrund des Vertrages und sollen dementsprechend vergütet werden. An die Stelle des Rücktritts tritt die „Kündigung“.

476 Eine Kündigung ist regelmäßig an eine bestimmte Frist gebunden, zum Teil muss darüber hinaus auch ein bestimmter Grund vorliegen:

477 • Obwohl ein **Werkvertrag** gerade nicht auf Tätigkeiten über einen bestimmten Zeitraum gerichtet ist, sondern auf einen Erfolg, kann er nach § 649 Satz 1 BGB jederzeit ohne Grund gekündigt werden – wobei dennoch nach § 649 Satz 2 BGB die volle Vergütung zu zahlen ist, nur ersparte Aufwendungen sind anzurechnen.

478 • Für **Dienstverträge** regelt § 621 BGB besondere Kündigungsfristen, für Arbeitsverträge finden sich die Fristen in § 622 BGB. Der Arbeitnehmer kann danach vier Wochen zur Mitte oder zum Ende eines Kalendermonats kündigen, für den Arbeitgeber sind die Fristen nach der bisherigen Dauer des Vertrages gestaffelt (bis zu sieben Monate!). Zulässig ist aber eine Probezeit von bis zu sechs Monaten, innerhalb derer mit einer Frist von zwei Wochen gekündigt werden kann (§ 622 Abs. 3 BGB). In Tarif- oder Arbeitsverträgen

kann anderes geregelt werden (§ 622 Abs. 4, Abs. 5 BGB) – wobei die Frist für den Arbeitnehmer nie länger als für den Arbeitgeber sein darf (§ 622 Abs. 6 BGB). Darüber hinaus muss ab einer bestimmten Betriebsgröße die Kündigung nach dem Kündigungsschutzgesetz „sozial gerechtfertigt" sein.

- § 573c BGB regelt die Kündigungsfristen für **Mietverhältnisse** über Wohn- **479**
  raum (spätestens dritter Werktag eines Monats zum übernächsten Monat, Verlängerung um je drei Monate auf bis zu 9 Monate nach Dauer), für alle anderen Mietsachen gilt dagegen § 580a BGB. Bei Wohnraum ist darüber hinaus nach § 573 BGB ein Kündigungsgrund erforderlich, insbesondere eine „nicht nur unerhebliche" Pflichtverletzung des Mieters oder Eigenbedarf. Darüber hinaus kann aber auch eine angemessene wirtschaftliche Verwertung des Grundstücks angeführt werden, soweit ansonsten „erhebliche" Nachteile drohen. Die Gründe sind im Kündigungsschreiben anzugeben – eine nachträgliche Ergänzung ist grundsätzlich ausgeschlossen. Die Kündigung kann allerdings ausgeschlossen werden, durch Formularmietvertrag jedoch nicht für einen längeren Zeitraum als vier Jahre (analog § 557a Abs. 3 BGB).
- Beim **Darlehensvertrag** (§§ 488 Abs. 3, 489 BGB) ist eine ordentliche Kündi- **480**
  gung durch beide Parteien mit einer Frist von drei Monaten möglich, wenn keine Fälligkeit vereinbart wurde; wenn keine Zinsen vereinbart wurden, kann der Darlehensnehmer sogar sofort kündigen. Der Darlehensnehmer kann aber auch dann kündigen, wenn eine Frist vereinbart wurde – bei einem variablen Zinssatz gilt eine Frist von drei Monaten (§ 489 Abs. 2 BGB); bei einem festen Zinssatz ist eine Kündigung nur möglich, wenn entweder die Zinsbindung vor Fälligkeit endet und mangels neuer Vereinbarung ein „rechtliches Vakuum" entsteht (dann gilt eine Frist von einem Monat) oder das Darlehen einem Verbraucher (nicht aber einem Existenzgründer oder sonstigen Unternehmer!) gewährt wurde, sechs Monate nach der Auszahlung verstrichen sind und es nicht durch Grundschuld oder Hypothek gesichert ist (dann gilt eine Frist von drei Monaten). Schließlich kann auch mit einer Frist von sechs Monaten gekündigt werden, wenn zehn Jahre nach Empfang des Darlehens vergangen sind.
- Für den **Pachtvertrag** über Grundstücke und Rechte enthält § 584 BGB Son- **481**
  derregelungen, für den Landpachtvertrag gelten die Fristen des § 594a BGB (fast zwei Jahre Kündigungsfrist bei Verträgen über unbestimmte Zeit!).
- Beim **Sachdarlehen** sieht § 608 BGB keine Kündigungsfrist vor – sie kann **482**
  daher, wenn nichts anderes vereinbart ist, jederzeit erklärt werden.

483 Das Kündigungsrecht kann grundsätzlich **vertraglich** ausgeschlossen, beschränkt oder an andere Fristen geknüpft werden. Wegen Verstoßes gegen Treu und Glauben (§ 242 BGB) ist auch eine Kündigung zur Unzeit (etwa während einer Beerdigung) ausgeschlossen. Ausdrücklich geregelt ist dies nur für den Auftrag (§ 671 Abs. 2 S. 2 BGB).

484 **e) Außerordentliche Kündigung („aus wichtigem Grund").** Manchmal erscheint es ungerecht, einen Vertrag erst nach einer gewissen Frist zu beenden.

485 **Beispiele:**
- Der Mieter hat ein Verhältnis mit der Ehefrau des Vermieters.
- Der Angestellte hat seinen Chef bestohlen oder verprügelt.

486 In diesen Fällen ist die Vertrauensgrundlage zwischen den Vertragsparteien „nachhaltig" (= endgültig oder zumindest langfristig) zerstört. Ein Festhalten am Vertrag muss nach Abwägung der betroffenen Interessen aller Beteiligten unzumutbar sein. Solche Abwägungen sollten uns bereits bekannt sein – nämlich bei der Frage, inwieweit wegen Schutzpflichtverletzungen „Schadensersatz statt der Leistung" verlangt werden kann (oben Rn. 423) sowie bei der Frage, ob das Festhalten am Vertrag nach § 275 Abs. 2 BGB bzw. § 313 BGB zumutbar ist. Man kann daher regelmäßig eine Fristsetzung oder zumindest eine Abmahnung verlangen (vgl. § 314 Abs. 2 BGB; für Miete: § 534 Abs. 3 BGB und § 569 Abs. 1, 2 BGB). Darüber hinaus muss die Kündigung zeitnah zur Kenntniserlangung vom Grund erfolgen (vgl. z. B. § 626 Abs. 2 BGB: 2 Wochen). Bei besonderen Vertrauensverhältnissen (etwa Verträgen mit Anwälten oder Ärzten) muss ein Grund hingegen nicht dargetan werden (§ 627 Abs. 1 BGB).

487 Für diese Fälle sieht das Gesetz ein auch vertraglich nicht ausschließbares Kündigungsrecht „aus **wichtigem Grund**" vor. Geregelt ist dieses in § 626 BGB für Dienst- und Arbeitsverträge, in §§ 543, 569 BGB für Mietverträge und ganz allgemein für alle sonstigen Verträge in § 314 BGB. Eine Sonderregelung besteht für den Darlehensvertrag: Nach § 490 BGB kann der Darlehensgeber fristlos kündigen, wenn die Rückerstattung seines Darlehens gefährdet ist – wobei eine Interessenabwägung nur erforderlich ist, soweit das Darlehen bereits ausgezahlt wurde. Der Darlehensnehmer kann mit einer Frist von drei Monaten kündigen, wenn das Darlehen durch Hypothek oder Grundschuld gesichert ist und er ein berechtigtes Interesse geltend machen kann (z. B. weil er das Grundstück zur Sicherung eines anderen Vertrages einsetzen will).

488 Eine außerordentliche Kündigung kennt das Gesetz auch beim **Leihvertrag** (§ 605 BGB), und zwar insbesondere bei unvorhergesehenem Eigenbedarf des

Verleihers, vertragswidrigem Gebrauch der Mietsache und Tod des Entleihers (da die Erben nicht von der Leihe profitieren sollen).

Eine Kündigung aus wichtigem Grund ist schließlich auch beim **Werkvertrag** möglich, wenn die Fortsetzung unter Abwägung der beiderseitigen Interessen unzumutbar ist (§ 649 Satz 2 BGB). Dann kann der Unternehmer zwar vollständige Vergütung für erbrachte Leistungen verlangen, im Übrigen jedoch nichts. 489

2. Rücktritts-/Widerrufs-/Kündigungserklärung. Das Vorliegen eines Grundes führt nicht automatisch zum Erlöschen des Schuldverhältnisses. Vielmehr muss das entsprechende Recht auch wirksam ausgeübt werden. Hierzu ist eine **Willenserklärung** (oben Rn. 88) erforderlich, die unmittelbar die gewünschten Folgen nach sich zieht, es handelt sich daher um ein „einseitiges Rechtsgeschäft" in Abgrenzung zum Vertrag selbst, der ein „zweiseitiges Rechtsgeschäft" darstellt. Da die Rechtslage unmittelbar durch die Erklärung geändert wird, spricht man auch von einem „Gestaltungsrecht". 490

Grundsätzlich sind an die entsprechenden **Erklärungen** keine hohen Anforderungen zu stellen (s. auch oben Rn. 113 zur Anfechtungserklärung). Es genügt, wenn für den Empfänger erkennbar ist, dass sich der oder die Betreffende vom Vertrag lösen will. Die Angabe der Rechtsgrundlage ist nicht erforderlich, aber die maßgeblichen Tatsachen (etwa: Vorliegen eines Defekts, Bestehen eines Widerrufsrechts) müssen erkennbar sein. 491

Widerrufserklärungen müssen in Textform (d. h. in Zeichen fixiert, Unterschrift ist aber nicht erforderlich, § 126b BGB) (§ 355 Abs. 1 i. V. m. § 126b BGB), Kündigungserklärungen von Arbeits- (§ 623 BGB) und Mietverträgen über Wohnraum (§ 568 BGB) sowie Landpachtverträge (§ 594 BGB) schriftlich (d. h. mit Unterschrift) erfolgen. Für alle anderen Fälle bestehen keine **Formvorgaben** (außer sie sind vertraglich vereinbart). Zur Zugangsvereitlung s. oben Rn. 131. 492

Soweit im Falle eines Widerrufsrechts von der bei Fernabsatzverträgen (§ 312d Abs. 1 Satz 2 BGB), bei Haustürgeschäften (§ 312 Abs. 1 Satz 2 BGB) und bei Teilzahlungsgeschäften (§ 503 BGB) bestehenden Möglichkeit der Einräumung eines „**Rückgaberechtes**" Gebrauch gemacht wird, ist eine Erklärung nicht erforderlich, ist statt einer Erklärung die Rücksendung der gekauften Ware (§ 356 BGB) erforderlich. Ein „Rücknahmeverlangen" genügt nur, wenn die Ware nicht als Paket versandt werden kann (§ 356 Abs. 2 Satz 2 BGB). 493

→ Entscheidung 90

494 3. **Ausschlussgründe**. Ein Widerruf, bzw. ein Rücktritt oder eine Kündigung können ausnahmsweise ausgeschlossen sein. Ein Ausschluss kann dabei dauerhaft oder nur vorübergehend bestehen:

495 • Bei einer **Teilleistung** ist nach § 323 Abs. 5 Satz 1 BGB der Rücktritt bezüglich des gesamten Vertrages nur möglich, wenn der Gläubiger (subjektiv) an dieser Teilleistung kein Interesse hat. Der Gläubiger muss darlegen und beweisen, dass und warum er kein Interesse hat (etwa bei aufeinander abgestimmten Dekorgegenständen).

496 • Der Rücktritt ist nach § 323 Abs. 5 Satz 2 BGB bei einer nicht vertragsgemäßen Leistung ausgeschlossen, wenn die Pflichtverletzung „**unerheblich**" ist. Die Beweislast für die Unerheblichkeit trägt der Schuldner. Dies betrifft natürlich Bagatellfälle, aber weitergehend auch alle Konstellationen, in denen der durch den Mangel verursachte Wertunterschied objektiv geringfügig ist. Bei arglistigem Verschweigen ist wegen des Vertrauensverlustes die Erheblichkeit hingegen stets zu bejahen. Trotz § 434 Abs. 3 BGB ist bei Lieferung einer zu geringen Menge im Rahmen eines Kaufvertrages nicht die vom Verkäufer zu beweisende Erheblichkeitsgrenze, sondern der vom Käufer zu beweisende Interessenfortfall maßgeblich.

497 • Nach § 323 Abs. 6, 1. Var. BGB ist der Rücktritt ausgeschlossen, wenn der Gläubiger für den Rücktrittsgrund allein oder weit überwiegend verantwortlich ist.

498 • Nach § 323 Abs. 6, 2. Var. BGB ist der Rücktritt weiterhin ausgeschlossen, soweit derjenige, der ihn erklärt, im **Annahmeverzug** (oben Rn. 336) ist. Wird eine gekaufte Sache also beschädigt, während der Verkäufer auf die Abholung wartet, scheidet ein Rücktritt wegen des zu diesem Zeitpunkt erstmalig eingetretenen Sachmangels aus.

499 • Der Widerruf ist ausgeschlossen, soweit die **Widerrufsfrist** abgelaufen ist. Diese beträgt zwei Wochen (§ 355 Abs. 1 BGB), wobei die rechtzeitige Absendung genügt. Die Frist beginnt grundsätzlich mit Vertragsschluss (§ 355 Abs. 2 BGB, siehe aber § 356 Abs. 2 BGB), wobei allerdings der Beginn von einer ordnungsgemäßen Unterrichtung über das Widerrufsrecht abhängig ist (§ 356 Abs. 3 BGB). Dennoch greift auch ohne Belehrung ein Höchstfrist von zwölf Monaten und 14 Tagen.

500 • Der Rücktritt kann als Gestaltungsrecht zwar **nicht verjähren** (Rn. 532 ff.), jedoch ist er nach § 218 BGB ausgeschlossen, wenn der Anspruch auf die Leistung bzw. auf Nacherfüllung verjährt bzw. im Falle der Unmöglichkeit

(wo nach § 275 Abs. 1 BGB ein solcher Anspruch nicht besteht und daher auch nicht verjähren kann) ein „gedachter" Anspruch verjährt wäre.

→ Entscheidung 91

4. Folgen von Rücktritt, Widerruf und Kündigung. – a) Rücktritt als Ausgangsfall. Der Rücktritt führt anders als eine Anfechtung (oben Rn. 97) nicht dazu, dass der Vertrag „erlischt" und die Leistungen mangels Rechtsgrund nach §§ 812, 818 BGB zurück zu gewähren sind. Vielmehr bewirkt er nur, dass die vertraglichen Leistungspflichten ab sofort nicht mehr zu erfüllen sind (dies steht nicht ausdrücklich im Gesetz, ergibt sich aber mittelbar aus § 346 Abs. 1 BGB – denn wenn die erbrachten Leistungen ohnehin „zurück zu gewähren" sind, ist es unsinnig, sie überhaupt noch zu erbringen, zur dolo agit Einrede unten Rn. 553). Neben dem Rücktritt kann insbesondere Schadensersatz verlangt werden (§ 325 BGB). **501**

Das Besondere am Rücktritt (und am Widerruf) ist aber, dass nunmehr neue Pflichten begründet werden: War vorher die Erbringung bestimmter Leistungen (Zahlung des Kaufpreises, Lieferung der Ware) geschuldet, drehen sich diese Pflichten nun um und sind genau umgekehrt zu erbringen: Der Käufer muss die gekaufte Sache zurückgeben, der Verkäufer den Kaufpreis zurückzahlen. Aus dem Vertrag wird ein sog. „**Rückgewährschuldverhältnis**". Für Schadensersatz statt der Leistung (hier: der „Rückabwicklung" der ursprünglich geschuldeten Leistung) und die Unmöglichkeit gelten daher grundsätzlich (spiegelbildlich!) die oben (Rn. 338 ff., 432 ff.) erläuterten Regeln, vgl. § 346 Abs. 4 BGB. Nun gibt es aber möglicherweise eine Reihe von Konstellationen, bei denen die eigentlich erforderliche Rückabwicklung in Natur unmöglich ist (§ 275 BGB), aber ein Rücktritt anders als nach § 326 BGB (oben Rn. 438) möglich bleiben soll: **502**

- Einige Leistungen **lassen sich gar nicht zurückgewähren**. **503**

Beispiel: **504**
Die Sopranistin kann nicht vom Zuhörer verlangen, dass dieser ihr das gehörte Lied „zurückgibt".

Andere Leistungen lassen sich nicht mehr rückabwickeln, weil der Leistungsgegenstand verarbeitet wurde

Beispiel: **505**
Der Tischler hat aus dem gekauften Stück Eiche einen Tisch gebaut – die Eiche lässt sich nicht mehr zurückgeben.

oder sogar durch Gebrauch untergegangen ist.

506 **Beispiel:**
Die gekaufte Salami wird gegessen.

Schließlich kann sich die Leistung auch vor Ausübung des Rücktrittsrechts verschlechtert haben.

507 **Beispiel:**
Beim Transport des neuen Fernsehers in die Wohnung hat dieser einen Kratzer erhalten.

Für all diese Fälle ordnet § 346 Abs. 2 Satz 1 BGB an, dass statt der Rückgabe „**Wertersatz**“ zu leisten ist. Es ist also statt der Rückgabe der Sache nur deren Wert auszugleichen, der sich im Zweifel nach der vereinbarten Gegenleistung (also etwa dem Kaufpreis) bemisst (§ 346 Abs. 2 Satz 2 BGB).

508 • Jedoch gibt es eine Reihe von **Ausnahmen (§ 346 Abs. 3 BGB)**: Wertersatz ist ausgeschlossen, wenn sich der Mangel erst bei der Verarbeitung oder Umgestaltung zeigt, die Sache aufgrund ihres bestimmungsgemäßen Gebrauchs an Wert verliert, der Rücktrittsgegner den Untergang oder die Verschlechterung der Sache (analog §§ 276, 278 BGB) zu vertreten hat oder der Schaden beim Gläubiger gleichfalls eingetreten wäre (etwa weil die ganze Stadt, einschließlich der Räume von Gläubiger und Schuldner, einem Erdbeben zum Opfer fällt).

509 • Praktische Bedeutung hat vor allem die Regelung des § 346 Abs. 3 Nr. 3 BGB. Danach ist bei einem **gesetzlichen Rücktrittsrecht** (d. h. bei den §§ 323, 324, 326 Abs. 5 BGB) ein Wertersatz trotz Verschlechterung ausgeschlossen, wenn vor Ausübung des Rücktritts diejenige Sorgfalt angewandt wurde, die der Betreffende in eigenen Angelegenheiten anzuwenden pflegt (*„diligentia quam in suis“*). Grobe Fahrlässigkeit und Vorsatz schaden allerdings in jedem Fall (§ 277 BGB). Diese Privilegierung soll aber nicht gelten, wenn der Berechtigte bei Untergang oder Verschlechterung den Rücktrittsgrund bereits kennt bzw. sein Rücktrittsrecht bereits ausgeübt hat: Grund für die Privilegierung ist nämlich, dass jemand, der eine Sache erhält, anders als bei einem vertraglichen Rücktrittsrecht nicht damit rechnen muss, diese wieder zurückgeben zu müssen. Dann darf er damit auch wie mit seinen (anderen) Sachen umgehen und kann nicht dafür haften, wenn sie dabei beschädigt wird. Weiß er aber, dass er sie zurückgeben kann, muss er sie auch wie eine fremde Sache behandeln und (eventuell) mehr Vorsicht walten lassen. Ent-

gegen dem Wortlaut gilt die Ausnahme des § 346 Abs. 3 Nr. 3 BGB nicht für die gesetzlichen Rücktrittsrechte der §§ 313 Abs. 3 BGB, 321 Abs. 2 BGB. Dort liegt in der Regel keine Pflichtverletzung des Rücktrittsgegners vor und es wäre unbillig, diesen mit dem Untergangsrisiko zu belasten.

- Möglicherweise wurden die übertragenen Gegenstände auch gewinnbringend bzw. eigenen Einsatz ersparend eingesetzt. Die so gezogenen „**Nutzungen**" (§ 100 BGB, näher Sachenrecht Rn. 26) sind nach § 346 Abs. 1 BGB herauszugeben. Das Gesetz geht aber noch weiter: Nach § 347 Abs. 1 Satz 1 BGB ist (ähnlich wie nach § 987 Abs. 2 BGB, Sachenrecht Rn. 103) auch Wertersatz zu leisten, soweit entgegen den „Regeln einer ordnungsgemäßen Wirtschaft" keine Nutzungen gezogen wurden – wobei bei gesetzlichen Schuldverhältnissen aber nur der Maßstab der eigenüblichen Sorgfalt gilt (denn solange man nicht weiß, dass ein Rücktrittsrecht besteht, kann man die Sache als eigene behandeln und muss nicht „ordnungsgemäß" wirtschaften). Diese Ersatzpflicht besteht nach § 474 Abs. 4 BGB bei einem Verbrauchsgüterkauf nicht (oben Rn. 229), wenn der Käufer Nachlieferung einer mangelfreien Sache verlangt (§ 439 BGB, oben Rn. 390) und dazu die alte Sache zurückgeben muss (wohl aber, wenn er keine neue Sache, sondern Rückzahlung der Kaufsache verlangt). In diesem Fall ist aber nur die Sache zurückzugeben bzw. deren Wert zu ersetzen, nicht aber der eigene Nutzen auszugleichen. **510**

- Andererseits kann die Sache aber auch repariert oder verbessert worden sein. Solche „**Verwendungen**", die freilich nicht zu einer grundlegenden Veränderung der Sache führen dürfen, sind nach § 347 Abs. 2 BGB ersatzfähig wenn sie zur Erhaltung oder ordnungsgemäßen Bewirtschaftung der Sache objektiv erforderlich sind. Liegt eine grundlegende Veränderung vor oder fehlt es an der Notwendigkeit, sind derartige Aufwendungen hingegen nur zu ersetzen, soweit der Rücktrittsgläubiger durch sie tatsächlich noch bereichert ist (vgl. § 818 Abs. 3 BGB). **511**

Beispiel: **512**
Hat der Käufer einen Wagen pink lackiert und ist dann vom Vertrag zurückgetreten, mag ihn dies zwar viel gekostet haben – der Wert des PKW für den Verkäufer wurde dadurch aber nicht (zwingend) erhöht.

Besonderheiten gelten im **Reisevertrag**: Nach § 651i BGB kann der Reiseveranstalter bei Rücktritt vor Reiseantritt eine „angemessene Entschädigung" verlangen, die sich nach dem Reisepreis unter Abzug des Wertes der vom Reisever- **513** anstalter ersparten Aufwendungen sowie dessen, was er durch anderweitige Verwendung der Reiseleistungen erwerben kann, richtet. Dabei kann für jede Reiseart pauschal ein bestimmter Prozentsatz des Reisepreises als Entschädigung bestimmt werden.

→ Übersicht 35
Entscheidungen 92, 93

514 b) **Widerruf.** Die Rechtsfolgen eines Widerrufs sind in den §§ 357–357c BGB abweichend vom Rücktritt (oben Rn. 501 ff.) besonders geregelt.

515 • Im Ausgangspunkt sind beide Parteien nach § 357 Abs. 1 BGB wie nach § 346 BGB die Leistungen beider Parteien zurück zu gewähren (d.h. der Kaufpreis zurückzuzahlen und die Ware zurückzusenden). Ersatz für einen Wertverlust der Sache muss der Verbraucher nach § 357 Abs. 7 BGB nur leisten, wenn er richtig belehrt wurde und der Wertverlust nicht auf einen Umgang mit der Waren zurückzuführen ist, der zur Prüfung der Beschaffenheit notwendig war (also unter deutlich selteneren Voraussetzungen als nach § 346 Abs. 2 BGB mit den engen Ausnahmen in § 346 Abs. 3 BGB). Die Rücksendekosten treffen den Verbraucher ebenfalls nur nach zutreffender Belehrung (§ 357 Abs. 6 BGB). Demgegenüber muss der Verkäufer die Hinsendekosten bis zum billigsten von ihm angebotenen Tarif ersetzen (§ 357 Abs. 4 BGB). Für die Rückgewähr gilt eine kurze Frist (grundsätzlich 14 Tage, § 357 Abs. 1 BGB), der Unternehmer kann die Rückzahlung verweigern bis der Verbraucher zumindest die Absendung der Ware nachweist (§ 357 Abs. 4 BGB).

516 • Die Grundregel des § 357 BGB wird durch Sonderregeln für bestimmte Vertragstypen modifiziert: § 357a BGB betrifft Finanzdienstleistungen und verlängert die Rückgewährfrist auf 30 Tage und ermöglicht Wertersatz für vor dem Widerruf erbrachte Dienstleistungen wenn ausdrücklich zugestimmt wurde, dass mit der Erbringung der Dienstleistung vor Ende der Frist begonnen werden soll. § 357b BGB stellt den Verbraucher bei Teilzeit-Wohnrechteverträgen, Verträgen über ein langfristiges Urlaubsprodukt, Vermittlungsverträgen und Tauschsystemverträgen von allen Kosten frei, so dass derartige Verträge für den Unternehmer extrem risikoreich sind. Schließlich betrifft § 357c BGB Ratenlieferungsverträge, die weder Fernabsatzverträge noch Haustürgeschäfte darstellen – auch für diese gelten im Grundsatz die Regeln des § 357 BGB.

517 • Oft werden durch einen Verbraucherdarlehensvertrag andere Verbraucherverträge über die Lieferung von Waren oder die Erbringung von Leistungen

finanziert. Wenn der Widerruf des Verbraucherdarlehensvertrages nach § 495 BGB i. V. m. § 356b BGB nur das Darlehen erfassen würde, stünde der Verbraucher möglicherweise vor der für ihn kaum zu bewältigenden Bezahlung der Gegenleistung aus eigenen Mitteln. Umgekehrt kann aber auch das finanzierte Geschäft (etwa ein Kaufvertrag) nicht ordnungsgemäß erfüllt worden sein oder (etwa als Haustürgeschäft) seinerseits einem Widerrufsrecht unterliegen. Man spricht in solchen Fällen von mit dem Verbraucherdarlehen „**verbundenen Verträgen**" (§ 358 BGB). Daran werden zwei Voraussetzungen geknüpft: Einerseits muss der Darlehensvertrag gerade der Finanzierung des anderen Vertrages dienen, andererseits müssen beide Verträge eine „**wirtschaftliche Einheit**" bilden; Letzteres wird vermutet, wenn ein Unternehmer selbst die ihm zustehende Gegenleistung des Verbrauchers finanziert, oder der Unternehmer als Vermittler des Darlehensgebers agiert (§ 358 Abs. 3 BGB). Widerruft der Verbraucher nun das mit einem Darlehen verbundene Geschäft (etwa ein Haustür- oder Fernabsatzgeschäft), so ist er nach § 385 Abs. 1 BGB nicht mehr an seine auf den Abschluss des Darlehensvertrags gerichtete Willenserklärung gebunden. Widerruft er umgekehrt seine auf den Abschluss des Verbraucherdarlehensvertrages gerichtete Erklärung (§ 495 Abs. 1 BGB), ist er nach § 358 Abs. 2 BGB auch nicht mehr an das finanzierte Geschäft gebunden. Wenn der finanzierte Betrag mehr als 200 € beträgt, schlagen Einwendungen aus dem finanzierten Geschäft, welche zur Verweigerung der Leistung berechtigen (etwa Mängel der verkauften Sache, § 438 Abs. 4 S. 2 BGB), auf den Darlehensvertrag durch (§ 359 BGB), wobei dies erst möglich ist, wenn die Nacherfüllung gescheitert ist (§ 440 S. 2 BGB, Rn. 392).

- Neben den „verbundenen Geschäften" kennt das BGB auch „zusammenhängende Verträge" (§ 360 BGB). Das sind Verträge die einen Bezug zueinander haben und eine Leistung betreffen, die von dem Unternehmer des widerrufenen Vertrags oder einem Dritten auf der Grundlage einer Vereinbarung zwischen dem Dritten und dem Unternehmer des widerrufenen Vertrags erbracht wurden. Auch bei dieser Konstellation werden beide Rechtsgeschäfte einheitlich beseitigt. **518**

- Besondere Schwierigkeiten weisen Verträge über digitale Inhalte (Downloads) auf. Auch hier ist nach § 357 Abs. 9 BGB grundsätzlich ein Anspruch auf Wertersatz ausgeschlossen. Nach § 357a Abs. 2 S. 3 BGB ist allerdings bei entgeltlichen Finanzierungshilfen für solche digitalen Inhalte Wertersatz für die vor Widerruf erbrachten Leistungen zu zahlen, wenn der Verbraucher ausdrücklich zugestimmt hat, dass der Unternehmer vor Ende der Wider- **519** rufsfrist mit der Lieferung der digitalen Inhalte beginnt und auf die Kostentragungspflicht hingewiesen wurde. Eine Wertersatzpflicht besteht ebenfalls bei verbundenen Verträgen nach § 358 Abs. 4 S. 2 BGB wenn er ausdrücklich zugestimmt hat, dass die Ausführung des Vertrages vor Ablauf der Widerrufsfrist beginnen soll und er dadurch sein Widerrufsrecht verliert (§ 356 Abs. 5 BGB).

520 • Der Unternehmer kann gegen den Verbraucher neben der Rückgewähr bzw. der Wertersatzpflicht nach § 357-357c BGB **keine weiteren Rechte** geltend machen, insbesondere kann er abweichend von § 325 BGB nicht nach den §§ 280 ff. BGB Schadensersatz verlangen (§ 361 Abs. 1 BGB).

521 c) **Kündigung.** Wie Rücktritt und Widerruf beseitigt die Kündigung die Pflichten aus dem Vertrag mit Wirkung **für die Zukunft** (nämlich für die Zeit nach Ablauf der Kündigungsfrist bzw. bei fristloser Kündigung ab Zugang der Kündigungserklärung). Der wesentliche Unterschied zu den beiden anderen Rechten liegt darin, dass eine Rückabwicklung für die Vergangenheit **nicht** erfolgt – demnach wird ein Dauerschuldverhältnis auch nicht zu einem „Rückabwicklungsverhältnis" im oben genannten Sinne.

522 Eine Sonderregelung findet sich im **Mietrecht**: Dort kann der Mieter der Kündigung **widersprechen** (§ 574 BGB), wenn die Beendigung des Mietverhältnisses für ihn, seine Familie oder einen anderen Angehörigen seines Haushalts eine unzumutbare Härte bedeuten würde. Dann ist eine umfassende Interessenabwägung vorzunehmen – überwiegt das Interesse des Mieters, kann er verlangen, dass das Mietverhältnis für einen „angemessenen Zeitraum" fortgesetzt wird (§ 574a BGB), ausnahmsweise sogar auf unbestimmte Zeit.

V. Sonstige Erlöschensgründe

523 Die übrigen Konstellationen, in denen es zum endgültigen Erlöschen eines einmal entstandenen Anspruchs kommt, treten in Klausuren und der Gerichtspraxis eher selten auf.

524 1. **Hinterlegung (§ 362 BGB).** Zunächst kennt das BGB die „**Hinterlegung**" (§ 362 BGB). Dabei werden (nur) Geld, Wertpapiere, Urkunden oder „Kostbarkeiten" (z. B. Edelsteine) beim lokalen Amtsgericht für den Gläubiger eingelagert – selbst wenn diese nicht abgeholt werden, ist der Schuldner von seiner Leistung frei. In Betracht kommt dies aber nur in drei Fällen:

- Annahmeverzug des Gläubigers (oben Rn. 327 ff.).
- Der Vertrag kann aus einem anderen in der Person des Gläubigers liegenden Grund nicht oder nicht sicher erfüllt werden. Dies ist etwa möglich, wenn der Gläubiger inzwischen nachweislich geschäftsunfähig geworden ist und noch kein Betreuer bestellt wurde.
- Es besteht eine nicht auf Fahrlässigkeit beruhende Ungewissheit über die Person des Gläubigers, z. B. wegen einer umstrittenen Abtretung oder einer noch nicht durch Erbschein sicher geklärten Erbfolge.
- Bei Kaufverträgen über Handelsware unter Kaufleuten sind alle Handelswaren hinterlegungsfähig, dann aber freilich nicht bei Gericht, sondern in einem öffentlichen Lagerhaus oder in anderer sicherer Weise (§ 373 Abs. 1 HGB).

2. Selbsthilfeverkauf (§ 383 BGB). Soweit eine Hinterlegung nicht möglich ist, **525**
kann der Schuldner, wenn der Gläubiger im Annahmeverzug ist, eine geschuldete bewegliche Sache öffentlich versteigern lassen und den erhaltenen Erlös hinterlegen (**Selbsthilfeverkauf**, §§ 383, 378 BGB). Bei Unsicherheiten (Rn. 524) ist dies nur möglich, wenn die Sache sonst verdirbt oder die Aufbewahrung unverhältnismäßig hohe Kosten verursachen würde (§ 383 Abs.3 BGB). Ein freihändiger Verkauf durch eine öffentlich ermächtigte Person (§ 385 BGB) kommt in Betracht, soweit die Sache einen Börsen- oder Marktwert hat und der Durchschnittspreis am Tag und Ort des Verkaufs erzielt wird. Bei Kaufverträgen unter Kaufleuten (sog. Handelskauf, oben Rn. 20) ist es hingegen bei Annahmeverzug immer möglich, die Handelsware durch den Verkäufer auf Rechnung des Käufers (§ 373 Abs. 3 HGB) freihändig zu verkaufen, wenn es sich um Sachen mit einem Börsen- oder Marktpreis handelt.

3. Erlass (§ 397 BGB), negatives Schuldanerkenntnis. Schuldner und Gläubiger **526**
können als Teil ihrer Vertragsfreiheit selbstverständlich vereinbaren (ohne dabei irgendeine Form einhalten zu müssen), dass einzelne oder alle Pflichten des Schuldners erlöschen sollen. Ein einseitiger Verzicht nur durch den Gläubiger ist hingegen nicht möglich (§ 397 Abs. 1 BGB). Ein ganzer Vertrag kann durch Aufhebungsvertrag (§ 311 Abs. 1 BGB) erlöschen.

Gläubiger und Schuldner können auch vertraglich vereinbaren, dass eine For- **527**
derung überhaupt nicht bestehen soll (§ 397 Abs. 2 BGB) – sog. **negatives Schuldanerkenntnis**. Bestand die Forderung (entgegen der Vereinbarung), gilt sie durch diesen Vertrag als erloschen.

4. Kapitel Hindernisse für die Durchsetzung von Ansprüchen aus Verträgen

528 Auch bestehende, d. h. wirksam entstandene (oben Rn. 23 ff.) und nicht untergegangene (oben Rn. 425 ff.) Ansprüche können im Einzelfall nicht durchsetzbar sein. Voraussetzung für solche Durchsetzungshindernisse ist regelmäßig die Erhebung einer „Einrede“ durch den Schuldner. Dies bedeutet, dass er sich **ausdrücklich** darauf berufen muss, also eine dementsprechende Erklärung abgeben muss („*Über Einreden muss man reden.*“).

529 Die wichtigsten unter dieser Überschrift zu behandelnden Fragen sind die Einrede des nicht erfüllten Vertrages (§ 320 f. BGB, Rn. 530 ff.)sowie die Verjährungseinrede (§§ 194 ff. BGB, Rn. 532 ff.). Ganz ausnahmsweise kann auch der Einwand eines Rechtsmissbrauchs (§§ 226, 242 BGB) geltend gemacht werden (Rn. 548 ff.).

I. Gegenseitigkeit (§§ 320 f. BGB) und Zurückbehaltungsrechte (§§ 273 f. BGB)

530 Bei einem gegenseitigen Vertrag stellt sich naturgemäß das Problem, wer zuerst leistet: Zahlt der Käufer zuerst, hat er keine Sicherheit, dass er je die bestellte Ware bekommt; liefert der Verkäufer, muss er möglicherweise seine Ansprüche mühsam gerichtlich durchsetzen. § 320 BGB bestimmt daher, dass die im Gegenseitigkeitsverhältnis stehenden Leistungen „Zug-um-Zug“ zu erfolgen haben: Niemand muss leisten, bevor der andere leistet – bildlich wird mit der einen Hand gegeben, mit der anderen die Leistung des anderen entgegengenommen (etwa wie bei einem **Geiselaustausch**: *Geisel und Geld treffen sich in der Mitte der Brücke*). Solange der andere seine Leistung nicht anbietet, muss man auch nicht selber leisten. Für Pflichten, die nicht im Gegenseitigkeitsverhältnis stehen, gibt es ebenfalls die Möglichkeit, die eigene Leistung von derjenigen des anderen abhängig zu machen. Man spricht dann von einem „Zurückbehaltungsrecht“ (§ 273 BGB), die Folge ist auch dort, dass die Leistungen „Zug um Zug“ erfolgen müssen. Bei **Teilgläubigern** (Rn. 58) kann der Schuldner seine Leistung verweigern, bis er die Leistung von allen in vollem Umfang erhalten hat.

Wie von vielen anderen Regeln kann auch von dieser durch Vertrag abgewichen werden – dann muss einer der beiden Beteiligten in Vorleistung treten. Aber auch insoweit besteht ein Schutz: Die Leistung kann gemäß § 321 BGB („**Unsicherheitseinrede**") bei einer *nach Abschluss des* Vertrages auftretenden Gefahr für die Leistungsfähigkeit des anderen Vertragspartners verweigert werden, bis der andere seine Leistung erbringt oder hierfür Sicherheit leistet (etwa durch eine Verpfändung, eine Bürgschaft oder eine Bankgarantie, § 232 BGB). Bei derartiger Unsicherheit kann eine Frist gesetzt werden, nach deren Ablauf ein Rücktritt entsprechend § 323 BGB möglich ist. **531**

II. Verjährung (§§ 194 ff. BGB)

Nach allem bisher Gesagten müssten vertragliche Ansprüche eigentlich zeitlich unbegrenzt, d. h. ewig, bestehen bleiben. Man könnte also auch Rechte, welche von den eigenen Urahnen (!) begründet wurden, gegen die Erben der damaligen Vertragspartner durchsetzen. Das ist natürlich nicht sinnvoll: Irgendwann muss Rechtsfrieden einkehren. Daher existieren Regelungen zur „Verjährung" von Ansprüchen (§§ 194 ff. BGB). Nach Ablauf der Verjährung kann der Schuldner die Leistung verweigern (§ 214 BGB). Es handelt sich um eine „Einrede" – soweit also die Verjährung nicht geltend gemacht wird, bleibt die Pflicht bestehen; vor Gericht darf der Richter nicht auf diese Einrede hinweisen. Möglich bleiben zudem trotz Verjährung eine Aufrechnung (§ 215 BGB) und die Geltendmachung von Herausgabeansprüchen etwa aufgrund von Eigentumsvorbehalt und Sicherungsübereignung (§ 216 BGB, näher Sachenrecht Rn. 303, 323). **532**

Der Rücktritt ist kein Anspruch (also: kein Anspruch auf Rücktritt!) – er kann daher auch nicht verjähren (§ 194 BGB). Jedoch bestimmt § 218 BGB, dass das Rücktrittsrecht nicht mehr ausgeübt werden darf, sobald Verjährung der Gewährleistungsrechte eingetreten ist. Als kleine Hilfestellung wird in § 438 Abs. 4 Satz 1 BGB ausdrücklich auf § 218 BGB verwiesen.

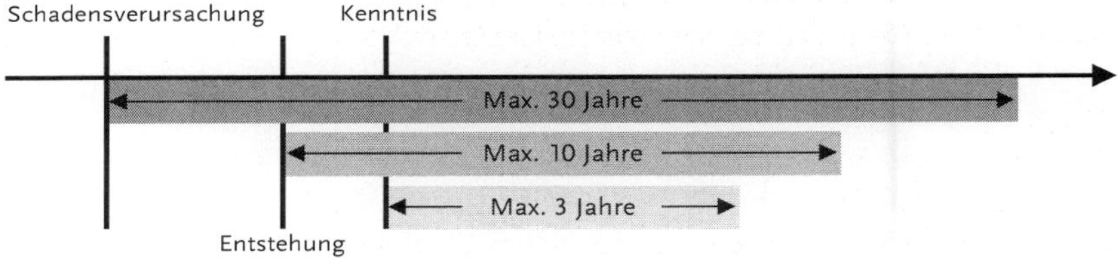

533 Die Grundregel (sog. „**Regelverjährung**“) in §§ 195, 199 BGB ist dabei allerdings nicht unkompliziert:

534 • Alle Ansprüche verjähren soweit nicht ausdrücklich (z.B. in §§ 196, 197 BGB) etwas anderes bestimmt ist, in **drei Jahren**

535 – zum **Jahresende** (d. h. nicht zum Tag, an dem der Anspruch begründet wurde, sondern immer zum 31. Dezember – wer einen Vertrag am 1. Januar schließt, gewinnt so 364 Tage!) desjenigen Jahres,

536 – in dem der Anspruch **entstanden** ist (d. h. wie oben Rn. 28 ff. dargestellt mit Vertragsschluss bzw. oben Rn. 78 mit der konkreten Pflichtverletzungshandlung), und

537 – **Kenntnis** von Anspruchsgegner und aller den Anspruch begründenden Umstände besteht bzw. die Kenntnis dieser beiden Tatsachen für jeden offensichtlich gewesen wäre (grobe Fahrlässigkeit), was bei Erfüllungsansprüchen grundsätzlich unproblematisch, bei Schadensersatz hingegen erst mit Eintritt der Folgen möglich ist.

538 **Beispiel:**
Ein Kind erlitt aufgrund Dauernuckelns von süßem Babytee, der ohne entsprechende Warnung verbreitet wurde, schwere Zahnschäden, deren Beseitigung im Jahr 1986 mehrere tausend Euro kostete. Im Jahr 1993 erfuhr die Mutter, dass dem Kind insoweit Ersatzansprüche gegen den Teehersteller zugestanden hätten (aus § 823 Abs. 1 BGB). Daraufhin verklagten die eingeschalteten Anwälte nicht nur das herstellende Unternehmen, sondern auch dort damals tätige Vorstandsmitglieder, Prokuristen und Abteilungsleiter, die an Entwicklung, Herstellung und Vertrieb des Tees mitgewirkt hatten. Im Hinblick auf das Herstellerunternehmen war Verjährung spätestens 1989 (drei Jahre nach Kenntniserlangung im Jahr 1986) eingetreten – die Ansprüche waren also nicht durchsetzbar. Jedoch kannte die Mutter (natürlich) nicht die zuständigen Personen und deren jeweilige Postanschrift und konnte diese auch nicht ohne weiteres sofort im Jahr 1986 in Erfahrung bringen. Daher begann die Verjährung erst mit der Kenntniserlangung zu laufen (nach Einschalten der Anwälte, also im Jahr 1993) – die Forderung war also auch 1993 durchsetzbar.

539 • Weil diese Drei-Jahres-Frist allerdings erst sehr spät beginnen kann (man denke etwa an Spätschäden aufgrund von Medikamenteneinnahmen – dort entsteht der Anspruch erst mit Schadenseintritt; darüber hinaus wird Kennt-

nis von den Ursachen vielleicht erst nach Jahrzehnten erlangt), bestimmt das Gesetz zwei verschiedene **Höchstfristen**:

- Selbst wenn die drei Jahre noch nicht abgelaufen sind (oder sogar mangels **540** Kenntnis noch nicht einmal zu laufen begonnen haben), ist der Anspruch zehn Jahre nach seiner **Entstehung** verjährt.
- Selbst wenn der Anspruch noch gar nicht entstanden ist, tritt 30 Jahre **541** nach **Schaffung der für die Entstehung verantwortlichen Ursachen** Verjährung ein (dies betrifft die bereits erwähnten Spätschäden bei Medikamenten).

Verjährung der Gewährleistungsansprüche

§ 438	§ 634a
§ 438 Abs. 1 Nr. 1 BGB: 30 Jahre bei dingl. Herausgabeansprüchen von Dritten (insbes. § 985) → § 197	**§ 634a Abs. 1 Nr. 1 BGB**: 2 Jahre bei Herstellung, Wartung oder Veränderung einer Sache oder in der Erbringung von Planungs- oder Überwachungsleistungen dafür
§ 438 Abs. 1 Nr. 2 BGB: 5 Jahre bei Bauwerken oder üblichem Einbau in Bauwerken – Verursachung der Mangelhaftigkeit	**§ 634a Abs. 1 Nr. 2 BGB**: 5 Jahre bei Bauwerken/Erbringung von Planungs- oder Überwachungsleistungen dafür
§ 438 Abs. 1 Nr. 3 BGB: 2 Jahre im Übrigen (bewegliche Sachen/unbewegliche Sachen/Rechte/...)	**§ 634a Abs. 1 Nr. 3 BGB**: Regelverjährung im Übrigen
§ 438 Abs. 3 BGB: Regelverjährung (3 Jahre mit subjektivem Beginn; max. 10/30) bei arglistigem Verschweigen	**§ 634a Abs. 3 BGB**: Regelverjährung (3 Jahre mit subjektivem Beginn; max. 10/30) bei arglistigem Verschweigen
§ 218 BGB: Rücktritt/Minderung ausgeschlossen (Gestaltungsrecht), wenn (Nach)erfüllung verjährt	

Leistungsverweigerungsrecht bei Mangel (Einrede der Wandelbarkeit)
§ 438 Abs. 4 BGB, § 634a Abs. 4

Folgende Ausnahmen sind dabei außerdem zu beachten: **542**

- Bei Lieferung mangelhafter Sachen aufgrund von Kaufverträgen oder bei **543** Leistungen aufgrund von Werkverträgen (oben Rn. 372 ff.) greift eine **kurze Verjährung** aller Ansprüche von **zwei** Jahren ab Lieferung bzw. Abnahme

(§ 438, 634a BGB) – also auch nicht zum Jahresende, sondern taggenau (aber **nicht** auf den Vertragsschluss bezogen!). Nur bei Grundstücken bzw. Bauwerken gilt eine längere Frist von fünf Jahren. Die dreijährige Frist ab Kenntnis gilt nur, soweit der Mangel arglistig verschwiegen wurde. Soweit hingegen das Werk sich gar nicht auf eine Sache bezog, beträgt die Frist 30 Jahre (!).

544 • Grundsätzlich sind **Vereinbarungen** über die Verjährung zulässig (§ 202 BGB). Davon gibt es aber einige wichtige Ausnahmen: Eine Vereinbarung von Fristen über mehr als 30 Jahre ist nicht zulässig (daher sind „lebenslange Garantien" in Deutschland unzulässig und eine entsprechende Werbung irreführend!). Gegenüber Verbrauchern kann ein Unternehmer (oben Rn. 21) bei einem Kauf die Verjährungsfrist bei neuen Sachen gar nicht verkürzen, bei gebrauchten Sachen auf maximal ein Jahr – eine Verkürzung ist hingegen für Schadensersatzansprüche zulässig. Durch allgemeine Vertragsbedingungen (AGB, oben Rn. 190 ff.) kann die Verjährung in Werk- und Kaufverträgen in Bezug auf Bauwerke grundsätzlich nicht verkürzt werden (§ 309 Nr. 8 b ff. BGB).

545 • Auch andere Vertragstypen kennen besondere Verjährungsfristen für Gewährleistungsrechte. Nach § 548 BGB verjähren Schadensersatzansprüche des Vermieters gegen den Mieter wegen Verschlechterungen oder Veränderungen der Mietsache in sechs Monaten nach Rückgabe der Mietsache; Ansprüche des Mieters verjähren dagegen in der regelmäßigen Verjährungsfrist, außer Aufwendungsersatzansprüchen und Ansprüchen auf Wegnahme eingebrachter Gegenstände (die sechs Monate nach Beendigung des Mietverhältnisses verjähren). Ansprüche des Reisenden bei mangelhaften Pauschalreisen verjähren zwei Jahre nach dem letzten Reisetag (§ 651g).

546 Nicht zu verwechseln ist die Verjährung schließlich mit **Ausschlussfristen** für die Geltendmachung von Rechten, wie sie in § 651g BGB für den Reisevertrag (Rn. 417) oder in §§ 122, 124 BGB für die Anfechtung (Rn. 113) bestehen. Bei diesen erlischt das Recht anders als nach § 214 BGB automatisch, es bedarf also nicht einer „Geltendmachung" der Ausschlussfrist.

547 Das Gesetz kennt eine Reihe von Fällen, in denen die Frist **gehemmt** ist – d. h. in denen die Verjährung sich verlängert (wie eine „Pausetaste" auf dem Blu Ray-Player). Dazu gehören insbesondere Verhandlungen zwischen den Parteien (§ 203 BGB) sowie die Erhebung einer Klage und vergleichbare Handlungen (§ 204 BGB).

→ Entscheidung 94

Übersicht:

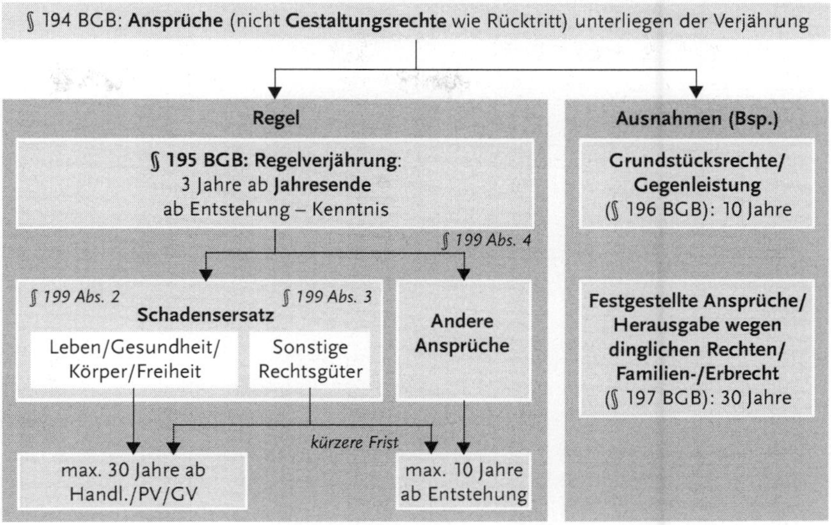

III. Missbrauchseinrede (§§ 226, 242 BGB)

Gegen jede Rechtsausübung, mithin auch die Geltendmachung eines Anspruchs kann eingewandt werden, dass diese „missbräuchlich“ ist. Dabei sind zwei verschiedene gesetzliche Anknüpfungspunkte zu unterscheiden: **548**

Nach § 226 BGB (**Schikaneverbot**) ist die Geltendmachung von Rechten *allein* zu Zwecken der Schikane unzulässig – man denke etwa an eine Kündigung des Arbeitsplatzes auf der eigenen Hochzeitsfeier. Solche Fälle treten zwar gelegentlich auf, dennoch hat die Behauptung, die Geltendmachung eines Anspruchs habe keinen anderen Zweck als Schikane, kaum Aussicht auf Erfolg. Selbst wenn es nur um Kleinstbeträge geht, dürfen rechtliche Forderungen notfalls vor Gericht durchgesetzt werden (sonst würde jeder ein paar Cent von jeder Rechnung nicht bezahlen, da der andere diese ja wegen des Schikaneverbots **549** nicht durchsetzen könnte). Eine solche Klage hätte daher Erfolg, es würden sogar Anwaltskosten vom Gegner erstattet.

→ Entscheidung 95

550 Sehr viel weiter gefasst und damit auch sehr viel unpräziser ist die Pflicht beider Beteiligter, bei ihren Pflichten „Treu und Glauben und die Verkehrssitte" zu beachten (so für den Schuldner ausdrücklich § 242 BGB, die Regelung wird aber umfassend auf alle an einem Schuldverhältnis Beteiligte ausgedehnt). Was nun aber das „Anstandsgefühl aller billig und gerecht Denkenden" (so die gängige Definition) erfordert, kann man abstrakt kaum bestimmen. Einige (nicht abschließende) anerkannte Fallgruppen einer unzulässigen Rechtsausübung sind etwa:

551
- Bei der „**Verwirkung**" (als Unterfall des widersprüchlichen Verhaltens „venire contra factum proprium", oben Rn. 134 ff.) bleibt erstens der Gläubiger über einen längeren Zeitraum trotz Kenntnis seines Anspruchs untätig und erweckt zweitens durch „besondere Umstände" das schutzwürdige Vertrauen des Schuldners, dass er diesen nicht mehr geltend machen wolle. Anders als bei der Verjährung muss dieser Eindruck aber auch irgendwie begründet sein – der Zeitablauf allein genügt hierfür nicht. Die Verwirkung kann dabei sowohl vor als auch nach der Verjährung eintreten, da vorrangig auf das Vertrauenselement abgestellt wird.

552
- Die Ausübung eines Rechtes ist unzulässig, wenn das Recht auf unredliche Weise erworben wurde. Dies ist etwa denkbar, wenn jemand im Außenverhältnis unbeschränkte Vertretungsmacht hat (etwa der Geschäftsführer einer GmbH, § 37 Abs. 2 GmbHG oder ein Prokurist, § 50 HGB), im Innenverhältnis hingegen bestimmte Pflichten hat. Dann wäre das Geschäft zwar theoretisch wirksam, der Vertretene (d. h. die GmbH oder der Kaufmann) müsste also den Vertrag erfüllen. Wenn der Geschäftspartner aber von der Beschränkung **weiß** (und nur dann), entsteht hingegen trotzdem kein Anspruch (sog. **Kollusion**, Rn. 50).

553
- Es ist unzulässig, eine Leistung zu fordern, die man selber sofort zurückgeben muss (sog. „**dolo agit**"-Einrede – kurz für „dolo agit, qui petit, quod statim redditurus est" – Übel handelt, wer etwas verlangt, das er sofort zurückgeben muss).

Beispiel:
Wenn jemand an einen Freund sein Auto verliehen hat und bereits ein diesbezügliches notariell beurkundetes Schenkungsversprechen abgegeben hat, dürfte er dieses Auto trotz Kündigung des Leihverhältnisses nicht zurückverlangen – denn aufgrund der Schenkung hätte der Entleiher einen Anspruch auf Herausgabe des PKW, das Fahrzeug müsste also sofort zurückgegeben werden.

- Insbesondere im Arbeitsrecht wird eine „**Leistungsverweigerung aus Gewissensgründen**“ bejaht (etwa wenn ein Wissenschaftler in einem Pharma-Unternehmen gezwungen ist, Medikamente für das Militär zu entwickeln, oder ein Postbote Briefe rechtsradikalen Inhalts einwerfen muss). Darin kommt die sog. **mittelbare Wirkung der Grundrechte** im Zivilrecht zum Ausdruck: Nach Art. 4 Abs. 1 GG ist Gewissensfreiheit garantiert, sodass der Staat (zu dessen Tätigkeit auch die gerichtliche Durchsetzung von Vertragspflichten gehört) diese nur zugunsten vorrangiger Erwägungen beeinträchtigen darf. Die Generalklauseln des Zivilrechts sind daher so auszulegen, dass sie die Grundrechte der Bürger nicht beeinträchtigen, sondern so weit möglich schützen. In der (Klausur- und Gerichts-)Praxis sollte man die Bedeutung der Verfassung für das Zivilrecht aber nicht überschätzen: Grundsätzlich sind Verträge verbindlich („pacta sunt servanda“), eine Korrektur aufgrund höchstrangiger Wertungen kann nur in extremen Ausnahmefällen erfolgen. **554**
- Schließlich werden unter § 242 BGB auch die Fälle **widersprüchlichen Verhaltens** (Rn. 134 ff.), der **Zugangsvereitelung** (vgl. § 162 BGB, oben Rn. 131) und der **Kündigung zur Unzeit** (vgl. § 671 Abs. 2. S. 2 BGB, Rn. 483) subsumiert. Der Gesetzestext gibt hierfür keinen Anhaltspunkt, Maßstab ist allein der in der Norm angedeutete Gedanke missbräuchlichen Verhaltens. **555**

Stichwortverzeichnis

Die Ziffernangaben beziehen sich auf die Randnummern des Buches.

A
Abhilfeverlangen
– Reisevertrag 412
Ablehnung 140 ff.
Ablösungsrecht 202
Abmahnung 358, 423, 486
– Miete 254
Abschlagzahlung 291
Abstraktionsprinzip 11, 150
Abtretung 70 ff.
– Schutz des Schuldners 80
– Urkunde 80
– Verbraucherdarlehen 310
AG 20, 59
AGB, siehe „Allgemeine Geschäftsbedingungen“
AGG
– Diskriminierungsverbot 285
akzessorische Haftung 59
aliud 382
– bessere Qualität 384
Allgemeine Geschäftsbedingungen 190 ff.
– Einbeziehung 193
– Inhaltskontrolle 196, 221
Allgemeiner Teil 13, 22
Allgemeines Schuldrecht 22
Analogie 188
Anfechtung 97
– Bestätigung 117
– Erklärung 113
– Frist 113 f.
– Rückwirkung 97
– Schadensersatz 115 f.
– Vollmacht 118 ff.
Angebot 85
Annahme 138 ff.
– Einschränkungen oder Änderungen 140
Annahmefrist 141
Annahmeverzug 37, 327 ff.
– Folgen 333 ff.
– Gefahrübergang 374
– Gegenleistungsgefahr 440
– Haftungsmilderung 334
– kalendermäßige Bestimmung 331
– Konkretisierung 335
– Mitwirkungshandlung 332
– Preisgefahr 336
– Rücktrittsausschluss 336, 498
– tatsächliches Angebot 331
– Voraussetzungen 329 ff.
– weitere Folgen 337
– wörtliches Angebot 331
Anscheinsvollmacht 45
Ansprüche 6, 23 ff.
– Untergang 425
Anstandsgefühl 161, 550
Antrag siehe „Angebot“
Äquivalenzinteresse 419
Arbeitnehmer 21, 284
Arbeitsverhältnis 284
Arbeitsvertrag 281 ff.
– keine Selbstständigkeit 284
– Kündigung 478
– Lohnanspruch 283,444
– Schlechtleistung 418
– Vergütung 283
– Wettbewerbsverbot 287
Arglist 110, 400
Aufhebungsvertrag 526
Auflassung 173
Aufrechnung 447 ff.
– -lage 448 ff.
– -verbot 454
– Verbraucherdarlehen 310
Auftrag 293 ff.
– Aufwendungsersatz 295
– Auskunftspflicht 294
– Herausgabepflicht 294
– Kündigung 296
– Tod 296
– Verzinsung 294
– Weisungen 294
– Widerruf 296

Aufwendungsersatz 362 f.
– Auftrag 295
– Mietrecht 408
– Reisevertrag 413
Auktion 4
Auslegung 177 ff.
– ergänzende 188
– Maximen 178 f.
Auslobung 29, 127
Ausschlussfrist 417, 546
– Reisevertrag 417
Außencourtage 299
Außenvollmacht, siehe „Vollmacht“

B
Bankvertrag 297
Bargeschäft des täglichen Lebens 41
Bedingung 155 f.
– auflösende 155
– aufschiebende 155
Befristung 157
– auflösende 157
– aufschiebende 157
– Mietvertrag 250
Beglaubigung 169
Bereicherungsrecht 16, 97, 384
Beschaffenheitsgarantie 395
Beschaffungsrisiko 395
Besonderes Schuldrecht 22
Betriebsrisiko 444
BGB-Gesellschaft 59
Bierlieferungsvertrag 248
Bote 40
– Botenmacht 40
– ohne Botenmacht 40
Bringschuld 208
Buchführung 20
Bürgschaft 20, 167, 313 ff.
– Akzessorietät 314
– Einwendungsdurchgriff 314
– Formfreiheit nach HGB 20
– selbstschuldnerische 313
– sittenwidrig 160 ff., 315

C
condictio indebiti 97, 384
condictio ob causam finitam 97
conditio sine qua non 110
Courtage 299
culpa in contrahendo 114, 126, 166, 172, 421 f.

D
Darlehensvermittlungsvertrag 299
Darlehensvertrag 306 ff.
– Kündigung 480
Dauerschuldverhältnisse 475
delcredere-Risiko 223
Deliktsrecht 16
Dereliktion 127
Dienstvertrag 281 ff.
– Entgelt 283
– Kündigung 478
– Schlechtleistung 418
– Selbstständigkeit 284
– Vergütung 283
diligentia quam in suis 509 f.
Direktionsrecht 287
Diskriminierungsverbot
– AGG 285
dispositives Recht 19
Dissens 146
– offener 146
– versteckter 146
Drittschadensliquidation 71 ff.
Drohung 110 ff.
Duldungsvollmacht 45

E
eBay 125
Ehe 60
– Bürgschaft 315
– -vertrag 14
Eigenschaftsirrtum 104
Eigentumsverschaffung 5, 8
Eigentumsvorbehalt 156, 227
Einigung 138 ff.
Einigungsmangel siehe „Dissens“
Einrede 528
– dolo agit 553
– nichterfüllter Vertrag 530
– Rechtsmissbrauch 548 ff.
– Unzumutbarkeit 435
– Verjährung 532 ff.
– Vorausklage 313
einseitig verpflichtenden Vertrag, siehe „Vertrag, einseitig verpflichtend“
Einwilligung 150
Eltern 44
Entgelt
– Vermutung 269, 283, 291, 299
– Verzug bei -forderungen 344
Entstehungshindernisse 154 ff.
Erbengemeinschaft 59

Erbvertrag 14
Erfolgsort 206 ff.
Erfüllung 426 ff.
– an Dritte 427
– Annahme an Erfüllung statt 429
– Annahme Erfüllung halber 430
– durch Dritte 202, 427
– Erlöschen von Sicherheiten 431
– Vermutung der Konformität 431
Erfüllungsgehilfe 326, 415, 422
Erfüllungsgeschäft, siehe „Verfügungsgeschäft“
Erfüllungsort, siehe „Leistung“
– Ort
Erfüllungsverweigerung 357
– Verzug 342
Erklärungsbewusstsein, siehe „Rechtsbindungswille“
Erklärungsirrtum 99
Erlassvertrag 526
Ersetzungsbefugnis 213 f.
essentialia negotii 85, 146
Existenzgründungskredit 308

F

Factoring 223
– echtes 223
– unechtes 223
Fälligkeit 340
– Abrede 341
falsa demonstratio non nocet 144, 181 ff.
Fernabsatzgeschäfte
– Widerrufsrecht 471
Finanzierungsleasing 277, 312
Finderlohn 29,127
Fixgeschäft 351 ff.
– absolutes 352 f.
– relatives 354 f.
Fluglärm 411
Formvorschriften 4, 167 ff.
– Falsa Demonstratio 183 f.
– Irreführung 172
Franchising 319
– Abgrenzung zu Arbeitsvertrag 321
freie Berufe 20
Frist
– angemessene 230, 357
Fristsetzung 357, 486

G

Garantie 318, 395
Gattungsschuld 211 f., 217, 335, 390, 434
Gefahrübergang 217
– Kaufvertrag 373 ff., 442
– Werkvertrag 373 ff., 443
Gefälligkeitsverhältnisse 293
Gegenforderung 449
Gegenleistungsgefahr 438
Gegenleistungspflicht
– Erlöschen bei Unmöglichkeit 369, 438 ff.
gegenseitiger Vertrag, siehe „Vertrag, -gegenseitig“
Gegenseitigkeit
– Aufrechnung 449
Gehaltspfändung 428
Geisteskranke 153
Geldschuld 210, 215
– Geldsortenschuld 215
– Geldsummenschuld 215
– Unmöglichkeit 335, 434
gemeinschaftliche Schuld 55
Genehmigung 46, 150
Generaleinwilligung 151
Generalklausel 554
Gesamtgläubiger 57
Gesamtrechtsnachfolge 83
Gesamtschuld 53
Geschäft des täglichen Lebens 41, 153
Geschäft für den, den es angeht 41
Geschäftsbesorgungsvertrag 297 ff.
Geschäftsfähigkeit 147 ff.
– beschränkte 150
Geschäftsführer 44
Geschäftsführung ohne Auftrag 16, 166, 408
Geschäftsgrundlage
– Störung 468
Geschäftsunfähigkeit 149, 153
– Kinder 149
– Geisteskranke 153
Geschäftswille 96
Gesellschaft bürgerlichen Rechts 59
Gesellschaften 59
Gesellschaftsvertrag 14
Gesetzesbestimmungen
– dispositive 19, 146, 177, 198 ff.
– zwingende 19, 176
gesetzliche Schuldverhältnisse 16
Gestaltungsrecht 490
Gewährleistung
– Arbeits- und Dienstvertrag 418 ff.
– Kaufvertrag 389 ff.
– Mietvertrag 404 ff.

– Reisevertrag 411 ff.
– Werkvertrag 389 ff.
Gewährleistungsausschluss, siehe unter dem jeweiligen Vertragstyp
Gewissen, siehe „Leistungsverweigerung/Gewissensgründe“
Gläubiger 30, 35 f., 219
Gläubigerverzug, siehe „Annahmeverzug“
GmbH 20, 59
GoA, siehe „Geschäftsführung ohne Auftrag“
Grundrechte 554
Grundstück 173
gute Sitten 160, 201
Gütertrennung 60
gutgläubiger Erwerb 10

H
Haakjöringsköd 182
Haftungsmaßstab
– Verzug 349
Handeln
– in fremdem Namen 41
– unter fremdem Namen 41
Handelsgewerbe 20
Handelskauf 20, 402
– Rügepflicht 402
– Selbsthilfeverkauf 525
Handelsmakler 299
Handelsrecht 20
– Hinterlegung 524
Handlungswille 89
Handschenkung 242
Hauptforderung 449
Hauptvertrag 318
Haustürgeschäfte
– Widerrufsrecht 470
Heilung 173
– Schenkungsversprechen 242
– Verbraucherdarlehensvertrag 308 ff.
Hemmung der Verjährung, siehe „Verjährung/Hemmung“
Hinterlegung 524
Holschuld 207, 376

I
Ikea-Klausel 388
Immobilienmakler 299
InformationsVO 21, 273, 301
Inhaltsirrtum 100
Inhaltskontrolle
– AGB 196
Innencourtage 299
Innenvollmacht, siehe „Vollmacht“
In-Sich-Geschäft 49
Insolvenzverwalter 428
Integritätsinteresse 419 ff.
Inventar 258 f.
invitatio ad offerendum 95

K
Kakerlaken 411
Kalkulationsirrtum
– offener 104
– verdeckter 103
Kauf
– auf Probe 230
– Verbrauchsgüterkauf 229
– Versendungskauf 228
– Vorbehaltskauf 227
Kaufleute 20, 43
kaufmännisches Bestätigungsschreiben 143
Kaufvertrag 224 ff.
– Abnahmepflicht 327
– andere Sache (aliud) 382 f.
– arglistiges Verschweigen 399 f.
– Aufwendungsersatz 395
– Beschaffenheitsvereinbarung 380
– Gewährleistung 371 ff.
– Gewährleistungsausschluss 399
– gewöhnliche Verwendung 381
– Minderung 393
– Montage 388
– Nacherfüllung 390
– Nutzungen 390
– objektivierter Fehlerbegriff 381
– Rücktritt 392
– Rügepflicht 402
– Schadensersatz 395
– Selbstvornahmerecht 391
– subjektiver Fehlerbegriff 380
– vereinbarte Verwendung 380
– Verzögerungsschaden 396
– Werbung 387
– zu geringe Menge 385
Klage 254,313,327,343,547
Klauselverbote 197
Kollusion, siehe „Missbrauch der Vertretungsmacht“
Kommanditgesellschaft 59
Kommissionsgeschäft 41
konkludent 2, 4, 137
Konkretisierung 208, 211

Kontokorrent 310
Kostenanschlag 236, 291
Kreditsicherungsrecht 13
Kündigung
- Abmahnung 486
- Erklärung 490 ff.
- Folgen 501 ff.
- Form 492
- Frist 476 ff.
- Fristsetzung 486
- Vereinbarungen 460
- Voraussetzungen 459 ff.
- wichtiger Grund 484 ff.
- Widerspruch (Mietrecht) 522
Kündigungsschutzgesetz 21, 321

L
Lager- und Ladenangestellte 43
Lagergeschäft 266
Landpachtvertrag 258, 260, 481
Leasing 276 ff.
- Finanzierungs- 277
- Operating- 276
- Gewährleistung 278
Leihe 261 ff.
- außerordentliche Kündigung 488
- Erhaltungskosten 262
- Haftungsprivilegierung 263
Leistung 7, 24
- an Dritte 220
- -bestimmungsrecht 189
- durch Dritte 220
- Empfänger 219 f.
- -gefahr 437
Leistungsort 206 ff.
Leistungsstörungen 322 ff.
Leistungsverweigerung
- Gewissensgründe 554
- Unzumutbarkeit 435 f.
Lieferkette 397
Lieferung unbestellter Waren 142

M
Mahnbescheid 343
Mahnung 343
- Entbehrlichkeit 342
Maklervertrag 299
Mangel
- Erheblichkeit 392 f., 496
Mangelfolgeschaden 395
Mangelschaden 395
Marktwirtschaft 15
Menschenwürde 18
Mietvertrag 250 ff.
- Aufwendungsersatz 408
- Befristung 250
- Erhaltungspflicht 252
- Gebrauchsgewährungspflicht 251
- Gewährleistung 404 ff.
- Gewährleistungsausschluss 410
- Kenntnis des Mangels 410
- Kündigung 254, 409, 479
- Mangel 405
- Mängelanzeige 410
- Mangelbehebung 408
- Mietkaution 256
- Mietzahlungspflicht 253
- Minderung 406
- Nutzungsentschädigung 255
- Rückgabepflicht 255
- Schadensersatz 407
- Schlechtleistung 404 ff.
- Schönheitsreparaturen 252
- Selbstvornahme 408
- Übergang 251
- Untervermietung 254
- Vermieterpfandrecht 257
- Zusicherung 405
Minderjährige 149 ff.
Minderung
- Berechnung 393
- Kaufvertrag 393
- Mietvertrag 406
- Reisevertrag 414
- Werkvertrag 393
Missbrauch der Vertretungsmacht 50, 552
Missverständnis 144 ff.
Mitgläubiger 5
Mitwirkungshandlung 211, 234, 331 f.
Montageanleitung 388
Motivirrtum 103

N
Nachbesserung 390
Nacherfüllung 390
Nachlieferung 390
Nachweismakler 299
negatives Interesse 76, 115, 172
Nichtigkeit 154
Nichtleistung 350 ff.
- Rücktritt 464
notarielle Beglaubigung 169
notarielle Beurkundung 168
Nutzungen 510

O
Obhutsverhältnis 72, 268
Obliegenheit 328, 402
– Annahmeverzug 328
Offene Handelsgesellschaft 59
Offenkundigkeitsprinzip 41
öffentliche Versteigerung 401
öffentlich-rechtlicher Vertrag 14
Operatingleasing 276

P
Pacht 258 ff.
– Inventar 259
– Kündigung 481
pacta sunt servanda 322
Parteifähigkeit 147
Parteispendenaffäre 294
Pauschalreise 300 ff.
Personengesellschaften 59
Pfandverkauf 292
Pflichtverletzung 322 ff., 326
Preisgefahr 438
Primäransprüche 24
Prokura 43
Provision 299
Prozessfähigkeit 147
Prozessvergleich 317

Q
Quittung 427

R
Ratenlieferungsvertrag 248 f.
Recht zur Lüge 112
rechtlich vorteilhaft 12, 49, 150
Rechtsbindungswille 90
Rechtsfähigkeit 147
Rechtsmangel 379
Rechtsmissbrauch 548 ff.
regelmäßige Verjährung, siehe „Verjährungsfristen, regelmäßige“
Regress 121, 397
Reiserücktrittskostenversicherung 302
Reisevertrag 300 ff.
– Abhilfeverlangen 412
– Aufwendungsersatz 413
– Ausschlussfrist 417
– Bestätigung 301
– Entschädigung 302
– Fehler 411
– höhere Gewalt 303
– Kündigung aus wichtigem Grund 416
– Minderung 414
– Mindestangaben 301
– nutzlos aufgewandte Urlaubszeit 415
– Preiserhöhung 301
– Prospekt 301, 411
– Rücktritt 513
– Rücktritt (vor Beginn) 302
– Schadensersatz 415
– Schlechtleistung 411 ff.
– Selbstvornahme 413
Resolutivbedingung 155
Rückgaberecht 493
Rückgewährschuldverhältnis 502
Rückgriff 397, 121
Rücksendekosten 519
Rücktritt
– Annahmeverzug 336, 498
– Aufwendungen 511
– Ausschluss 494 ff.
– Erklärung 490 ff.
– Folgen 501 ff.
– Nichtleistung 464
– Nutzungen 510
– Schadensersatz 467
– Schlechtleistung 464
– Schutzpflichtverletzung 465
– Teilleistung 495
– unerhebliche Abweichung 496
– Unmöglichkeit 368, 466
– vertragliches -recht 460
– Verwendungen 511
– Voraussetzungen 458 ff.
– Wertersatz 503 ff.
Rügepflicht 20, 397, 402

S
Sachdarlehen 264 ff., 482
– Kündigung 482
Sachenrecht 8, 13
Sachmangel 380 ff.
Satzung, siehe „Gesellschaftsvertrag“
Schaden 324, 326, 362 f.
Schadensersatz
– Kaufrecht 395
– Mietrecht 407
– Nichtleistung 350, 359
– Reisevertrag 415
– Rücktritt 467
– Schlechtleistung 371 ff.
– Schutzpflichtverletzung 419 ff.
– statt der ganzen Leistung 361, 463
– statt der Leistung 26, 359 ff.

– Unmöglichkeit 365 ff.
– Verjährung 535 ff.
– Verzögerung 348
– Verzug 348
– Werkvertrag 395
Schaufensterauslage 95
Scheingeschäft 185 ff.
Schenkung 237 ff.
– Auflagen 238
– Form (notarielle) 242
– gemischte 239
– grober Undank 247
– Haftungsprivilegierung 243
– Notbedarfsreinrede 246
– Sozialhilfeträger (Überleitung) 246
– Verarmung 246
– Zweckwürdigungstheorie 239
Scherzerklärung 94
Schickschuld 209
– qualifizierte (Geld) 210
Schikaneverbot 549
Schlechtleistung, siehe „Gewährleistung"
– Rücktritt 464
Schlüsselgewalt 60
Schriftform 167
Schriftformklauseln 167
– qualifizierte 167
Schuldanerkenntnis 316 ff.
– negatives 527
Schuldbeitritt 81, 318
– Verbraucherdarlehen 308
Schuldner 30, 36
Schuldnerverzug, siehe „Verzug"
Schuldrecht 7, 22
Schuldübernahme 81
– Verbraucherdarlehen 308
Schuldverhältnis 16, 326
– gesetzlich 16
– rechtsgeschäftlich 16
– vorvertragliches 417 f.
Schuldversprechen 316
Schutzniveau 19 ff.
Schutzpflichten 419 ff.
– Rücktritt 465
– Schadensersatz statt der Leistung 423
Schutzvorschriften 21
Schwarzarbeit 166
schwebend unwirksam 152
Schweigen 142 f.
Sekundäransprüche 25, 322 ff.
Selbsthilfeverkauf 525
Selbstkontrahierung 49
Sicherungsrechte
– akzessorische 79
Sittenwidrigkeit 160 ff.
– Darlehen 307
– Bürgschaft 315
Sorgfalt in eigenen Angelegenheiten 509 f.
Staatsvertrag 14
Standesamt 60
stellvertretendes commodum 369 f., 441
Stellvertretung 38 ff., 61
– verdeckte 41, 74
Stückschuld 211, 218, 390
Suspensivbedingung 155

T

Taschengeld 151
Tausch 225
Täuschung 110 ff.
Tauschvertrag 225
Teilgläubiger 58
Teilleistungen 216, 361
Teilschuld 54
Teilzahlungsgeschäfte 312
Teilzeit- und Befristungsgesetz 157
Teilzeitwohnrechte, siehe „Timesharing"
Testament 127
Timesharing 271 ff.
– Form 273
– Prospekt 272
– Vorleistungsverbot 275
– Widerrufsrecht 274, 473
Tod 83, 132
Trennungsprinzip 9
Treu und Glauben 155, 172, 201, 550 ff.
Trierer Weinversteigerung 93

U

Übereignung 8
Übergabe 8
Übermittlungsfehler 107 ff.
Überraschende Klauseln 195
Überziehungskredit 309
Umwandlungsgesetz 83
unbenannte Zuwendungen 241
unbestellte Waren 139
unerlaubte Handlung
– Aufrechnungsverbot 456
Universalsukzession 83
Unmöglichkeit 432 ff., 365 ff.
– anfängliche 367
– beiderseits zu vertretende 439 f.

- Gegenleistung bei Schlechtleistung 438
- Gegenleistung bei Teilleistung 438
- Leistungsgefahr 437
- nachträgliche 366
- Rücktritt 368
- vorübergehende 330

Unpfändbare Forderungen 456
Unsicherheitseinrede 531
Unternehmensverträge 14
Unternehmerpfandrecht 292
unverzüglich 113
unvollkommen zweiseitigen Vertrag,
 – siehe „Vertrag, unvollkommen zweiseitig“
Unzumutbarkeit 435
- Leistungsgefahr 437

V

venire contra factum proprium 134, 551
Verbotsgesetz 158
Verbraucher 21
Verbraucherdarlehen
- Abtretung 310
- Aufrechnung 310
- Informationspflichten 309
- Kündigung 311
- Schriftformerfordernis 309
- verbundene Verträge 517
- Vollmacht 309
- Widerrufsrecht 309, 472

Verbraucherschutz
- Widerrufsrechte 469 ff.

Verbrauchsgüterkauf 229
- Versendung 75, 228, 376

Verbunde Verträge 517
Verein 59
- Vorstand 293 ff.

Verfügungsgeschäft 8
Vergleich 317
Verjährung 532 ff.
- Ausschluss des Rücktritts 500
- Hemmung 547

Verjährungsfristen
- besondere 543, 545
- Gewährleistung 543
- Kaufvertrag 543
- Mietrecht 545
- regelmäßige 533 ff.
- Vereinbarung 544
- Werkvertrag 543

Verlobung 318
Vermieterpfandrecht 257
Vermittlungsmakler 299
Verpflichtungsgeschäft 7
Versendungskauf 75, 228, 376
verspätete Leistung 338 ff.
Vertrag
- einseitig verpflichtend 31
- gegenseitig 33
- Typen 221 ff.
- typengemischt 319 ff.
- unvollkommen zweiseitig 32
- zu Gunsten Dritter 62
- zu Lasten Dritter 63

Vertrag mit Schutzwirkung für Dritte 64 ff.
- Erkennbarkeit 67
- Folgen 69
- Gläubigernähe 66
- Leistungsnähe 65
- Schutzbedürftigkeit 68

Vertragsfreiheit 17
Vertragsschluss 22, 28 ff.
Vertragsstrafe 356
Vertragsübernahme 82
Vertrauen
- Grundlage, siehe „Geschäftsgrundlage“
- Haftung für besonderes persönliches 76
- Schadensersatz statt der Leistung 423

Vertrauensgrundlage
- Kündigung 486

Vertretenmüssen 326
Vertretungsmacht 42 ff.
- gesetzliche 44
- Missbrauch 552
- rechtsgeschäftliche (Vollmacht) 43

Verwahrung 72 ff., 266 ff.
- Haftung 269 f.
- Haftungsprivilegierung 269
- Obhutspflichten 268
- unregelmäßige 266
- Vergütung 266

Verwandtenbürgschaft 315
Verwender 192
Verwendungen
- notwendige 511

Verwirkung 551
Verzögerungsschaden 338 ff., 348, 351 ff.
Verzug 37, 338 ff.
- Haftungsverschärfung 349
- kalendermäßig bestimmt 341
- Rechnung 344
- Schadensersatz 348
- Selbstmahnung 342

– Vertretenmüssen 345
– Zinsen 347
vis compulsiva 110
völkerrechtlicher Vertrag 14
Vollmacht 42 f., 293
– Anfechtung 118 ff.
– Verbraucherdarlehen 309
– Vollmachtsurkunde 47
Vorkaufsrecht 232
Vormundschaftsgericht 150
Vorteil
– rechtlicher 150
Vorvertrag 318
vorvertragliches Schuldverhältnis 417

W
Wahlschuld 213
Weisungsrecht 287, 294
Werbung 387
Werklieferungsvertrag 233 ff., 290
Werkvertrag 288 ff.
– Abnahme 291
– Abnahmepflicht 327
– Abschlagzahlung 291
– andere Sache (aliud) 382
– Aufwendungsersatz 391
– außerordentliche Kündigung 489
– Beschaffenheitsvereinbarung 380
– Entgelt 280
– Gewährleistung 389 ff.
– Gewährleistungsausschluss 399 ff.
– Kostenanschlag 291
– Kündigung 477
– Minderung 393 f.
– Nacherfüllung 390
– Rücktritt 392
– Schadensersatz 395
– Selbstvornahmerecht 391
– Sicherungshypothek 292
– Vergütung 280
– zu geringe Menge 385
Wertersatz
– Ausschluss 508
– Rücktritt 503 ff.
– Widerruf 516
Wettbewerbsverbot
– Dienstvertrag 287
Wichtiger Grund 484 ff.
Widerruf
– Belehrung 474, 499
– Beschädigung/Zerstörung 515 f.
– Erklärung 490 ff.
– Folgen 514 ff.
– Form 492
– Frist 474, 499
– Rückgaberecht 493
– Rücksendekosten 519
– Verzugszinsen 518
– Vollmacht 47
– Voraussetzungen 457 ff.
– Wertersatz 516
– Willenserklärung 133
widersprüchliches Verhalten 134
Wiederkauf 231
Willenserklärung 88, 490
– Abgabe 123 ff.
– abhandengekommene 123
– äußerer Tatbestand 88
– empfangsbedürftig 127
– innerer Tatbestand 88
wirtschaftliche Einheit 517
wirtschaftliches Eigeninteresse 76
Wohnraummiete 250
Wucher 161
Wucherzinsen 307

Z
Zeitungsabo 248
Zeitungsannonce 95
Zinseszinsen 310
Zug um Zug 530
Zugang 129
– Abwesende 130
– Anwesende 130
Zugangsvereitelung 131
Zugewinnausgleich 60
Zugewinngemeinschaft 60
Zustimmung 152
Zuviellieferung 385
Zuwendungen, unbenannte 241
Zweckerreichung 433
Zweckfortfall 433
Zweckstörung 434
Zweckwürdigungstheorie 239